中国はなぜ「海洋大国」を目指すのか

――〃新常態〃時代の海洋戦略

胡　波　著
濵口　城　訳

発行　富士山出版社
発売　日本僑報社

日本語版へのまえがき

中国では近年、「海洋強国」という言葉が声高に叫ばれている。それは今や、大衆やエリート層共通の願いであるのみならず、中国の国家戦略にまで盛り込まれている。地理的に見れば、中国には大陸国家と海洋国家の特徴を併せ持つ複合型国家としての長い歴史があり、十九世紀以前にはすでに海洋国家としての豊かな経験があった。しかし、国家全体の方針として、あらゆる分野から海洋に目が向けられるのは、中国の歴史上初のことだ。広大な中国で国民が一致団結するのは至難の業だが、海洋強国の実現だけは大いなる例外である。海洋強国戦略が打ち出されて以来、それは各界の賛同を集めており、中国の海洋戦略は今や、政治・経済・軍事・外交・文化など、さまざまな分野で強力に推進されている。

とはいえ、海洋を取り巻く昨今の情勢は、中国にとって挫折感が増す一方である。中国の行く手には、三国志の「十面埋伏の計」よろしく、伏兵が潜んでいる。東海（東シナ海の中国名。以後、本書では東海と記す）では日本との緊張が高まっており、釣魚島（尖閣諸島の中国名。以後、本書では釣魚島と記す）を巡って冷え込んだ両国間関係を短期間で回復させるのは非常に難しい。南海（南シナ海の中国名。以後、本書では南海と記す）でも、ベトナムやフィリピンとの間でたびたび摩擦が生じ、外交上・法律上の争いが激化している。さらに、中国の海洋での台頭にアメリカは警戒を強め、同盟国と中国との海上紛争を口実に、西太平洋地域の軍備を大幅に増強、中国に対してますます戦略上のプレッシャーを強めている。中国と日米両国の軍艦・戦闘機の遭遇や異常接近も以前より頻繁に起きており、不慮の事態が発生するリスクも急激に高まっている。加えて、インドやオーストラリアなど、東アジアの域外諸国も中国の海洋戦略に懸念と疑念を強めており、中国を念頭に置いた外交上の合従連衡が盛んに行われている。

壮大な夢と残酷な現実のギャップを前に、中国人は不満と焦りを隠せなくなってきている。果たして中国は、海洋強国となり得るのか？　百年以上抱き続けてきた夢は、いつ現実のものとなるのか？

しかし、こうした感情的な問いに答える前に、冷静に考えなければならないことがある。すなわち、中国の海上権力は何を目指し、そして、どのような海洋強国になろうとしているのか？　日々拡大しつつあるパワーをいかに用い、いかなるプロセスで海洋強国の夢を実現していくのか？　これらの最も根本的な問いをはっきりさせておくことは、戦略策定や実践の過程で必要となるだけでなく、中国の「平和的台頭」、特に海洋での平和的台頭に対する世界の理解を促す上でも不可欠であろう。

筆者は中国の海洋戦略について二〇〇四年から研究を始め、二〇一二年六月に『中国の海上権力政策：外交、海洋経済およびシーパワー』（未訳）を上梓した。この本で意図したのは、中国海洋戦略の体系的枠組みを構築し、目標と手段の面から問題解決を試みることで、中国のシーパワーのありようや、戦略的手段の構築と実践について考えることだった。そして学術的分析の結果、中国は地域的なシーパワーと国際的な海洋政治大国、さらに世界的な海洋経済大国という三位一体の海洋戦略を目標とすべきことを唱え、外交・海洋経済・シーパワーの三つの戦略的手段の構築について、体系的な考えを示した。

とはいえ、前著ではやり残したこともある。まず、前著は総体としての戦略的枠組みの構築を主とし、マクロな戦略設計を追求した反面、釣魚島・東海の境界画定や南海問題など、注目を集めている事柄への言及が不十分で、これらの問題についての筆者の考えや対応策まで話を広げられなかった。また、前著は問題指向的ではなかったため、記述のつながりにぎこちない部分もあった。外交・海洋経済・シーパワーについて詳述したものの、相互関係についての説明が足りず、これら三つの手段をいかに統一的に用いて中国のシーパワーを発展させるかについて必要な議論が欠けていた。さらに、戦略研究と政策対応をうまく結びつけていなかったため、全体を通してやや抽象的に過ぎた印象があり、一部の論点や提案の実行可能性が低かったこともある。そして最後に、いくつかの分野において、最新の研究結果からの吸収が足りなかったことも挙げておかねばならない。たとえば、東アジアの海洋紛争の解決については、すでに大量の先行研究があるが、執筆中のさまざまな考えから、読者にはそれらを紹介しなかった。

さらに言えば、中国の海洋強国建設が前著の執筆以来大きく進展し、海洋戦力や権益保護意識、戦略行動、いずれの点でも大きく前進したため、前著で提示した問題の一部については、その様相が一変してしまったこともある。中国海軍の現代化は目覚ましく、海洋進出のスピードもアップしている。空母「遼寧」は、航海訓練と艦載戦闘機の発着艦に成功、052D型駆逐艦の量産も実現している（初の同型駆逐艦「昆明」は、二〇一四年三月二十一日に中国人民解放軍海軍に配備された。この駆逐艦は防空・遠洋において高い作戦能力を有する）。海上法執行機関では再編と強化が進み、二〇一三年七月二十二日には中国共産党第十八期中央委員会第二回全体会議（二中全会）精神の要請により、新しい「大部制（大部門制）」改革方案と「国務院の機構改革と職能転換方案（草案）」にもとづいた中国海警局が正式に発足、これまでの海域管理体制「五龍治海」（「漁政」「海監」「海警」「海巡」「海関」という五つの法執行機関による分権管理のこと）は終わりを告げた。これを機に、中国は釣魚島や南海問題について、それまでの受身の姿勢を改め、積極的な行動を続けている。東海の防空識別圏設定や、西沙諸島トリトン島（中国語名は中建島）南方における石油探索、南沙諸島における人工島造成などの活動は、中国の強い権益保護意識と強大な軍事力の表れである。中国は東海と南海、いずれの海域でも事態掌握能力を増強しつつあり、日本・フィリピン・ベトナム等の当事国は、中国の強い権利意識を前に、守りの姿勢を強めている。

中国が実力を強め、さまざまな手段を有するに至ったことで、国外からの注目や反発も増大した。そのような新たな情勢のもと、自国の利益追求のため、強大になった実力と手段をいかに調和の取れた形で活用し、外からの圧力を緩和して非友好的な動きに対抗するか？　これは、いまだ明解な答えが出ていない重要な問題である。前著執筆後、筆者は釣魚島や南海問題などの紛争解決・中国海軍の発展とその戦略・海洋強国実現への道すじ・中国のシーパワーの発展とアメリカをはじめとする国々との関係などについてさらに深く焦点を絞った研究を進め、前著で示した主な観点について、より明晰な論述を本書で行った。

海上で中国が台頭する過程では、日本の役割もきわめて重要である。中国と日本には、海の上においても、互いに競いながらも寛容さを忘れない良好な関係が求められる。本書では、両国間の海上での対立についても、包み隠さず述べている。事実を漏らさず提示し、客観的に現実や情勢を理解してもらうことが、両国の友好につながると信じているからである。

筆者は、中国が海洋強国建設を成し遂げることに自信を持っている。一方で、中国と日本が海上での対立を乗り越えてくれるという期待も抱いている。本書では、中国が海洋強国へ至る過程で直面する多くの問題、さらに、中国と日本の海上での対立や摩擦についても率直に述べている。本書が日本の読者にとって、海上における中国の台頭について理解を深めるための一助となれば幸いである。

胡　波

二〇一六年九月二十日　北京・燕東園にて

目次

第一章
中国が描く海洋強国への青写真

第一節　海洋強国建設のための三つのキーワード[1]

十九世紀、当時の海洋覇権国イギリスにアヘン戦争で敗れて以来、海洋強国の実現は、中国歴代指導者たちにとって夢と理想であり続けた。そして二十一世紀の今日、中国の海洋強国建設に向けた動きは加速し、海洋政策が次々に打ち出されている。二〇〇三年五月には国務院の『全国海洋経済発展計画綱要』が発表され、「中国の海洋強国建設を着実に進める」という戦略目標が初めて明示された。二〇一二年十一月には中国共産党第一八回全国代表大会において、「海洋資源の開発能力を高め、海洋経済を発展させ、海洋生態環境を保護し、国家の海洋権益を断固保護し、海洋強国を建設する」ことが正式に提起された。[2] この時をもって、海洋強国建設は中国の国家戦略となったのである。しかし、当時の戦略は概念的なものであり、明確で体系的な目標は設定されていなかった。

以来、中国の海洋強国建設の目標について、十年余りにわたって学術的な議論がなされてきたことになる。王曙光前国家海洋局局長が中国の海洋強国の目標として、「海洋経済を発展させ、総生産高をＧＤＰの一〇パーセント以上」としたのをはじめ、多くの政府関係者や研究者によって具体的な目標が提示されてきた。劉華清前国家中央軍事委員会副主席は中国海軍の近海防衛戦略を発表し、中国海軍の防御範囲を定めた。[3] また、張文木北京航空航天大学戦略問題研究センター教授は、「中国のシーパワーは、台湾および南沙諸島（スプラトリー諸島）など、中国の主権が及ぶ海域に限るべきである」と指摘している。[4]

これらの主張や研究は、軍事や経済などの各専門分野から見た目標や方向性であり、中国の海洋強国建設を考える際、参考にする価値は十分にある。とはいえ、いずれも戦略としての総体的な見地に欠けていると言えよう。

地域的海軍力

世界の海軍力は、近海型海軍・地域的海軍力・世界的海洋覇権のおおむね三つに分けられる。近海型海軍は、その主な活動範囲を近海とする。大型の遠洋投入軍備がないため大規模な遠洋作戦の遂行は不可能であり、ほとんどの国の海軍がこれに分類される。地域的海軍力は、その活動範囲が近海を越えた遠海や大洋にも及ぶ。一定の遠洋作戦能力を有しているものの、地域を中心とした配備を特徴としており、この点で近海型海軍やグローバルに軍事力を配備している海軍（イギリス・フランス・ロシア海軍などが典型）とは異なる。世界的海洋覇権は、その軍事力を全世界に配備して攻撃力を確保し、世界のあらゆる重要水域のコントロールと世界の海洋秩序の主導権を握ることを目標としている。目下、世界的海洋覇権と称するに足るのは、アメリカ海軍だけである。

国際関係の現実主義的な理論では、国家の対外戦略目標は、一般にその国の実力と権力構造によって決まると考えられている。つまり、権力が利益を決定し、権力の大きさによって目標の大きさも決まる。

このため、中国の海洋軍事戦略目標の策定にあたっては、権力の増大に伴い、国家の利益も変化し得ることを考慮に入れなければならない。しかし一方で、権力拡張の限界についても考えておく必要がある。国家の能力には限りがあるため、権力によって決まる利益も無制限に増大していくことはありえないからだ。一般的に、優れた戦略とは、限定的な範囲にとどめた戦略なのである。

中国が追求する海軍力のありようは、中国の利益、地政学的条件や先天的条件、国際環境などの要因により決定される。また、空間的距離の違いによっても、中国海軍力のミッションは異なったものとなる。

一　海軍力拡大の動機とその必要性

（一）主権、安全、政治的・経済的利益のため、東アジア近海における戦略的優位を獲得しなければならない。これは言わば、中国の海洋強国戦略のボトムラインである。

近海の境界線に関して、中国当局内には二通りの有力な解釈がある。ひとつめは劉華清によるもので、中国近海の主な範囲には「黄海、東海、南海、南沙諸島および台湾、沖縄諸島内外の海域ならびに太平洋北部海域」が含まれるとするもの。[5]もうひとつは、一九九七年版『中国人民解放軍軍語』の「中華人民共和国の近海には渤海、黄海、東海、南海および台湾島以東の一部海域が含まれる」とするものだ。[6]この二つの解釈にもとづけば、中国の近海には四つの大陸沿海海域と太平洋北部の一部海域が含まれることになる。これは、排他的経済水域（ＥＥＺ）のような法律的概念ではなく地理的概念であり、「海洋法に関する国際連合条約」（以下、国連海洋法条約と記す）にもとづいて中国が管轄する三〇〇万平方キロメートルよりも広い範囲である。

近海戦略のありようは、中国の主権と領土の完全性、さらには国家の戦略上、そして発展上の安全にまで関わってくる。その理由として、以下の三つが挙げられる。

第一に、近海で戦略的優位を得ない限り、台湾と大陸との統一、釣魚島や南沙諸島の主権といった核心的利益を守れないからである。

台湾は中国の主権と領土の完全性、ひいては中国の統一に関係し、中国の重大な政治的利益にも関わっている。中国にとって台湾は大陸沿海を守る天然の障壁であり、シーレーン防衛の理想的な拠点でもある。また、中国海軍が第一列島戦を越えて、太平洋やインド洋へ進出するための要所であり、戦略的にも非常に重要な位置にある。「台湾島は中国の海岸線の中央に横たわっているため、南北に分布する中国艦隊の集中を容易に阻止できる。兵力の集中は海軍の鉄則であるため、台湾の存在は第一列島線外の海域における中国海軍の行動の障害となるだろう」[7]。つまり、台湾の存在は、遠洋における中国海軍の安全と今後の発展に関わっているのだ。中国海軍が第一列島線外への進出を欲するならば、第一列島線上に出口と補給基地を求めるのは必然である。しかし、第一列島線上の島嶼と海峡はすべてアメリカと日本、そしてアメリカの同盟国に押さえられている。紛争勃発となれば、相手は列島線に沿って配備した軍事力で、大洋へ向かう海路から中国をいともたやすく締め出してしまうだろう。第一列島線上に拠点を得られなければ、中国は戦略上のルートを確保できず、遠洋からの脅威を未然に防ぐこともできない。「近海積極防御」戦略も絵に描いた餅になってしまうだろう。台湾は歴史的に見ても中国の合法的な領土であるため、第一列島線上の戦略的拠点と大洋への海路を確保する上で最良の場所といえる。

釣魚島は、中国の不可分な領土の一部である。歴史的にも、中国が最初に発見して命名し、利用を始めている。十四世紀から二十世紀初頭までの間、日本を含む中国内外で出版された文献や地図のいずれによっても、釣魚島は中国に属している。日本は日清戦争末期に釣魚島を秘密裏に領土に「編入」したのである。日本はさらに、中国に下関条約という不平等条約の締結を迫り、台湾全島と釣魚島を割譲させた[8]。第二次世界大戦後、カイロ宣言、ポツダム宣言および日本の降伏文書により、釣魚島は台湾の一部としてまとめて中国に返還された。しかし、一九五〇年代初期に、アメリカが沖縄の信託統治範囲を不当に拡大して釣魚島をその中に含め、一九七一年六月に釣魚島の「行政管轄権」を日本に譲渡した。今日の釣魚島問題には、このようにして伏線が張られたのである。

一九七〇年代の中日国交正常化に向けた対話の中で、釣魚島問題は棚上げにするとの暗黙の了解に至った。しかしその後、日本政府は、この問題の解決を避け続け、ことあるごとに釣魚島の管理を強化してきた。当時、ソ連の脅威に立ち向かうには戦略的にも経済的にも中国との協力が不可欠だったため、日本政府がかなりの間、自制していたのも確かである。しかし、一九九〇年後半以降、日本はこの問題について徐々に消極的な態度を取るようになり、いかなる紛争の存在も認めず、釣魚島周辺海域の管理を強めていった。二〇一二年九月十一日に日本政府が釣魚島の国有化を宣言すると、状況は急速に悪化、釣魚島問題について中国に妥協の余地はまったくなくなった。日本の挑発に対抗して釣魚島の主権を守ることは中国にとって非常に重要であり、この状況は少なくとも今後一〇年間は続くだろう。

南沙諸島は中国が最初に発見・命名し、かつ実効支配していたのは争いのない史実である。一九三五年、中華民国政府は歴史と当時の実情にもとづいて『中国南海各島嶼図』を編纂・出版し、南沙諸島を含む南海の各島嶼・礁の具体的名称を詳細に記載した。第二次世界大戦中、南沙諸島は日本に占領されたが、一九四六年十二月に中華民国政府はそれらの島嶼・礁に対する主権を回復、これは東南アジア各国を含む国際社会によって承認された。戦後しばらく、ベトナムやフィリピンなどの国は中国の南沙諸島領有に対し何ら異疑を持たなかったが、一九七〇年代にそれらの国々が突如として南沙諸島の大部分の島嶼・礁を、一九八〇年代末には中国・台湾・ベトナム・フィリピン・マレーシア・ブルネイの五国六方（六つの国・地域）が領有権を主張して入り乱れるまでになった。このような状況に対し、中国政府は長い間「擱置争議、共同開発（争いを棚上げし、共に開発する）」という友好的な政策を採ってきた。二〇〇二年には東南アジア関係国と「南海関係諸国行動宣言」（ＤＯＣ）に調印、各国は紛争の拡大防止に合意した。しかし、ベトナム・フィリピンなどの国はこれに反する政治的・経済的・軍事的手段をたびたび行使し、西沙諸島（パラセル諸島）・中沙諸島への介入も強めている。また、アメリカやインドなど域外の大国を巻き込み、南海問題の国際化を進める国もある。この結果、ＡＳＥＡＮ地域フォーラム、ＩＩＳＳアジア安全保障会議（シャングリラ会合）などの地域会合や、国連海洋法条約にもとづいて設置された国際機関において頻繁に摩擦が生じ、中国の権益維持に対する大きな圧力となっている。

理由の第二は、近海の安全と中国本土の安全とは密接に関連しており、近海における戦略的優位の獲得は、国家安全保障上、本質的な重要性を有しているからである。

現在、中国は海上において、現実にも、そして潜在的にも重大な安全上の脅威にさらされている。日米をはじめとする国が西太平洋の重要な島嶼のほぼすべてを支配し、それらを前線基地として陸・海・空・宇宙の四方から脅威を与えており、中国は守勢に立たされている。東部沿海地区は中国の経済・政治・文化の中心であるが、海からの脅威に直面した場合、それに対抗するために必要な海洋正面の戦略縦深を欠いている。

理由の第三は、中国近海の海洋資源は経済発展の重要な柱であるため、それらの保護が急務となっているからである。中国はすでに世界第二の経済体となったが、一人あたりの平均所得で見れば一〇〇位にも入っておらず、経済発展は依然として差し迫った課題だ。しかし現在、中国の陸上資源だけではすでに経済発展を支えることは不可能で、資源の対外依存度は高まるばかりである。将来的には、陸上資源に代わって海洋資源が中国の経済発展を支える重要な柱となるだろう。海洋資源の利用は持続可能な発展に関わっているが、中国の主権の及ぶ範囲として国際法で認められている権益は、すべて東アジア近海に集中している。しかしながら、長期に渡る防衛体制の不備の結果、半分近い海域の資源が周辺国家によって侵食されているのが現状である。

（二）国家の安全とシーレーン確保のためには、西太平洋およびインド洋北部海域に実効性のある軍事的プレゼンスが要求される。これは海洋強国建設のための戦略的基盤でもある。

実効性のある軍事的プレゼンスとは、無視できない存在であり、容易には打ち負かせない勢力を指す。自国に有利な国際環境を構築できるか否かは、国家が世界的大国になるためのバロメーターである。大国の安全は、自国本土が直接の脅威にさらされないというだけでなく、一定の緩衝地帯や脅威に対する予防手段の有無、自国の安全が脅威にさらされた場合に必要な反撃を加える能力や抑止力、そして、国際社会に対し、増大する自国の地位を受け入れさせる力にかかっている。

とはいえ、大国がある特定の利益や発展の可能性を維持・防衛するための最善策は、「海上版万里の長城」を築くことではない。むしろ、自国の枠外に出て、自国の核心的利益の範囲外で積極的な政治的・経済的・軍事的行動を展開し、外部の非友好的な要素と打ち解け、牽制し、抑止すること、また、外部の潜在的な脅威を弱め、打ち消すことが最善である。歴史や地政学の理論が繰り返し証明しているように、中国の海軍力が第一列島線付近の近海に限られるのなら、外部との競争で中国はきわめて不利な立場におかれるだろう。ゆえに、第一列島線より外側、西太平洋からインド洋にかけての海域に、一定の緩衝地帯を得る必要がある。中国にとって海洋からの脅威は、主にこの二方向からやってくるからだ。

また、シーレーンの安全も軽視できない問題になりつつある。中国の貿易貨物輸送量の八五パーセントは海上運輸に依っている。世界の海運市場において、大口貨物の一九パーセントは中国向けであり、輸出コンテナの二二パーセントは中国発である。中国籍商船は世界一二〇〇以上の港に向けて出港している。シーレーンの安全は国内経済の発展に直結しており、経済上の安全は、国家主権の及ぶ範囲をはるかに越えている。

（三）世界の他の海洋でも、中国は重要な役割を果たすべきである。これは、世界的大国としての責任と義務を果たす上でも必要である。

利益と責任の拡大に伴い、中国には、世界の海域に軍事力を投入する能力が必要となってきた。これは、海外における中国の権益保護の必要性からきている。中国の海外権益は、経済的利益と在外華人の権益の二つに大きく分類できる。情勢の不安定な国や地域では、政権交代やテロ・犯罪などにより、これらの権益がしばしば影響を受けるため、中国にはそれらを守る有効な手段が必要とされている。海洋が海外権益と中国大陸を結び付ける絆であるならば、どのようにシーパワーを利用して中国企業や各種組織の利益と従業員の安全を守るか。これは中国の政策関係者にとって避けて通れない問題になっているのである。

さらに、グローバルな軍事的影響力を持つことも、国際的責任や大国の義務を果たす上で重要である。中国の国際的責任は世界規模に拡大しつつあるが、今日の海洋システムは無秩序化が進んでおり、秩序再建が急務である。その前提は、大国が国際的責任を果たし、海洋コモンズ（国際公共財）の安定的利用に貢献することにある。海洋の公共性と開放性の維持、航行の自由、海賊の制圧、良好な海洋秩序の保護は、いずれも海洋コモンズに属する。国際社会は海洋コモンズの提供者・供給者を必要としている。[9] かつてはアメリカがその役を担っていたが、経済力の相対的な低下と今日の海洋における脅威の多様化・複雑化によって徐々にそのコストを引き受けるのが難しくなり、航行の自由や海洋の安全といった海洋コモンズの供給がますます問題になってきている。アメリカに代わって責任と義務を負う海洋強国が求められるなか、シーパワーの増大に伴い、中国が負うべき責務はますます大きくなっているのである。

二　地域的海軍力の実現可能性および総合プラン

（一）近海を制し、西太平洋とインド洋を抑止し、世界的影響力を持つ地域的海軍力を中国が擁することは可能である。

中国の地政学上の優位性は、ランドパワーとシーパワーの相補性にある。

近年、東南アジア近海のパワーバランスは、中国に有利な方向へと変化している。中国軍の急速な現代化と作戦効率の向上に伴い、たとえアメリカ海軍が三一〇～三六〇隻の艦艇[10]、すなわち六〇パーセントの艦隊を太平洋に配備する目標を実現し、かつ、日本やフィリピンなどの同盟国を味方につけたとしても、強大なランドパワー（地上配置型ミサイルや空軍能力）と連動した中国海軍の存在によって、アメリカが東アジア海域で戦略的優位を保つことはますます難しくなるだろう。この海域において中米両国が重要視する利益は、性質が異なっており（中国側：領有権、主権および権益。アメリカ側：航行の自由および地域の安定）、投入可能なリソースにも差があるため（中国側：ハイレベルな軍事リソースの大部分を即時投入可能。アメリカ側：太平洋軍兵力の即時完全投入は困難）、中米間のパワーシフトはさらに進んでいる。アメリカの戦略関係者によれば、中国の力が強まると、今後一〇～一五年でアメリカによる台湾防衛は難しくなり、日本やフィリピンなど同盟国との間で交わした防衛上の取り決めの実現も困難になるとの考えが主流なのだという。日本は今後長期にわたって中国が対峙するだろう最大の外的課題であり、海洋をめぐる両国間の不一致が解決する見込みはほとんどない。しかし、中国が日々軍備を強大化させている状況下で、「日米安保条約」の制約を受ける日本が、自ら軍事的挑発をしかける可能性は低い。起こりうる最大のシナリオは、時間の経過に伴ってパワーバランスが大幅に変化し、最終的に日本が中国の優位性について黙認を迫られるというものである。一方、ベトナムやフィリピンなど東南アジアの国々が南海で中国に与えるのはもっぱら外交的混乱であり、軍事的挑発の可能性は小さい。もちろん、上述の前提として、中国国内の政治的安定と持続的な国力増大が必要なのは言うまでもない。

西太平洋およびインド洋北部海域は地政学的な複雑さもあり、守りを固めるにはあまり適していないが、軍事力の配備には適していると言えよう。アメリカをはじめ、どの国もこの二つの海域を完全に掌握できていないため、中国が軍事的プレゼンスを実現しても、政治的・外交的に妨害を受けることはないと考えられる。この二つの海域で、それぞれ一個以上の空母打撃隊と若干数の偵察・警戒基地の維持に努めれば、実効力のある軍事的プレゼンスを実現できるだろう。

さらに、近隣国との経済上・政治上・軍事上の関係強化により、西太平洋やインド洋で間接的に役割を果たすこともできよう。たとえば、東南アジアや南アジア諸国と協力し、ペルシア湾からインド洋を通ってマラッカ海峡へと抜けるシーレーンの安全を確保できるなら、一部の国々の後ろ盾を得て、インド洋で長期的な軍事的プレゼンスを実現できるだろう。

(二)とはいえ、中国がアメリカに代わって世界の海洋覇権国になる必要はないし、そうなる可能性も低い。中国からすれば、世界の海洋覇権国になる必要性はないし、海洋覇権を打ち立てる基本条件がそもそも備わっていない。

中国は「一大陸一海洋(ユーラシア大陸上にあり、太平洋に面する)国家」、アメリカは「一大陸二海洋(アメリカ大陸上にあり、太平洋・大西洋に面する)国家」であるが、中国の属するユーラシア大陸は、アメリカ大陸よりも地政学的重要性がはるかに高い。中国が台頭すれば、ユーラシア大陸における政治的・経済的・軍事的影響力はアメリカを超える可能性が高いが、それでも太平洋・大西洋の二つの大洋でアメリカが有する戦略的優位性を凌駕するのは難しい。ただし、数年後には、一流のランドパワーと二流のシーパワーを擁する中国と、一流のシーパワーと二流のランドパワーを擁するアメリカとの間で安定した戦略的均衡が形成されるだろう。中国海軍はアメリカを追い抜いて世界一になることはなくとも、自国の利益を守り、世界の平和と安定の維持のために主導的役割を果たすことは可能だ。

制海という観点からすると、中国近海の地理的条件は、中国海軍の作戦行動にとって弊害が多い。第一に、中国近海は南北に長い反面、東西の幅が狭く、太平洋や近隣海域との接続が島嶼や海峡によって分断された半閉鎖的海域を特徴とする。このため、有事の際には敵による封鎖を受けやすい。第二に、アメリカ・ロシア・日本・ASEAN各国は中国の海域を取り囲むようにシーパワーを展開させているため、中国海軍の大洋への出入も制御されてしまう。第三に、黄海や東海では戦略縦深を充分に確保できないため、これらの海域における中国海軍の活動は大きく制限されている。[11] 中国は長い海岸線を擁しているものの、台湾東岸を除けば、大洋への直通ルートはほとんどない。西太平洋の第一・第二列島線は、中国海軍が近海から大洋に出る際の障害となるうえ、中国の海洋強国建設に疑義を持つアメリカや日本などが、同列島線上の重要な島嶼や隣接する重要海域のほとんどを支配している。

このため、中国海軍が主導的役割を担う世界的シーパワーになる可能性は低く、アメリカの海洋覇権を揺るがす可能性もほとんどない。ランドパワーとシーパワーを併せ持つ地政学的特徴と、地理的に不利な海洋条件を考慮すると、中国がグローバルなオペレーションを展開できる海軍力を持つ可能性は低いだろう。技術的にも、中国海軍には遠距離輸送手段が欠けており、遠洋での大規模行動を持続的に展開する能力も低い。C4ISR（軍の指揮管制情報能力）や防空・対潜能力なども立ち遅れているため、アメリカ海軍と遠洋で渡り合うことは不可能である。

とはいえ、これまでのアメリカ式海洋覇権のあり方は、時代遅れになっていくだろう。現在のシーパワーにおいては、宇宙開発の重要性が日々増しており、海軍力のみによる世界的覇権や秩序の維持はもはや不可能で、旧型のシーパワーの黄金時代は、すでに過去の歴史になりつつある。絶大な海軍力を持つ国であっても、それのみに頼って自国の利益を達成するのは不可能である。[12] また、世界規模の海洋問題が増加し、海洋の安全に対する課題が増え続けるなか、ある国が覇権を奪ったとしても、平和維持の重責にいずれ耐えられなくなるだろう。国際協力、特に大国同士が協力し合うことこそ、航行の自由と安全を維持する唯一の道なのである。

国際的な海洋政治大国

平和で友好的な地域環境は、中国が海洋強国となるための基盤であり、国際政治上の支持と相応の国際的地位を得ることは、中国がシーパワー構築にあたって追求すべき目標のひとつである。中国が海洋強国になれるかどうかは、強大な海軍を擁しているかだけでなく、地域大国として経済・外交などの手段を通じて充分な影響力や発言権を持ち、中国のシーパワー構築という目標や平和的台頭モデルが周辺国に受け入れられるかどうかにかかっている。また、国際海洋秩序の中で果たす役割や貢献が多くの海洋国家によって享受され、国際海洋政治において相応の地位が認められることも、中国が海洋強国として成功できるか否かの重要なバロメーターとなる。

「国連海洋法条約」発効以降、世界の海洋秩序は新たなステージに入ったが、現代の海洋秩序はいまだ未完成の状態である。さらに言えば、「国連海洋法条約」自体も多くの問題を孕んでいる。第一に、同条約は妥協の産物であり、条約内での矛盾や曖昧な点が多いため、島嶼の領有や海域の境界画定をめぐる紛争を数多く引き起こしている。第二に、国際海洋法裁判所や国際海底機構などの海洋管理・仲裁機関の業務手続についても、明確な定義づけが必要である。第三に、同条約の関連規定が現在多くの国によって乱用されており、他の国際法や海洋機構との関係をより明確にする必要もある。

現在、中国の海洋上の安全をめぐる情勢は非常に複雑であり、海域の境界画定や島嶼の帰属などをめぐり、経験したことのない紛争のただ中にある。それらの問題解決に際し、中国は自国の利益や立場だけでなく、現行の海洋秩序による制約、さらに中国の行動が海洋秩序に与え得るマイナスの影響についても考慮しなければならない。中国の問題解決方法やシーパワー発展モデルは、必然的に国際海洋秩序に大きな影響を与えるからである。中国が抱える海洋問題の解決は、新しい海洋秩序の構築と軌を一にしており、中国が最終的に得られる利益の多寡は、世界の海洋秩序構築とそのルール策定に中国がどれだけ影響を及ぼせるかによる。ゆえに、国際海洋秩序が変化する中で、中国は発言を続け、新しい海洋秩序において自国の利益や価値観、政治的理念をできるだけ具現化させる必要がある。さらに、航行の自由と安全および海洋の繁栄のため、持てる力を捧げて海洋コモンズの維持・発展に努め、世界的な海洋政治強国となるべく力を尽くさねばならない。

十六世紀以降、長らく世界の海洋秩序をリードしてきたのは西欧諸国であった。五〇〇年に及ぶ覇権争いの歴史を見ると、十六世紀にはポルトガル、十七世紀にはオランダ、十八〜十九世紀にはイギリス、そして二十世紀にはアメリカが覇権を握り、世界の海洋秩序を主導してきた。富の追求や海上覇権の奪取を主要な目的としたかつての国際海洋秩序には、パワー・ポリティクスの特徴が色濃く表れていた。ひとたび海上の覇者となった国は、自国に有利な国際海洋規範を強要した。国際海洋秩序は覇権国家の権益を維持するための道具となり、他国からの口出しはまったく認められなかった。

しかし、大規模な武力は、いまや海洋利益追求のための最重要手段ではない。かつてのイギリスやアメリカのように、戦争によって海洋で急速な台頭を遂げるというモデルを模倣することは不可能である。近代以降、中国にとっての目標とは、なによりもまず独立と生き残りであった。生き残りの問題が根本的に解決されない限り、海洋強国は夢にすぎなかった。中国がようやく海洋へ進出する条件を整えた現在の状況は、二十世紀初頭、すなわちアルフレッド・セイヤー・マハンがシーパワーを提唱した頃から大きく変化している。武力による勢力拡大や砲艦外交は、国際機関や国際ルール、世論によって制約を受けるようになっている。平和と発展という歴史的なテーマについてはいまだ議論があるものの、国際機関や国際ルールの影響力の急速な拡大、そして世界経済の高度な相互依存は、現代の特徴ともなっている。経済のグローバル化と相互依存の発展により、武力的手段の役割は低下したとは言えないまでも、それのみに頼った目的達成は困難になった。こうした時代背景のもと、中国が海洋での台頭と民族の偉大な復興に乗り出すなら、過去のどの時代の大国よりも国際法や国際機関などによる制約を受けるのは必然であり、近代ヨーロッパによって築かれた国際システムよりも相互依存度を増した世界から牽制を受けることも、さらには世界史上かつてない地球規模の危機の影響を受けることも、また当然であろう。それゆえ、中国はかつてのヨーロッパの大国のように自国の主張のみを押し通す外交を行うことも、アメリカ式の孤立主義に倣うこともできない。ましてや植民地や自国の勢力圏を手に入れることなど不可能である。[13]

大国間の平和的競争がすでに常態となったことで、平和的台頭も可能になっている。核に対する恐怖、経済のグローバル化と相互依存の進展、国際ルールと世界平和を求める勢力の拡大により、大国間の平和的競争が現実のものとなった。世界ではいまだ戦乱が止むことはないが、大国間の牽制や力の均衡により、総体的には平和が維持されている。改革開放以来、中国もそうした世界情勢の流れに沿って平和の道を歩み、奇跡的な発展を遂げてきた。市場経済との一体化を背景に、中国は海外との協力関係によって資源や原材料などの生産要素を手に入れ、同時に自国製品販売のための海外市場を開拓してきた。中国の経済発展に必要なあらゆる要素は、非軍事的手段により入手できる。このため、中国には二十世紀前半のドイツや日本の轍を踏む動機も圧力もない。さらに言えば、他の大国、特に覇権国家であるアメリカも、相互依存による影響や国際秩序の制約により、自身の権力や地位を守るため中国に先制攻撃をしかける可能性も大幅に低下している。時代背景や現状を鑑みれば、中国が海洋強国への歩みを平和的に進められる可能性があるのだ。

日々高まる国力と政治・経済面での強力な影響力を足掛かりにすれば、中国が非軍事的手段によって、国際海洋秩序でリーダーシップをとることもできよう。海軍力ではアメリカに及ばなくとも、海洋政治の影響力で中国がアメリカを凌駕する日は近いかもしれない。

世界的な海洋経済強国

中国は人口大国だが、海洋資源に乏しく、一人あたりの海洋資源量は非常に少ない。「国連海洋法条約」の規定と中国政府の主張にもとづけば、中国は領海・内水・接続水域・排他的経済水域（ＥＥＺ）および大陸棚を含む約三〇〇万平方キロメートルの管轄海域を擁しているが、これは中国の陸地面積および人口規模に比べて明らかに狭小である。中国が資源に対して主権を有する海域面積を一人あたりに換算すると三〇〇〇平方メートルに満たず、これは世界平均の一〇分の一、日本の八パーセントで、世界第一二二位である。[14] 加えて、中国は海洋隣接国との境界画定紛争を数多く抱えているため、現在実効支配している海域面積は、約一五〇万平方キロメートルしかない。

海洋経済は、海洋における国家の実力を表すものであり、海洋の開発・管理能力は、海洋強国の必要条件、あるいはバロメーターとなっている。経済発展の必要から、各国は領海や経済水域を自国の戦略的領土、ひいては国の根幹にかかわるものとして海洋発展戦略を次々に策定し、有力産業を支援することで、海洋資源の開発と利用を加速している。また、海洋主権の維持や海洋開拓の必要から、各国は紛争海域での経済活動を相次いで拡大し、経済的プレゼンスを通じて、外交紛争における自国の主張に根拠を与えようとしている。海洋権益をめぐる争いはもはや政治的なものではなく、資源探査や測量・開発・採掘などの経済競争へと変化している。

さらに、経済のグローバル化により、世界経済における分業・協力体制はより緊密になってきており、世界規模での生産要素配置の最適化が必須になっている。海洋経済ではさらにこの傾向が強く、たとえば海産物の生産・流通・販売はいずれも世界を股にかけているため、各国は海洋戦略において世界を視野に入れないわけにはいかなくなっている。各国は公海や深海底、南極・北極などに積極的に進出し、グローバルコモンズや資源を占有し、他の沿海国と国際協力関係を築くことで、他国の海域や資源の開発権を得ようとする姿勢をますます強めている。

中国が擁する海域と比較的豊かな海洋資源は、世界的海洋強国となるための基盤である。中国はこの環境を足がかりに海洋科学技術を発展させ、人材を育成し、海洋開発の経験を積むことができる。また、経済のグローバル化の流れと現在の開放的な海洋秩序により、平和的競争を通じて世界の海洋空間を開拓し、海洋での利益を拡大する機会がもたらされている。

中国の海洋は自然条件に優れ、資源が豊富である。海域は広く、気候は熱帯から亜熱帯、温帯にまでまたがり、三万二〇〇〇キロに及ぶ長い海岸線がある。このうち、中国大陸の海岸線が一万八〇〇〇キロ、島嶼の海岸線が一万四〇〇〇キロである。五四〇〇の島嶼があり、総面積は三万八七〇〇平方キロメートル。[15]さらに、中国には渤海・黄海・東海および南海の四つの近海と台湾以東の太平洋を合わせた五つの海域があり、渤海は中国の内海、黄海・東海・南海の大部分は中国の管轄海域に属する。これら四つの海域の総面積は四七二万平方キロメートルで、このうち中国の主権が及ぶのは、およそ三〇〇万平方キロメートルである。中国の海洋資源は種類も多く、海洋生物・石油や天然ガス・鉱物資源・再生可能エネルギー・臨海の観光資源なども豊富なため、開発の余地も大きい。海洋生物は二万種以上、魚類は三〇〇〇種以上、石油は約二四〇億トン、天然ガスは一四兆立方メートル、沿海部の砂鉱資源埋蔵量は三一億トン、海洋の再生可能エネルギーの理論埋蔵量は六・三億キロワット、沿海部の観光スポットは一五〇〇ヶ所余り、深水海岸線は四〇〇キロメートル以上、深水港は六〇ヶ所以上、干潟面積は三八〇万ヘクタール、水深〇～一五メートルの浅海面積は一二万四〇〇〇平方キロメートルである。[16]中国東部の長く伸びた海岸線は中国経済の中心であり、この地域のすぐれた政治・経済・文化は、海洋を経由して拡散される。また、中国の海域はすべて熱帯・亜熱帯・温帯に属しているため温暖で、アジア・太平洋地域の中心に位置しているため、良港が多い。このような有利な条件は、フランスやロシアなど、中国と同じ陸海複合型国家とは比ぶべくもない。

さらに、海洋経済のグローバル化と今日の制度的メカニズムにより、中国が世界の海洋と資源を開発・利用するための条件はすでに整っている。海洋資源や海洋資産の多くは流動的で分割不能という特徴があるため、どれほど小さな海洋空間であっても、一国が完全に占有することはできない。また、海洋資源の持つ移動性・変動性という特徴のため、沿海各国は海洋の生態保護や資源の開発・利用などの分野で共通の利益を有している。これらについては、「国連海洋法条約」によって、法律面と制度面から各国の海洋資産の伸縮性が認められるようになった。たとえば、ある国が領海・排他的経済水域・大陸棚以外の公海や深海底から得る収益は、その国の海洋開発能力によって完全に左右される。現在、主権範囲以外の海洋空間にこそ、より大きなチャンスが秘められていると言えよう。世界の海洋面積の約三分の二は公海に属し、法的深海底の総面積は二億五一七〇万平方キロメートルにも達する。さらに、さまざまな再生可能エネルギーや枯渇性資源が豊富に埋蔵されている。海洋での収益獲得能力こそ、国際法の枠組みの中でシーパワーが真に実効力を持ち、その価値を最大化するための要となる。[17]

人類にとって、海洋は依然として未知の要素があまりにも多い。海洋開発、特に深海開発のリスクは大きく、資金面や技術面、人材など生産要素に対する要求はきわめて高い。世界のほとんどの国は単独で体系的な海洋開発を行うことはできず、アメリカ・イギリス・日本など伝統的海洋強国であっても、こと海洋開発に関しては、自国の力のみに頼ることはできない。

このため、国際協力による海洋資源開発が大局の赴くところとなっている。海洋開発への各国の関与の度合いは、その国の擁する海洋の広さや総合国力・技術レベル・経済規模などと密接に関係している。

中国の海洋経済活動は、すでに世界的な範囲に広がっている。前述の通り、中国は世界の海洋帝国となる条件を有してはいないが、海洋経済強国になれるチャンスはある。経済のグローバル化と国際的な経済協力関係の深まりによって、中国は対外的に輸出可能な資本と労働力を豊富に擁している。また、新しい海洋秩序によって平和的競争を通じた海洋開拓が可能になり、海洋利益拡大のチャンスがもたらされている。中国は、他の海洋大国との友好協力によって世界の海洋資源を効率的に利用し、かつ、他国の経験を鑑にして世界の海洋で経済活動を行うことで、海洋経済強国へと発展できるであろう。

マハンによって十九世紀末に初めて提唱されたシーパワーは、強大な海軍と海上貿易の結合をその中核概念としていた。[18]さらに彼はその概念を制海権理論へと発展させ、当時のアメリカが世界の海洋覇権を目指す上での理論的支柱となった。中国が先天的に有する地理的条件や地政学的条件、時代背景、さらに中国の海洋利益や戦略を総合的に考慮すれば、新時代を迎えた中国の海洋強国の概念は、マハンの言うシーパワーを超えたものになるだろう。中国の先天的な条件下では、アメリカの海洋台頭モデルを模倣することはできず、海洋覇権国にもなり得ない。一方、海洋での競争が多様化した現在、軍事力はその一要素にすぎず、外交や海洋経済などの手段がますます重要になってきている。となれば、一国のシーパワーの優劣は必然的に、海洋経済の発展レベルや外交能力、国際法運用の熟練度など、非軍事的要素により決定されることになる。

総じて言えば、中国の海洋強国の目標は、以下の三つに概括できる。第一に、領海にとどまらない海域の有効な管理・コントロール・抑止により、地域的海軍力を備えること。第二に、充分な海洋外交力を持つことで、地域や世界の海洋問題と国際海洋秩序において強い政治的発言力を持つ国際的な海洋政治大国になること。そして第三に、主権の及ぶ範囲内はもちろん、範囲外の海洋や資源を合理的かつ効果的に利用し、世界的な海洋経済強国となることである。

第二節　海洋強国の概念とその特徴

中国が歩んでいるのは海洋における平和的発展の道であり、海洋覇権国の地位や自国利益獲得のための覇権争いを求めてはいない。中国がアメリカのような海洋覇権を確立するのは難しいが、一方でまったく新しい活路を見出せる可能性がある。すなわち、海洋の有効利用や開発を目標とし、外交的・経済的手段によって海洋権益を開拓する道である。強大な軍事的抑止力のもと、優れた外交戦略や国際ルール作りにおける卓越した能力、そして強大な海洋経済管理力が中国のシーパワー拡大の主要な手段となろう。中国五千年の歴史を見ても、世界史を紐解いてみても、これは新たなシーパワー発展の道すじとなるだろう。

平和的台頭に必要なのは「変」か「不変」か[19]

「中国の海洋強国実現に、西洋の古いやり方は必要ない」。これは中国の政策決定層や多くの研究者が認めるところである。海洋強国として近代に台頭した西洋と、海洋強国を現在目指している中国とは、時間的・空間的条件や地政学的特徴、さらには文化的背景もまったく異なる。おのずと西洋とは違う道を行くことになろう。第二次大戦後、核の恐怖、経済のグローバル化や相互依存の拡大、世界的な反戦運動の高まりを受け、平和と発展が時代のテーマとなった。一方で、国民国家体制が強固なものとなり、権力の空白地帯はほとんど存在しなくなった。時間的・空間的条件が根本的に変化したため、いかなる国といえども、マハンの唱えた「貿易、すなわち勢力範囲の拡大」と「海洋支配」を基盤とした二元的海洋強国は実現困難になった。これは何も、中国のような後発の海洋国家に限ったことではなく、アメリカやイギリスなど伝統的な海洋強国も直面している問題だ。武力頼みの拡大路線を進むことはもはや不可能であり、中国は平和的な海洋発展の道を切り拓いていくしかない。

中国はランドパワーとシーパワーを併せ持つ陸海複合型国家である。よって、陸海両方の戦略を考慮し、調和的な発展を維持する必要がある。中国の海洋資源は豊富であるとはいえ、他の海洋大国と比べれば相対的に不足している。また、海洋は南北に細長く、列島線が障害になっており、地理的に見ても不利だ。このような地政学的条件では、イギリスやアメリカのような海洋覇権を実現するのはまず不可能である。中国はこうした地理的条件に依拠しながら、独自の戦略目標や手段を客観的に構築すべきであり、イギリスやアメリカの経験を盲目的にまねただけの道を歩んではならない。

弱肉強食の摂理は、現在の国際社会にも色濃く残っている。海上では相変わらず軍備が競われ、武力は紛争解決の後ろ盾として、今なお重要ではある。しかし、少しずつではあるが、紛争の平和的解決が主流になってきている。第二次大戦以降、武力に頼った国境変更の成功例はほとんどなく、特に「国連海洋法条約」にもとづく海洋秩序が確立されてからは、紛争の話し合いによる平和的解決が叫ばれるようになっている。さらに、海洋をとりまく国際的枠組みや国際秩序が提供する他の選択肢（経済・外交・国際法など海軍力以外の手段）がますます重要度を増してきている。優れた外交戦略や競争力のある海洋産業、国際法の知識などを拠り所にすることで、伝統的な海洋の枠を越え、主権の範囲外でも重要な役割を果たし、大きな利益を得られるかもしれないのである。強大な海軍力を構築するのはもちろんだが、中国は外交的・経済的手段の確立をいっそう強化し、利用すべきである。

もちろん、西洋との違いを強調しすぎるあまり、歓迎されざる存在になってはならない。海洋文明史からは、長きにわたって不変の法則を学ぶことができるし、世界の海洋国家の豊富な経験からも普遍的な価値を発見できる。それらは、以下の三つにまとめられよう。

第一に、海洋強国は一定のシーパワーを持つべきであり、シーパワーは中国が海洋強国となるための物質的基盤となる。いかなる海洋強国であれ、権力手段の構築を軽視することはありえない。国際法で保証された権利や権益だけではまったく不十分だからだ。ましてや国際法も時代により変化する。強国、それ自身も権力ポジションを表すものにすぎない。この点は中国も例外ではない。海洋覇権は追求しないまでも、中国には海洋上の戦略的空間や国際政治上の地位、実効性のある海軍力がある程度必要である。

第二に、海洋強国は海洋文明をその支柱とするのが必然であり、文明の転換こそ、中国が海洋強国への道を進む上での社会的・文化的支えとなる。西洋文明は海洋文明の典型であり、その海洋での実践は他に比べようがない。植民地支配の拡大や覇権をめぐる戦争など非情理な出来事もあったが、人類文明の精華も積み重ねてきた。他方、中国は確固たる大陸文明の遺伝子を受け継いでおり、また、陸海複合型国家という地政学的条件のため、大陸文明から海洋文明への完全な転換は難しく、自国の文化的特徴を保ち続けるだろう。とはいえ、西洋文明の海洋認識・海洋利用・海洋支配の意識と能力を継承し、海洋法・外交・海軍力の運用など、西洋文明の優れた経験から学ぶことは、決して無駄ではない。

第三に、契約と条約体系には海洋秩序の基盤としての長い歴史があり、中国が海洋政治に関与する上での重要な枠組みでもある。海洋覇権の交代や武力的手段の変化に伴い、西洋の伝統的な契約と条約体系は次第に海洋秩序の基盤となり、世界各国に広く受け入れられるようになった。中国が海洋政治に関わる上で独自の見解や主張を持ち、それゆえ他国とさまざまな対立が生じることは避けられないだろう。しかし、それらの見解や主張が契約を尊重し、条約体系を遵守する障害になってはならない。中国も他の国々と同様、契約の精神に従い、条約体系の枠組みの中で争い、あるいは協力関係を築かねばならない。

中国の海洋強国への道は、先天的条件と時代の要請に沿って進めるべきである。西洋の伝統的手法を完全否定して「変（変化）」に走ることも、逆に高く評価しすぎるがゆえに「不変」のまま留まることも、現実的で理性的な態度とは言えない。

「和」と「新」による平和的台頭の道

中国のような大国が海洋強国として台頭すれば、海洋の権力構造が激変し、海洋秩序の再編が起こるのは必至であろう。中国の行動が、現状の変化をもたらさないとは考えられない。ただし、過去の歴史との違いは、中国の選ぶ道が平和的なものであるという点だ。

軍事力がすべてを決する時代はすでに過去のものだ。力による海洋支配は、いまや多様な手段のひとつにすぎず、世界のほとんどの国にとって最終目標ではなくなった。各国の海洋戦略の中心は、海洋の開発・利用へと移りつつある。中国としてもそうした時代の流れに乗り、新たな海洋強国への道を歩む必要がある。

中国共産党第一八回全国代表大会の報告で正式に提起されて以来、中国の海洋強国戦略は注目を集め、国内外のメディアや研究者、政府関係者がこれに関する解釈を相次いで発表した。なかでも、二〇一三年七月三十日の中国共産党中央政治局第八回集団学習における習近平国家主席の重要講話は、中国の海洋強国戦略について現在までになされた最も体系的で、権威ある解釈と言えよう。習主席は「海洋にいっそうの関心を寄せ、海洋を理解し、治めることによって、海洋強国建設を推進し、新たな成果を収め続けなければならない」と強調し、海洋の戦略的位置づけとその役割・海洋強国への道すじ・資源開発と環境保護・海洋権益の保護などの問題について詳細な説明を行った。

習主席の講話と、中国が直面する国際環境や時代の状況、さらに中国が担うべき歴史的使命を併せて考えれば、中国が進む海洋強国の道には、二つの顕著な特徴があることがわかるだろう。

ひとつめの特徴は「和」、すなわち「平和・発展・協力・ウィン―ウィン」によってシーパワーと海洋権益を拡張することであり、中核となるのは、平和的方法による海洋での台頭である。歴史を振り返ると、大規模な戦争を経ずに海洋強国建設を果たした国はなく、イギリス・アメリカ・日本などいずれの国も海戦により海洋強国の地位を確かなものとしてきた。中国の場合、ほとんどすべての海洋近隣国（いずれの国も実力的には中国にはるかに及ばないが）との間に海洋関連の紛争を抱えているが、一貫して話し合いによる紛争の解決を提唱している。習主席も海洋強国に関する講和の中で、「平和的方法や話し合いによる紛争の解決を堅持し、平和と安定の維持に努めること」を繰り返し強調しているが、これは紛争の平和的解決を標榜する中国指導部の一貫した立場を表すものだ。「和」の本質は、海軍力の抑制と平和的環境の希求にあるが、これは、平和的発展という中国の国家戦略と密接な関係がある。海洋戦略は、中国の平和的発展戦略の重要な一部であるため、海洋強国の道もおのずと平和的発展の大局に従うことになる。中国が平和的発展の道を歩むのは、なにも特別なことではなく、時代の流れに沿った選択なのである。言い換えれば、現在、中国が武力によって台頭しようとしても、それは不可能なのだ。さらに、平和という選択は、現在の開かれた海洋秩序に資するものでもある。経済のグローバル化と相互依存の進展により、世界のシーレーンや公海における航行の自由といった海洋コモンズ（国際公共財）の確保は、各国、特に大国の相互努力にかかっている。アメリカを含めいかなる国も、世界の海洋秩序を単独で維持することはもはや不可能だからだ。中国は海洋コモンズの提供に貢献し、国際的な義務を引き受けることによって、海上における一定の権力ポジションを得ることができるかもしれない。

中国の提唱する二十一世紀海上シルクロードは、植民地建設や覇権の確立のためでもなければ、世界から賞賛を得たいがための小細工でもない。それは平等と協力にもとづく共同発展の理念からのものであり、中国の海洋における平和的台頭に向けた重大な試みでもある。

ふたつめの特徴は「新」である。すなわち、海洋の支配ではなく、海洋の開発・利用・管理への軸足の移行である。マハンが逝去してすでに一〇〇年以上たつが、世界の海洋国は、いまなお彼の唱えた制海権の考えを重視している。アメリカ・日本・ロシア・インドなどは国家文書で頻繁に海洋戦略に言及し、ともすれば世界のシーレーンや周辺の海洋空間を支配しようとしている。平和・公正・衡平を謳う「国連海洋法条約」は、世界のほとんどの国に受け入れられているが、その法の精神は主要な海洋強国の賛同を得ておらず（注：アメリカは本条約を批准していない）、海洋秩序は依然として大国の武力の影響下にある。しかし、中国は現在、新たな海洋秩序の形成期に立ち会っており、国内外双方の影響を受ける中で、新たな道を見出せるかもしれない。実際、中国は海洋の開発・利用を中心に据えた道を積極的に模索している。自国海域を基盤にし、公海や深海底などの開かれた空間を拠り所にした海洋経済を大きく発展させようとしているのである。中国海軍はグローバルに展開してはいないが、中国の海洋経済活動は、世界の海洋の隅々にまで及んでいる。習主席による海洋強国に関する論述では、そのほとんどを海洋の有効利用と開発に費やして、海洋経済の質と効率の向上・発展モデルの転換による環境保護・海洋科学技術のさらなる発展の必要性を指摘しており、中国の海洋強国の道はそれまでとは異なる新たなものであることを重ねて強調している。この新たな道とは、海洋の有効利用と開発をその目標とし、主に外交や科学技術、経済的手段を用い、公平な競争・国際協力・交渉などの平和的方法によって海洋権益を開拓していくというものである。

中国が「和」と「新」による道を成功裡に歩み、必要な海洋空間と国力にふさわしいシーパワーを獲得できるかどうかは、中国自身の努力のみならず、国際社会からの反応、特に海洋覇権国であるアメリカの理解を得られるかどうかにかかっている。中国が行動を自制することで世界を安心させる必要があるのは無論のこと、中国の核心的利益について、世界が尊重することも肝要であろう。

グローバルな視野で海洋強国の実現を目指す

近年、管轄海域の管理や開発、および権益保護強化のため、中国が黄海・東海・南海の三つの近海でとった断固たる行動は世界の注目を集めた。しかし、海洋強国実現のためには、主権範囲内の海洋を利用しているだけではまったく不十分である。海洋強国・中国が目指すのは世界であり、世界的な資源配分の最適化を行ってはじめて、海洋強国の目標は現実のものとなるだろう。

先にも述べたように、「国連海洋法条約」の関連規定と中国の主張にもとづけば、中国は約三〇〇万平方キロメートルの管轄海域と一部の大陸棚の権益を有する。しかし、世界の他の海洋大国に比べ、中国が主権および関連権益を有する海域面積は非常に小さく、海洋事業発展のニーズをまったく満たすことができない。

経済発展という重大な責務と世界的使命を帯びた中国が、条件的に不利な管轄海域の保護と管理のみに終始するなら、世界の海洋強国になるのは難しいし、責任ある大国としてのイメージにも釣り合わない。中国の海洋強国建設は世界を視野に入れるべきであり、世界の海洋空間を舞台とすべきだ。自国海域の開発・利用を強化するとともに、公共の海洋空間の開拓や他の沿海国との協力開発を積極的に進め、主権範囲外の海洋での動きも強化すべきである。

公共の海洋空間には、公海と深海底が含まれる。公海とは、各国の排他的経済水域・領海・内水および群島水域を除いたすべての海域を指す。いずれの国も、公海での漁獲や経済開発、科学的調査の自由が認められている。また、「国連海洋法条約」では、排他的経済水域および大陸棚以外の海底および底土部分を深海底として人類の共同財産（共同遺産）と定めている。深海底には豊富な資源が埋蔵されており、世界の各大洋の水深四〇〇〇～六〇〇〇メートルの深海底にはマンガン・銅・コバルト・ニッケル・鉄など七〇種類以上の元素からなる多金属団塊（マンガン団塊）が広く賦存しているほか、コバルトリッチクラスト・熱水性硫化物・メタンハイドレート・深海生物など豊かな資源を擁しており、研究価値が高く、商業利用の将来性も明るい。深海は、さまざまな自然資源の戦略的開発拠点となる可能性が高く、深海採掘業や深海バイオテクノロジー、深海生産設備製造業などの深海産業群が形成されるだろう。「国連海洋法条約」によれば、同条約に従って設立された国際機関のもとで、いずれの国も深海底の探査・開発を行うことが認められており、深海底およびその資源の管理は、国際海底機構が行うこととなっている。世界のどの国にとってもこの空間は動態的であり、公共海洋空間の利用は、各国の開発・利用能力にかかっている。現在までに、中国の深海底開発は一定の進展を見せている。一九九九年には東太平洋中部にある面積約七万五〇〇〇平方キロメートルの国際海底鉱区の専属探査権と優先開発権を獲得し、深さ数千メートルの海底に「戦略的資源基地」を得た。二〇一一年には、中国大洋鉱産資源研究開発協会（中国大洋協会）がインド洋西南の国際海底区域で、多金属硫化物鉱床一万平方キロメートルの専属探査権と、将来の資源開発の際の優先開発権を得た。

海洋空間における協力開発とは、他の沿海国と協定・合意を結び、互恵の精神にもとづいて他国の排他的経済水域や大陸棚で行う海洋経済活動を指す。沿海各国の海洋産業の発展レベルや海洋資源の分布状況にはばらつきがあるため、国際的な海洋経済協力は普遍的に行われている。第三世界の国々が外国からの資本や人的資源、先進技術を積極的に導入しているだけでなく、アメリカ・カナダ・オーストラリアなど海洋資源が豊富な先進国も外資導入による海洋経済の発展に力を入れている。中国には強い経済力と豊富な人的資源、急速に高まっている技術レベルがある。このため、海洋経済協力、特に遠洋漁業や海洋天然ガス開発、海洋レジャー産業などの分野で大きな潜在力を有している。中国の遠洋漁業は、大西洋・インド洋・太平洋など、四〇以上の沿海国の管轄水域で操業している。さらに近年、中国石油（ペトロ・チャイナ）・中国石化（シノペック）・中国海油（ＣＮＯＯＣ）の三大集団は、海外協力や買収により、アフリカ・南米・中東などで海洋天然ガス田の優先開発権を得ている。海洋レジャー産業においても海外進出（中国語で「走出去」）は積極的に行われており、資本投資や人材交流も急増している。

海洋利益獲得に向けた動きが世界的な広がりを見せる現在、海洋における中国の責任もグローバル化を進める必要がある。南極での科学調査や北極の開発、大西洋の漁業資源保護、小島嶼国の生存、海上における反テロ活動など、一見すると中国とは無関係な問題にも影響力を発揮し、さらに、大洋のかなたの公正な貿易の維持や金融危機への対応、国際平和維持などの分野でも役割を果たしてこそ、海洋強国にふさわしい視野が備わると言えよう。[20]

中国の海洋活動はすでにグローバルなものになっているが、政策面でより主体的な計画を策定し、内容にいっそう深みを持った海洋進出を進める必要がある。世界各国は、中国の海洋活動を依然として植民地志向の一環と見なしているが、そうした態度では、海洋復興に向けて中国が提供しているチャンスをつかむこともできないし、中国との好ましい連携も保てないだろう。中国の三〇〇万平方キロメートルの管轄海域にのみ目を向けるのではなく、中国が世界の海洋空間で広く行っている活動に関心を持つことが世界にとっても、そして中国自身にとっても重要である。他国は中国の海軍力にのみ注目するのではなく、中国の海洋認識・海洋科学技術や経済活動・海洋外交力などの進歩を総合的に評価すべきである。そうであってこそ、中国は海洋強国への歩みをより確実に進めることができるし、世界も後発の新進海洋国家・中国に対する正しい認識を持ち得るだろう。

第三節　二十一世紀海上シルクロードと世界の海洋新秩序

中国の提唱する二十一世紀海上シルクロードが、古代シルクロードから着想を得ているのは疑うべくもない。説明するまでもないが、古代シルクロードとは、東アジアから中央アジア、西アジアを経てヨーロッパ、北アフリカまでを結ぶ東西交易路を指す。古代シルクロードには陸の道と海の道があり、陸の道は昔の長安・洛陽を起点に河西回廊、新疆、中央アジアを経て西アジア、ヨーロッパに至る。一方、海の道は中国沿海を起点に南海、マラッカ海峡を抜け、インド洋を経て南アジア、西アジア、東アフリカ、ヨーロッパへ至る。中国の絹糸・絹織物・綸子（りんず）・緞子などの絹製品が陸と海の両交易路を通じて中央アジアやヨーロッパに渡ったため、この名がついた。

二〇一三年十月、習近平国家主席はインドネシア公式訪問中に同国の国会で演説を行い、「中国はASEAN諸国との互連互通（相互アクセス）の強化に尽力し、アジアインフラ投資銀行（AIIB）の設立準備を進め、ASEAN諸国との海洋協力パートナーシップを発展させ、二十一世紀海上シルクロードをともに建設する」と述べ、中国の指導者として初めて二十一世紀海上シルクロード建設を提起した。その具体的なルートや範囲は演説中では言及されなかったものの、中国沿海から西の航路を取り、東南アジア、南アジア、中東、ヨーロッパ、北アフリカ地域まで延びると考えられる。「海上シルクロードの主要航路は、中国沿海の港湾を出発して南に向かい、南海からマラッカ海峡、ロンボク海峡、スンダ海峡を経てインド洋北部を通り、ペルシア湾、紅海、アデン湾などの海域に至る。すなわち、ASEAN加盟国を拠り所に、周辺国および南アジア地域までを影響下におき、中東、東アフリカ、ヨーロッパまで延びるのである」[21]。

二十一世紀海上シルクロードはそれ単独で存在するのではなく、シルクロード経済ベルトと補完関係にあり、緊密なつながりがある。中国政府の中長期計画において、シルクロード経済ベルトは、海上シルクロードとともに「一帯一路」と総称される。中国は、この「一帯一路」戦略によって古代シルクロードの価値や理念を掘り起こし、そこに新たな意味づけを加え、周辺国との経済パートナーシップを積極的に構築しようとしている。二〇一三年十月末に開催された周辺国との外交協力会議において、習主席は「ウィン－ウィンの枠組みを深化させ、地域経済協力に積極的に関与し、インフラの互連互通を加速させ、シルクロード経済ベルトおよび二十一世紀海上シルクロードを完成させ、地域経済一体化という新しい枠組みの構築に着手する」[22]ことを再度強調した。

中国がこれまでに行ってきた国際的な提案のほとんどが形式的なものだったのとは大きく異なり、「一帯一路」構想はその提起以来、中国政府・産業界・学術界によって政治・経済・外交・文化などさまざまな分野で研究や計画が実施され、港湾や鉄道、飛行場などのインフラ建設が進められてきた。さらに、二〇一四年十一月に北京で開催されたAPECサミットで習主席は「中国は四〇〇億米ドルを投じてシルクロード基金を設立し、『一帯一路』沿線国のインフラ建設や資源開発、産業協力などの関連事業に対して資金面での支援を行う」ことを宣言した。同時に、アジアインフラ投資銀行の設立準備業務も政府の肝いりで進められることとなった。

二十一世紀海上シルクロードがシルクロード経済ベルトと異なるのは、海と陸という空間の違いだけではない。中国は伝統的に大陸国家であり、古代シルクロードにおいても陸の道での実践や経験のほうが、海の道に比べてはるかに豊富だった。古代シルクロードの陸の道は、その開拓当初から戦略的意義が与えられていた。

張騫の西域遠征もそうした国家戦略の一部であったのだが、それは西域諸国を団結させ、匈奴と戦うことを目的としていた。漢代以降、シルクロードは戦乱により何度も断絶されたが、そのたびに国家の支援により再開された。古代シルクロードに設けられていた官営の宿場は、中国の国力と影響がそこまで及んでいることの象徴であった。一方、海の道での交易は、沿海先住民の自発的な経済行為としての物々交換を特徴としており、中国沿海地域を除けば、中国政府や内陸住民の関与はほとんどないに等しかった。鄭和の大遠征ですら、海上貿易や海洋経済の後ろ盾がなかったため、その最後ははかないものだった。

二十一世紀海上シルクロードは、地理的な広がりやその意義から見ても、シルクロード経済ベルトをはるかに上回る重要性があるため、両者の発展潜在力や世界に与える影響を同列に論じることはできない。世界の海洋はつながっているため、ユーラシア・アフリカ大陸沿海での成功体験は、すぐさま世界の他の海域に広がるだろう。他方、陸の道の終点は中国と同じユーラシア大陸内にあるため、シルクロード経済ベルトの影響を他の大陸や地域に拡大しようとするなら、海の道の力を借りなければならない。また、シルクロード経済ベルトによってユーラシア大陸の拠点がどれほど密につながると言っても、点と点を限定的に線でつないだという状況からは脱却できず、二十一世紀海上シルクロードが先天的に有する沿海各都市間に広がる網の目のようなネットワークには遥かに及ばない。

現在のように、中国が総力を挙げて海洋強国建設を進めるのは、史上初めてのことである。このため、二十一世紀海上シルクロードは必ずや中国に大きな意義と影響をもたらすはずだ。沿海国との経済協力を拡大・深化できるだけでなく、国際政治における中国の影響力も強まるだろう。さらに、二十一世紀海上シルクロードは海洋強国の核心部分として、中国の海洋観や、海洋に関する独自の主張・ルールの形成を促すだろう。

中国が長い間掲げてきた理想と現在の世界情勢を、二十一世紀海上シルクロード構想に結びつけて読み解くと、確信できることがある。この構想が実現されれば、中国の主張する互連互通、ウィンーウィン、開放と寛容の原則が、未来の海洋秩序の重要な理念となり、世界の海洋規範として、多くの国に認められるであろうということだ。

互連互通（相互アクセス）

互連互通（相互アクセス）は、経済のグローバル化による必然の産物である。海上の互連互通と航行の自由はほぼ同義だが、前者のほうがその意味するところが豊富で、時代の流れに合っている。習主席は、「互連互通の構築には、インフラ・制度や規則・人的交流の三位一体と、政策・設備・貿易・資金・民心の五つの領域における連動を同時に推進すべきである」[23]と指摘している。航行の自由は、海上の互連互通のための必要条件、あるいはその一部にすぎない。ただし、現状の航行の自由は、アメリカの海洋覇権のための必要条件であり、世界の海洋におけるアメリカ海軍の自由な航行の維持を目的としている。

互連互通は、近年、国際社会でもますます注目を集めており、アメリカ・EU・ロシア・ASEANなどが相次いで互連互通に関する中長期計画を打ち出している。たとえば、アメリカの新シルクロード計画やEUのコネクティング・ヨーロッパ・ファシリティ（CEF）、ロシアのユーラシア経済連合などである。また、さまざまな多国間会議でも、互連互通は注目を集めている。二〇一四年の北京APEC閣僚会議で採択された「APEC連結性ブループリント」においても、二〇二五年までに「物理的連結性、制度的連結性、および人と人との連結性を通じ、継ぎ目なくかつ包括的に連結・統合されたアジア太平洋を実現する」という長期目標が掲げられた。

新時代の経済のグローバル化、地域一体化には互連互通が必要である。現在、大国の視線はユーラシア大陸の互連互通建設に集中している。しかし、長期的に見れば、ユーラシア大陸が一大市場となった後には、必然的にアフリカ大陸やアメリカ大陸など他の地域との互連互通が必要となる。となれば、求められるのは世界の海洋交通のバージョンアップであろう。

海洋の互連互通が叫ばれる新しい時代においては、いずれの沿海国もその国力に関係なく、固有の地理的条件や産業の比較優位を生かしてシーレーンや海洋の安全・海洋開発事業で実力に応じた責任を担い、欠くことのできない役割を果たすようになるだろう。

二十一世紀海上シルクロードの実践過程において、中国は海洋の互連互通の理念やルールの理解と研究に努め、沿海国とインフラ建設や海洋経済協力を強化し、さらには全世界・全人類的な視角から、互連互通と連なる海洋新秩序を考えなければならない。

ウィン―ウィンの関係

二十一世紀海上シルクロードは、運命共同体構築の理念を引き継ぎ、ともに討議し、築き上げ、享受することを重視した平等互恵モデルであり、沿線各国とともに発展し、繁栄することをその目的としている。

ウィン―ウィンの理念は、中国自身の平和的発展の道に根ざしたものである。改革開放から三〇年あまりの間、中国は領土拡大や覇権といった時代遅れの道を歩まず、平等互恵の精神にもとづく経済協力によって世界と交わり、大きな成果を上げてきた。中国の奇跡的な成長は、すべてこの精神によるものだ。中国が二十一世紀海上シルクロードを提唱する目的は、これまでの経験を生かし、ユーラシア大陸やアフリカ大陸の各国とともに、経済上のウィン―ウィンにとどまらない利益共同体と運命共同体を築くことにある。「一帯一路」の構築においては、経済的利益を越え、沿線国とさまざまな領域での全方位的な互恵とウィン―ウィンの関係を実現すること、そしてともに発展し、繁栄できる運命共同体を打ち立てることを重視している。これは、経済的なウィン―ウィンばかりが目立っていた過去の政策目標とは明らかに異なっている。[24]

また、ウィン―ウィンの関係は、人類が海洋を探索し、利用し、開発する上で最良のモデルと言える。海洋が大陸と異なるのは、南極以外の地球上の陸地がすでに各国に分割されているのに対し、海洋の約七〇パーセントは全人類の共有資産であり、公海である点だ。仮に一部の海洋空間に一国の主権が及ぶとしても、海洋は流動的なため、領海であっても権利の独占は難しい。大航海時代から始まった海洋覇権は、海洋における他国の権利の奪取・制限を実質上の目的としてきたが、イギリスやアメリカなどの覇権国でさえ、海洋全体を支配したことはない。軍事的に見れば海洋の利用は排他的だったとはいえ、政治・経済・文化面では、海洋の開発・管理は世界システムの黎明期からウィン‐ウィンの関係の上に成立してきたのである。陸上で大帝国がすべてを支配してきたのとは、ここが大きく異なる。我々が日頃その恩恵に浴している光海底ケーブルや海洋気象情報、海難救助などの海洋関連業務は沿海国の協力なしには成立しない。この分野の協力関係は、軍事的緊張が高まっている時でも、確固として存在するのである。

ウィン―ウィンの関係は、世界の海洋政治が発展を遂げる上で必然の要求でもある。世界的に見ても、発展の中心は陸地から海洋へと移行しはじめている。二十一世紀は海洋の世紀であり、人類の目は海洋へ向けられている。一方、自然災害や環境問題、海洋の安全など海洋をめぐる世界的な問題が顕著になっているなかで、孤軍奮闘を続けるのは非現実的だ。海洋は陸地に比べ、未知の事柄があまりにも多いため、人類の科学技術レベルでは、海洋で遭遇するさまざまな障害を完全に克服するのはまだまだ先のことになるだろう。いかなる者や機関、そして国家も、互いに協力しない限り、広大な海の前では無力である。

中国の指導者が国際舞台でウィン―ウィンの関係について熱く語るのは、長い歴史に裏打ちされた哲学や伝統にもとづくものだ。中国古代哲学では陰陽五行思想を重んじ、森羅万象に関係性があると考えるため、事物の対立や矛盾に着目するばかりでなく、その同一性や相互依存性をより大切にする点で、国際関係を形づくる西洋の伝統的な考え方とは異なっている。中国の政治家たちは国際関係を非ゼロサム的に捉えているからこそ、共生共栄を唱えるのである。

中国のこのような優れた文化的伝統が、世界の海洋におけるウィン―ウィンの関係という大きな流れと有機的に結合すれば、国際海洋政治の中で必ずや異彩を放つだろう。

開放と寛容

開放と寛容は、海洋文化のもっとも大きな特徴である。とはいえ、それは人類の私利と権力欲求により制約を受けてきたため、これまで不完全な形でしか実現してこなかった。近代以降の世界システムは大航海時代による産物であり、西洋各国は強大な海軍力によって世界の海洋を制圧し、アジア・アフリカ・ラテンアメリカの広大な地域がシーレーン確保のために植民地化された。十九世紀末にマハンが海上権力理論を唱えると、制海権の獲得が海洋強国の主な目標とされてきた。たとえば、アメリカは現在もなお、世界の要衝として一六の重要海峡の制圧を試みている。

経済のグローバル化と複合的な相互依存が進展した現在、海洋権力は分散化が進み、支配より共有へと考え方が徐々に移行している。国際海洋政治における開放と寛容は人類の進歩による内的要求であり、世界各国が受け入れざるを得ない客観的事実でもある。

二十一世紀海上シルクロードは閉鎖的な集まりではなく、既存の地域協力メカニズムをなんら妨げるものではない。また、その構築は、中国ただ一国でできるものではなく、シルクロード沿線各国や欧米など政治大国の協力なしには成立し得ない。二十一世紀海上シルクロードの最終目標は、世界的な互連互通の構築と、よりスピーディな海洋の利用・開発・保護を推し進めることであり、南アジア・中東・東アフリカといった地域をシルクロードの終点とは考えていない。二十一世紀海上シルクロードは開放と寛容の精神にもとづき、国や地域、イデオロギーや文化による線引きをしない。いかなる国や経済体、企業や個人にも参加の権利が平等に与えられている。沿線地域は地政学的に複雑であり、国の規模や発展度合い、さらには歴史・民族・宗教・言語文化などの差も大きく、求める利益も異なる。こうした客観的状況から考えても、二十一世紀海上シルクロードには、各国のニーズの違いに寛容でありながらも、新たな協力モデルを構築し、利害の一致点を模索して協力の基盤を築くことが求められている。二十一世紀海上シルクロードは、今後ますます多くの沿海国を引きつけるだろう。それは中国自身の戦略構想というだけでなく、沿線各国の共同事業でもあるのだ。

観念や意識の源泉は実践にある。二十一世紀海上シルクロードは、今世紀最大の海洋協力実践の場であり、その実現によって世界経済のグローバル化と一体化はますます進み、恩恵は多くの国や人々に及ぶだろう。さらに、新たな理念やルールの策定が進み、現在の国際海洋政治のあり方にも変化をもたらすだろう。これまでに述べた三つの原則、すなわち、互連互通・ウィン―ウィンの関係・開放と寛容によってすべてが解決できるわけではないが、少なくともこの三つによって、人類は幸先のいいスタートを切ることができるはずだ。

【注】

1　原文は、『太平洋学報』二〇一四年第三期初出。本稿は、それに手を加えたものである。

2　胡錦涛「堅定不移沿着中国特色社会主義道路前進，為全面建成小康社会而奮斗（中国の特色ある社会主義の道を断固として前進し、小康社会の全面的建設に向けて奮闘しよう）」http://news.china.com/18da/news/11127551/20121118/17535254_10.html

3　劉華清は、中国近海の主要範囲には「黄海、東海、南海、南沙諸島、および台湾、沖縄諸島内外の海域、ならびに太平洋北部海域」が含まれるとしている。『劉華清回顧録』解放軍出版社、二〇〇四年、四三四頁。

4　張文木「経済全球化与中国海権（経済のグローバル化と中国の海上権力）」、『戦略与管理』二〇〇三年第一期掲載。

5　前掲『劉華清回顧録』四三四頁。

6　中国軍事科学院『中国人民解放軍軍語』軍事科学出版社、一九九七年、四四〇頁。

7　James R.Holmes and Toshi Yoshihara：*Chinese Naval Strategy in the 21st Century：The Turn to Mahan*, New York：Routledge, 2009, 五四頁。

8　中華人民共和国国務院新聞弁公室『釣魚島是中国的固有領土（釣魚島は中国固有の領土である）』（白書）二〇一二年九月。

9　ジョセフ・S・ナイ著、鄭志国等訳『美国覇権的困惑』中国語版、世界知識出版社、二〇〇二年、一五四頁〔山岡洋一訳『アメリカへの警告―21世紀国際政治のパワー・ゲーム』日本経済新聞社〕。

10　この数は、アメリカ海軍が全世界において海上での優位を維持するために必要な艦隊の規模を見積もったもので、二〇一二年三月二十八日にアメリカ海軍が国会に提出した二〇一三年財政年度における艦船建造三十年計画（二〇一三〜二〇四二年度）では、三一〇〜三一六隻を維持すると謳っていた。だが、二〇一三年一月にアメリカ海軍は国会に新たな計画を提出し、艦隊の数を三〇六隻に修正した。財政状況が引き続き悪化するであろうこと、またかさみ続けるコストという点から考えると、この計画はこの先も縮小される可能性がある。現在、アメリカの現役艦船の数は二九〇隻に満たない。

11 文周主編『中国近海海洋空間（中国近海の海洋空間）』海洋出版社、二〇〇六年、一七八頁。

12 章騫「海権与海上絲綢之路（海上権力と海上シルクロード）」、『経済観察報』二〇一四年十二月八日、第六九八期掲載。

13 郭樹勇『大国成長的邏輯—西方大国崛起的国際政治社会学分析（大国成長の論理—西側大国台頭の国際政治社会学的分析）』北京大学出版社、二〇〇六年、二三〜二四頁。

14 何傳添「中国海洋国土的状況和捍衛海洋権益的策略思考（中国海洋国土の状況と海洋権益保護のための戦略的思考）」、『東南亜研究』二〇〇一年第二期掲載、五二頁。

15 中国海洋局『中国海洋統計年鑑』海洋出版社、二〇〇九年、三一頁。

16 中国海洋局のサイト『全国海洋経済発展計画の概要』を参照。http://www.soa.gov.cn/hyjww/hyjj/2007/03/16/1174008941719037.htm

17 孔志国『海権、競争産権与屯海策（海上権力、財産権の競合と海洋開発政策）』社会科学文献出版、二〇一一年、四〇頁。

18 A・T・マハン著、安常容・成忠勤訳『海権対歴史的影響』中国語版、解放軍出版社、二〇〇六年、二八九頁〔北村謙一訳『マハン海上権力史論』原書房〕。

19　原文は、『環球』二〇一三年第六期掲載。本稿は、それに手を加えたものである。

20　李亜強「海洋強国的意義（海洋強国の意義）」、『戦略与管理』二〇一四年第三期掲載。

21　劉賜貴「発展海洋合作夥伴関係推進21世紀海上絲綢之路建設的若干思考（海洋協力パートナーシップ発展による二十一世紀海上シルクロード建設推進について考える）」、『国際問題研究』二〇一四年第四期掲載、一頁。

22　「習近平在周辺外交工作座談会上発表重要講話（習近平主席の周辺外交工作座談会における重要講話）」

23　習近平「聯通引領発展，夥伴聚焦合作（相互アクセスで発展をリードし、パートナーシップは協力に焦点を合わせよう）」http://cpc.people.com.cn/n/2014/1109/c64094-25997795.html

24　孫学峰「〝一帯一路〟引領中国対外戦略転型（〝一帯一路〟が中国対外戦略の転換をリードする）」ニュースサイト『澎湃 The Paper』内「外交学人」二〇一五年一月二日掲載。http://www.thepaper.cn/newsDetail_forward_1288476

第二章

中国近海の地政学的戦略と海洋紛争の解決策

第一節　近海における中国の地政学的戦略

中国をとりまく海洋環境は、地理的に不利な条件下にある。また、地政学的にも複雑であり、程度の差こそあれ、近隣のほとんどすべての国と海洋紛争を抱えている。

二〇〇九年以降、釣魚島および南海の情勢は急激に悪化しており、中国と日本・フィリピン・ベトナムとの間の海洋問題は深刻さを増している。中国の海洋進出に合わせて、周辺国も海洋発展戦略を加速させており、中国と周辺国間の摩擦はさらに激しく、複雑になっている。

こうした状況を踏まえ、さまざまな軋轢や潜在的リスクに対応し、より望ましい形で海洋強国化を進めるため、近海全体を俯瞰した地政学的戦略の策定が急務となっている。では、中国が採るべき戦略とは何か。それは、「穏北」「和南」「争東」戦略、すなわち、黄海における安定、南海における調和、そして、東海における競争戦略である。

「穏北（黄海における安定）」戦略

朝鮮半島および黄海周辺の情勢を安定させ、韓国・北朝鮮との友好関係を促進することが、この戦略の目標である。

朝鮮半島の平和と安定の維持は、中国の国家安全保障の観点からも欠かせない。歴史的に見ても、朝鮮半島はシーパワーとランドパワーがぶつかり合う戦略的要衝であった。中国のランドパワーを海洋に投射するための戦略ポイントであったし、日本やアメリカといった海洋国が大陸に進出するための「踏み台」でもあった。隋・唐の時代から、朝鮮半島が動揺するたびに中国も影響を受けてきたため、半島情勢に無関心ではいられなかった。清代末期には、国体の維持もままならない状態だったにもかかわらず日本と戦争を交え、半島への影響力を保とうとした。こうした過去を顧みれば、平和的台頭を目指す現在の中国が朝鮮半島に関心を持つのは至極当然のことであろう。韓国・北朝鮮との友好関係は、朝鮮半島における中国の役割と影響力を表すものであり、中国のシーパワーを日本海、さらには北太平洋まで広げる一大基盤となる。また、黄海は中国華北地区にとって海上の障壁として機能しているため、黄海情勢の悪化は、中国のシーパワー制約の要因ともなる。したがって、朝鮮半島および周辺海域の安定、ならびに韓国・北朝鮮両国との友好関係は、中国の海洋強国建設にとって欠くべからざる要素なのである。

中国と北朝鮮との間には黄海北部の海洋境界画定問題が、韓国との間には黄海南部と東海北部の境界画定問題、ならびに蘇岩礁（韓国名は離於島）・日向礁（韓国名は可居礁）の帰属問題が存在する。現在、特に問題になっているのは、これらの境界画定問題に端を発する漁業問題である。近年、中国の漁民は韓国・北朝鮮両国、特に韓国側と頻繁に衝突を起こしており、中韓間の外交上の緊張と市民感情の悪化を引き起こし、海域での警備体制の強化にもつながっている。

しかしながら、中朝間あるいは中韓間の対立は、基本的には海洋の経済権益をめぐる争いであり、海洋安全保障に関わる問題は少ない。加えて、韓国も北朝鮮も話し合いによる平和的解決を望んでいる。戦略的観点から見れば、中朝間・中韓間には問題があるにせよ、深刻な対立と言うほどのものではなく、東海や南海情勢と同列に論ずるべきではない。北朝鮮は、南方や東方からの脅威に対する防衛に力を入れており、時には気になる動きもあるが、黄海における中国の直接的脅威にはなり得ない。他方、黄海における中韓の軍事競争や漁業問題は激しさを増してはいるものの、こちらも対立の意図はないと言える。中韓両国の海洋戦略には根本的対立は見られないし、遠洋や公海には両国共通の利益があるため、韓国の海洋戦略は、その主力を南方や東方に向けている。韓国は海洋安全保障理念の自立化・大洋化・全方位化を進め、[1] かつ、大洋進出に力を入れていることから、中韓両国はアジア太平洋のシーレーン保護や海洋における安全の維持、海洋資源の共同開発などの面で、今後ますます協力の度合いを深めていくだろう。

中国は、北朝鮮とは伝統的な友好関係を通じて、韓国とは戦略的協力パートナーシップの枠組みの中で、話し合いによる問題解決を望んでいる。中韓間ではすでに境界画定に関する話し合いが何度も行われており、両国首脳は会合の中で、海洋境界画定に関する協議の継続と、漁業に関する既存の協力メカニズムの強化を通じて意思疎通や協力を強め、漁業領域の関連問題を適切に処理することで合意している、と繰り返し表明している。

朝鮮半島情勢に急激な変化が起こることは、中国にとって大きなリスクである。朝鮮半島は、冷戦後に残された最後の負の遺産ともいえる。中国・アメリカ・日本・ロシアの利益と軍事力が交錯するなか、徐々に重要度を増す北朝鮮の核問題と、日々強まる韓国の統一志向によって、この地域に突発的変化が起きるリスクが増大している。中米間の戦略や思惑もあり、北朝鮮の核問題は現時点で解決に至っておらず、さらに今日の情勢はアメリカ・韓国・日本の行動の自由を制限する形で推移しており、いずれの国も現状を変えるための行動がとりづらくなっている。北朝鮮は核保有を国家の既定の政策とし「瀬戸際外交」を続けているが、狂気とも受け取れる姿からは、一定の理性も透けて見える。北朝鮮が核兵器や弾道ミサイルの開発を進めるのは国家安全保障のためであり、米韓に対する交渉カードを増やす狙いもある。情勢が安定しさえすれば、北朝鮮が弾道ミサイルや核兵器で対外的な挑発を行い、自ら災いを引き起こすことはないだろう。北東アジアの地政学的情勢の制約により、今のところアメリカには武力で北朝鮮の核武装を解除する決意も条件もない。一方、北朝鮮は、たとえ核保有を実現しても、安全保障面での不利な環境や対外的孤立を解決できない。最終的に米朝ほか周辺当事国は交渉のテーブルにつかざるを得ないだろうが、朝鮮半島をめぐる「緊張─緩和─緊張」の連鎖は今後も続くだろう。しかし、どの当事国も「破局」を招くつもりはなく、その動機もないことを考えれば、大規模な戦争は回避可能である。情勢をとりまくリスクや課題は深刻だが、平和を希求する中国の実力と影響力は日増しに強まっており、解決の扉を開く余地はまだあるはずだ。

中国は長期にわたって朝鮮半島の平和と安定に尽力し、貢献もしてきている。今後もこの地域での影響力を維持し、大国としての責任を果たさなければならない。北東アジア情勢に大きな変化が生じていることを考慮するなら、中国は自らの政策を明確にし、北朝鮮の民生改善と国家の安全に関する合理的な要求に対して支援を強化し、必要ならば果たすべき役割を進んで担うべきである。逆に、北朝鮮が口実を作って問題を起こし、中国を無理に束縛しようとするなら、断固としてこれに立ち向かうべきである。支援すべきはこれを強化し、反対すべきは毅然として行動しなければならない。北朝鮮の非核化や平和を推進しようとする韓国の動きに対しては支援を強め、戦略的パートナーシップを継続し、適切な時期に朝鮮半島の平和的統一を支持する立場を明確に示す必要がある。一方で、韓国が北朝鮮問題にかこつけてアメリカを引き入れ、軍事演習を強化し、地域の安定を刺激しようとするなら、その動きは直ちに抑えるべきだろう。中国は関係国との意思疎通を強化し、協調体制を整えるのみならず、主体的に計画を立て、地域の安全メカニズム構築に向けて主導的な役割を果たす必要がある。具体的には、北朝鮮の核問題・朝鮮半島の和平メカニズム・アメリカの同盟国体制などのテーマについて一括して対話を進め、六ヶ国協議のような枠組みを基盤とした地域安全メカニズムを構築することで、安全保障に対する関係国の懸念を解消し、平和的安定を目指すべきである。

「和南（南海における調和）」戦略

南海問題を適切に処理し、東南アジア地域における平和的枠組みを積極的に構築することが、この戦略の目標である。

南海とその周辺海域において、中国は多層的な戦略的利益を有している。第一に、南海およびその周辺海域は、太平洋やインド洋につながる国際海運の要衝であり、中国にとって最も重要な海の生命線である。第二に、バシー海峡・マラッカ海峡・スンダ海峡・ロンボク海峡は、中国の海軍力が太平洋やインド洋へ進出する際の戦略的通路である。特に、中国東部の海洋通路が日米の厳しい監視と脅威にさらされている現状においては、南海周辺のこれらの通路は貴重である。第三に、南海は漁業や天然ガスなどの資源が豊富で、東部沿海地域と比べれば戦略縦深も広いため、中国が海洋経済を発展させる上で重要な柱となる。

とはいえ、周辺国がたじろぐほど、中国がこの地域で前のめりになりすぎるのも適切ではない。その理由は三つある。第一に、南海は大国の利益と力が交錯する場所であり、いかなる国や機関も、この海域で絶対的なアドバンテージを得るのは難しいからである。仮に中国がこの海域で激しい動きを見せたなら、他の大国やASEAN諸国によって制止されるのは必至である。第二に、南海は世界的に最も重要なシーレーンとして位置づけられており、世界中の貿易大国の海上交通の安全に関わるため、この海域での衝突や紛争は国際社会の強い関心を集め、大国の介入を招くからである。そして第三に、アメリカがアジア太平洋地域に回帰し、「リバランス」戦略の重点を東南アジア地域に置いているからである。以上の点を考慮すれば、中国がこの地域で友好的な政治ムードを維持することは、中国のシーパワー拡大に大いに資することになるのがわかるだろう。当然ながら最も重要なのは、過剰な武力を用いずに戦略目標を実現することである。二〇一二年以降、中国は、プレゼンスの強化や埋め立て、原油掘削などの平和的方法による情勢の変化を試みており、結果、状況は中国にとって有利に推移している。

冷戦終結以降、中国は「睦隣、安隣、富隣（隣国と仲良くし、隣国を安定させ、隣国を豊かにする）」という外交原則を唱え、経済的には利益を譲り、政治的には相互に信頼しあう一方、軍事的には抑制を効かせることによって、東南アジア諸国との関係を強化してきた。この政策は大きな成功を収め、中国と東南アジア諸国ならびにASEANとの関係は、この二〇数年で急速に発展し、常に新たなステージへと歩みを続けている。しかし、南海問題と大国の影響が、ここに来て大きなボトルネックになっている。係争国（ベトナムやフィリピンなど）との海上での衝突は激しさを増しており、シンガポールなどの非係争国でさえ、中国が力を増強させ、南海で攻撃的な戦略をとるのではないかと懸念している。近代以降、東南アジアは大国間の勢力争いの場となってきたため、周辺諸国にとっては、大国間のパワーの均衡を図ることが自己防衛の唯一の方法であった。現在でもASEANの一部の国は、アメリカやインドが中国の台頭を抑えることは、自国の要求に適うものと見なしている。アメリカによる「リバランス」戦略の推進、南海問題を利用した日本による中国への牽制、インドによる経済的利益や対中戦略バランスの模索といった外的要素も、地域バランスの均衡を図ろうとするASEAN諸国にとっては好条件となっているのである。

しかし、こうした状況下にあっても、中国は自信を持って戦略を推し進めるべきだ。ベトナム・フィリピンと中国では国力に圧倒的な差があるため、中国は常に相手の出方を見てから行動を起こすことができる。両国ともこのことを充分に認識しているため、近年は一貫して中国との正面衝突を避けている。さらに、ベトナム・フィリピンをはじめとする東南アジア諸国にとって、中国は自国の経済発展に欠かせない存在だ。中国との決裂は国家全体の利益に反する。加えて、南海問題の国際化によってＡＳＥＡＮ・アメリカ・インドなどの非係争国は介入度合いを深めているが、ベトナム・フィリピンの利益のために軽々しく危険を冒すとは考えられない。[2] このため、南海情勢が悪化し、ベトナム・フィリピンがアメリカの力を借りて中国を抑え込もうと気炎をあげたとしても、中国を敵に回すことは極力回避しようとするだろう。彼らには増強する中国のシーパワーを妨げることはそもそもできないし、軍事衝突や戦争が起こったとしても、アメリカや日本などに対し、あまり大きな期待も持てないからだ。現在、南海をめぐる争いは、主に世論・外交・経済開発に集中しており、ベトナム・フィリピンを含む係争国は、中国と争ってはいるが、これ以上対立が激化しない状態が続くことを望んでいる。アメリカ・日本などの域外各国は、主に世論や外交を通じて南海問題への介入を試みており、一定程度の国際的圧力を加えてはいるが、中国にとって実質的な制約とはなっていない。以上のような状況は、中国にしてみれば、この地域で友好外交を進展させ、南海問題を〝ソフトランディング〟させるための条件が整ってきていると言えるだろう。

南海問題については、軍事的抑止力の維持を前提にしつつ、経済・外交・国際法などの手段による問題解決を目指すべきである。南海における中国の戦略目標は、シーレーンの安全と海洋資源の権益確保が第一であって、先に挑発されてやむを得ない場合を除き、島嶼・礁の奪取を主要な目的とすべきではない。経済面では、深海開発能力を向上させ、関連法体系を構築することで、南海における経済的・社会的プレゼンスを着実に高めるべきだ。また、外交面では、国際社会の理解と支持を求め、共同開発について自国の見解を述べ、その推進に努めるべきだ。さらに、国際法上では「断続的国境線（九段線）」に対する合理的な解釈を模索し、ベトナム・フィリピンなどによる「国連海洋法条約」関連規定の曲解や違反行為に強く反論する必要がある。すべての当事国が「南海関係諸国行動宣言（DOC）」に背いて紛争の口火を切ることを望んでいない状況では、占領された島嶼・礁を武力で奪い返す意義と、その行為によって支払うことになるだろう代償は、まったく釣り合わない。南海の実効支配と有効利用は、より多くの島嶼・礁を支配できるかどうかによって決まるわけではない。そもそも、南海の島嶼・礁そのものに実質的意義はあまりない。重要なのは、その周辺の海洋空間なのである。中国が軍事的・経済的・社会的プレゼンスによってこの海域を自由に航行できていれば、フィリピン・ベトナムなどによる島嶼・礁の支配の継続は次第にその意義を失っていくだろう。たとえば、セカンド・トーマス礁（仁愛礁）周辺海域では、中国のプレゼンスが常態化するにつれ、フィリピンが揚陸艦を意図的に座礁させて守りを固めた意義は、もはやほとんどなくなっている。プレゼンスと開発・管理を平和的に拡大させると同時に、「南海行動規範（COC）」策定に向けたASEAN関係国の呼びかけにも適切に対処し、積極的な外交姿勢を示すことが必要である。それとあわせ、二国間の連絡調整メカニズムの強化や、二国間合同による法執行・合同演習などを通じた相互信頼の確立にも注力すべきであろう。

ASEAN諸国の「遠交近攻（遠きと交わり近きを攻める）」を旨とした戦略的なバランス政策に対しては、安全共同体構築などの制度設計によって、中国の台頭がもたらす緊張や恐怖感を和らげることができるだろう。中国はすでに「東南アジア友好協力条約」に加入し、「南海関係諸国行動宣言」にも調印している。ASEAN地域フォーラムや東アジア首脳会議などにも積極的に参加している。つまり、この地域における開戦の権利を実質上放棄しているとも言えるのである。地域の安全に対する中国のコミットメントは、真摯で責任あるものだ。中国は、「安心」政策継続のため、互いを威嚇しない地域安全共同体の形成を最終目標に、ASEAN各国と安全保障や軍事などの分野で、引き続き協力を強化していくべきだ。多国間の安全共同体による信頼措置の確立、さらには拘束力のある地域ルールの形成へと、その歩みを進めて行かなければならない。

「争東（東海における競争）」戦略

台湾と大陸の統一、釣魚島における主権の防衛、東海における制海権の掌握と太平洋進出のための安全ルートの確保が、この戦略の目標である。

中国の東側に位置する台湾・釣魚島・東海。これが、中国近海における三大問題である。韓国や北朝鮮、あるいは東南アジア諸国との軋轢と異なり、これらの問題については、中国と日米との間に激しい対立構造が存在している。海洋強国としての地位を追求する中国は、自らの合法的な海洋権益を守ろうとするが、アメリカは中国の然るべき権益を認めず、この地域における覇権的地位を放棄しようとしない。また、中国と日本のシーパワー・バランスを見ると、近年は中国が力をつけてきているものの、中国が大陸国家から海洋強国になるのを日本が黙って見すごすはずもない。両国間の海洋戦略をめぐる衝突は、すでに避けようがないところまできている。今後、中米・中日関係がいかに進展しようとも、釣魚島や東海の境界画定をめぐる中日間の対立、台湾問題や東アジア海域の戦略的優位をめぐる中米間の争いは容易には解決できないだろうし、日米両国も東アジア近海の海洋権益を中国に簡単に譲るとは考えられない。

中国のシーパワー拡大にとって、日米との間に存在する海洋問題は、今後も相当長期間にわたって重要な問題であり続け、回避できない大きな試練となるだろう。日米は沖縄など第一列島線に沿って軍事力を配備しており、有事の際には、東海から太平洋に抜ける通路を完全に封鎖できる。つまり、台湾統一を実現するまで、中国海軍は遠洋活動能力に著しい制約を受け続けることになる。さらに、中国の海軍力増強は、東海における日本の優位性に揺さぶりをかけることになるため、日本の防衛活動や抵抗を引き起こすのは間違いない。台湾問題については、干渉か非干渉かをめぐる中米間の駆け引きが、長い間続いている。中国が海洋強国を目指そうとすれば、必然的にこれらの構造的問題に直面せねばならない。そして、仮に争わざるを得なくなった時には、軍事的行動を含むさまざまな手段を動員し、相手に対抗する決心と勇気が求められる。

中国も有事に備えた実力と基盤を徐々に固めつつある。東海における中国と日米両国との力の差は縮まってきており、中国軍の現代化と軍事行動の効率化、さらに強大なランドパワーの投射能力の拡大に伴い、東海における中米間・中日間のパワーシフトはすでに不可避となっている。日本は中国の優位性を認めざるを得なくなるだろうし、アメリカは現に、海洋の合法的権益を保護しようとする中国の動きを黙認せざるを得なくなっている。台湾を例に挙げると、ランド研究所が二〇〇九年に発表した台湾海峡における軍事力比較に関する研究では、中国軍の現代化の流れが継続した場合、二〇一五年以降、アメリカは中国の空軍力や短距離弾道ミサイル・巡航ミサイルなどの優位性に直面することになり、いかに努力しようとも、台湾の防衛は困難になるだろう、としている。[3] さらに付け加えれば、中・米・日の三ヶ国では、海洋問題に対する温度差が大きい。中国にとって海洋問題は、核心的かつ重大な利益にかかわるものであり、然るべき権力ポジションを取り戻すことが主要な目的である。一方、日本にとっての海洋問題は、占拠し、自国領土だと証明し、不法権益を拡大すること、そして中国のシーパワー拡大を阻止することであり、アメリカの場合は、東海の航行の自由と地域の安定、自国主導による海洋秩序の維持を目的としている。決心や意思という点から見ても、中国が優位にあるのは間違いない。

争うのは、より良い話し合いと合意のためである。中国が武力によって米軍を西太平洋から駆逐できる可能性は低いし、武力で日本を屈服させることも優先事項ではない。実力に見合った地位を求め、戦火を交えず、日米両国に中国の核心的利益と然るべき海洋権益を尊重させる。これが最善の結果であろう。

中国にとって、「北は後方、南は基盤、東は根本」である。戦略の位置づけも問題の性質もそれぞれ異なるため、対策も当然ながら違ったものとなる。「穏北、和南、争東」戦略により、三方向における中国の海洋戦略の重点が明確になり、バランスよく統一された総合戦略が形成されるだろう。もちろん、程度の差や優先度の違いはあれ、三方向のいずれにおいても「穏、和、争」すべてが必要なのは言うまでもない。

第二節　釣魚島および東海の境界画定問題

釣魚島および東海の境界画定問題は、いまや歴史認識問題を越えて、中日間の対立の焦点となっている。この問題については、歴史的にも法的にも経緯がはっきりしているため、日本が主張する釣魚島の主権や、東海の日中中間線にはまったく説得力がない。両国間には、国交樹立当初からこの問題をめぐる軋轢があったが、近年、状況が急速に悪化したのには複雑な背景や原因がある。中国としては、理性的に対処し、中国自身の権益と日本の行動要因を充分に把握した上で、対応策を模索する必要がある。

中国はなぜ釣魚島から撤退してはならないのか

釣魚諸島は複数の島々からなる島嶼群であり、中国海洋局は七一の島嶼に命名をしている。釣魚島を構成する主な島と岩礁は、釣魚島（日本名は魚釣島。以下の名称も中国名・日本名の順で記している）・南小島・北小島・赤尾嶼（大正島）・黄尾嶼（久場島）・北嶼（沖の北岩）・南嶼（沖の南岩）・飛嶼（飛瀬）の八つであり、総面積は約六・三七四平方キロメートルである。うち、最大の島は釣魚島で、面積は約四・三平方キロメートルである。

日本政府による釣魚島の購入と国有化以来、中日関係は急速に悪化した。中国国内外での反響も大きく、各地で多くの議論がなされた。『ニューヨーク・タイムズ』など西側メディアの伝えるところによれば、釣魚島は東海上の小さな岩礁にすぎず、アメリカ政府は中国が問題を大げさにしていると捉えているようだ。また、中国国内の一部の専門家も、釣魚島は局地的な問題であり、この件で日本との関係を全面的に悪化させるのは割に合わないと考えている。

本当にそうだろうか。答えは明らかに否である。中国は争いを好むわけでも、感情的になっているわけでもないが、今回、これほどまで毅然とした態度をとるのは、釣魚島が中国の核心的利益にかかわっているからであり、日本の挑発が中国の許容できるボトムラインに抵触したからである。

釣魚島問題は、なによりもまず、主権の問題である。釣魚島の主権は中国にあるとする主張には充分な法的根拠があり、国際世論にも広く受け入れられている。釣魚島における日本の施政権を守ると公言するアメリカでさえ、研究者や世論の多数は、中国に主権があるという考えに傾いている。

国際政治の世界では今なお、主権国家が最も重要な行為主体（アクター）であり、国家の主権は国際秩序の中核をなしている。こと主権の問題においては、「取るに足らない、局地的」ということは絶対にない。経済のグローバル化と情報技術の飛躍的な進歩によって、これまで厚いベールに覆われてきた外交決定でも、民主化と社会化が進んでいる。外交政策に対する一般国民の影響力が増し、社会的エリートも外交活動で活躍を見せるようになっている。伝統的な秘密外交は成立が難しくなり、主権関連の外交事務では、特にこの傾向が顕著になっている。主権の行使は、もはや職業外交官や国王・君主・指導者だけの特権ではなくなっているのだ。釣魚島の主権問題に一般市民やエリートが広く関心を寄せるなか、日本側が問題の棚上げに関して中日間で取り交わされたコンセンサスや暗黙の了解を放棄した以上、中国としても正面から対抗せざるを得ず、これ以上の譲歩は困難である。これは、単純な利益・損得の問題では断じてない。中国の国家利益、ひいては政権の威信と合法性にかかわる問題なのだ。

釣魚島は、戦略的に見ても非常に重要な位置にある。中国に返還されれば中国最東端の領土となるが、日本がこのまま領有を続ければ、日本最西端の領土であり続ける。日本の考えでは、釣魚島を領有し続ければ、防御縦深を西南方向に三〇〇キロメートル確保できるだけでなく、釣魚島を拠点として、中国沿海地域や台湾に対する近接偵察や監視が可能となる。さらに、前線監視基地として、中国からのミサイル防衛も可能となる。他方、中国から見ても、釣魚島は前線基地として非常に優れている。台湾と釣魚島は第一列島線突破の戦略的基盤となるため、釣魚島が返還されれば、中国の大洋進出に対する士気は大いに高まる。

さらに言えば、釣魚島問題は、海洋における経済的利益にも関係している。釣魚島周辺海域は石油や漁業資源が豊富で、石油埋蔵量は約三〇億~七〇億トン、漁業の年間捕獲高は一五万トンにも達する。「釣魚島の重要性を決して低く見積もってはならない。なぜなら、釣魚島は日本が中国東方海域の大陸棚や石油・天然ガス資源を獲得するための足掛かりであるだけでなく、東アジア地域の安全と平和にかかわる重要拠点でもあるからだ」[4]。「国連海洋法条約」では、どのような島が二〇〇カイリの排他的経済水域を持てるのかについて、現在までのところ明確に規定されていないが、釣魚島は島としての基本的な条件を有する可能性がきわめて高い。日本が釣魚島を領有し続ければ、東海における日本の排他的経済水域の境界線が西に大きく移動することから、中国との間の境界線画定でも有利になり、少なくとも六万平方キロメートルの排他的経済水域を獲得する可能性がある。島嶼領有をめぐる対立の背後にあるのは境界画定問題と経済問題であり、日本が近年、釣魚島や沖ノ鳥島などの管理を強化している大きな理由はここにある。

釣魚島問題はそれほど重要ではないと主張する人々は、二つのグループに分類できる。ひとつは中国国外の「傍観者」である。アメリカ政府や一部の欧米メディアがその例だが、自身の直接的な利益とかかわりがないため、この問題を面白がって見ている。もうひとつのグループは、中国国内の「お人よし」である。彼らは中国側の寛容と抑制によって中日両国間の対立は緩和され、改善されると信じている。釣魚島問題で対立を続けることは中国の利益にならないばかりでなく、中国の強硬的な態度が日本の右傾化を助長すると主張する。相当数の日本人がこの手の論調を支持しているため、日本側はこの意見を浸透させようと中国側に働きかけている。

しかし、実のところ、釣魚島問題は中日間の対立の縮図にすぎず、両国間が奪い合っているのは釣魚島だけに限らない。両国間の対立が緩和されない限り、釣魚島問題の鎮静化は不可能である。仮に無理やり問題を棚上げしても、別の新たな問題や軋轢が火を噴くだろう。

中国と日本が抱える海洋問題は、ベトナムやフィリピンとの間の摩擦とは本質的に異なる。後者は主に海洋空間をめぐる争いだが、前者はそれにとどまらず、国家戦略をめぐる対立でもあるからだ。現在のアジア太平洋情勢から考えれば、こうした対立は避けて通れないし、中国の善意や一方的な譲歩だけで対立を緩和させることはできないだろう。

二〇一二年九月十一日、当時の野田佳彦内閣が釣魚島の購入と国有化を宣言したことで、中日間の棚上げ合意は破棄された。中国は直ちに政治的・法的・軍事的・外交的手段による対抗措置に出たが、日本は一歩も譲らず、釣魚島に関してはいかなる紛争も存在しないと主張し続けている。こうして、釣魚島問題は、棚上げ状態から全面対立状態へと移行した。中国海警局と日本の海上保安庁によって釣魚島周辺海域は管理されることとなり、両国は相手国との衝突や紛争も視野に入れた準備を進めている。こと釣魚島に関しては、中国が引きたくとも日本がその条件やチャンスを与えてくれないのである。

この問題に対処するには、中国が早急に実力を高めることが肝要である。絶対的な優位をもって争うことで、日本に現実を正しく認識させるしかない。釣魚島をめぐる争いは、今後も長期間続き、多くの紆余曲折やリスクを伴うだろう。中国は焦って急進的になってもいけないし、ましてや事なかれ主義になって無原則な譲歩をしてもいけない。戦略をじっくり定め、忍耐強く事に当たるべきである。

東海における中日間の境界画定

東海における中日間の境界画定には、二つの大きな問題、すなわち排他的経済水域（ＥＥＺ）に関する問題と大陸棚に関する問題がある。排他的経済水域と大陸棚の概念は重なる部分もあるが、そこから派生する問題は異なる。したがって、東海をめぐる両国間の境界画定の経緯を述べるにあたっては、まず両者の概念とその関係を明らかにしておく必要がある。

排他的経済水域は、一九八二年に採択された「国連海洋法条約」で規定され、「領海の幅を測定するための基線から二〇〇カイリを超えて拡張してはならない」（国連海洋法条約第五七条）と決められている。その名の示すとおり、沿海国の排他的経済水域における権益は経済的利益を主としており、同条約第五六条では、「海底の上部水域並びに海底及びその下の天然資源（生物資源であるか非生物資源であるかを問わない）の探査、開発、保存及び管理のための主権的権利並びに排他的経済水域における経済的な目的で行われる探査及び開発のためのその他の活動（海水、海流及び風からのエネルギーの生産等）に関する主権的権利」を沿海国に認めている。現在、二〇〇カイリを排他的経済水域の境界とすることに関しては、見解の相違がない。しかし、実際には、隣接する二つの国、あるいは互いに向かい合っている国の間にある海域の幅は充分でなく、すべての国が二〇〇カイリの要求を満たせるわけではない。中日間の海域の幅は四〇〇カイリ未満で、もっとも幅のあるところでも三六〇カイリしかないため、対立が生じる原因となっている。これに対して中国は、衡平原則にもとづき、海岸線の長さの対比や人口などの要素が考慮されるべきだと主張している。この考え方は、海洋境界画定において国際的にも主流をなすものだが、日本は海洋秩序における衡平性をまったく考慮せず、中間線の原則に執着している。

ここで指摘すべきは、向かい合っているか、あるいは隣接する海岸を有する国家間における領海の境界画定に関して、「国連海洋法条約」では、「衡平原則」と「中間線原則」のどちらの考えも採用しているということである。同条約の第七四条および第八三条では、向かい合っているか、あるいは隣接している海岸を有する国家間における排他的経済水域、および大陸棚の境界画定についてそれぞれ規定している。すなわち、「衡平な解決を達成するために、国際司法裁判所規程第三八条に規定する国際法に基づいて合意により行う」（一項）。しかし一方で、関係国が上記一項の合意に達するまでの間は、「暫定的な取極」を締結できるとしている。また、同条約の第一五条「向かい合っているか又は隣接している海岸を有する国の間における領海の境界画定」では、「いずれの国も、両国間に別段の合意がない限り、いずれの点をとっても両国の領海の幅を測定するための基線上の最も近い点から等しい距離にある中間線を越えてその領海を拡張することができない」としているが、中間線の決定には両国の同意がなければならない。

大陸棚に関する制度は、一九五八年の「大陸棚に関する条約」で形成され、その後、一九八二年の「国連海洋法条約」で再び言及された。すなわち、「沿岸国の大陸棚とは、当該沿岸国の領海を越える海面下の区域の海底及びその下であってその領土の自然の延長をたどって大陸縁辺部の外縁に至るまでのもの又は、大陸縁辺部の外縁が領海の幅を測定するための基線から二百海里の距離まで延びていない場合には、当該沿岸国の領海を越える海面下の区域の海底及びその下であって当該基線から二百海里の距離までのもの」（第七十六条一項）

をいい、「海底における大陸棚の外側の限界線は、……領海の幅を測定するための基線から三百五十海里を超え又は二千五百メートル等深線（二千五百メートルの水深を結ぶ線をいう）から百海里を超えてはならない」（同条五項）と定めている。二〇〇カイリ以内の大陸棚については、「国連海洋法条約」にもとづいて各国が自主的に境界を確定している（その設定に宣言の必要はない。ただし、係争がある場合を除く）。一方、二〇〇カイリを超える大陸棚については、沿岸国が大陸棚限界委員会（大陸棚の限界に関する委員会）に申請し、委員会の勧告に従って境界を画定することになる。大陸棚に関する規定によって、沿岸国には大陸棚の探索、およびその天然資源を開発するための主権的権利が与えられている。二〇〇カイリ以内の大陸棚の権益は、往々にして排他的経済水域と重なっており、対外境界線も一致することが多い。ただし、排他的経済水域は、最も広い場合でも二〇〇カイリだが、大陸棚は最大で領海基線から三五〇カイリまでを含めることができる。このため、沿岸国は二〇〇カイリを超える部分の上部水域および上空の権利を有していないことも起こる。大陸棚の境界画定は、海底地質構造を主な根拠とすべきである。大陸棚および大陸縁辺部のいずれにも明確な地質学的境界が存在するからだ。

　東海の大陸棚境界画定では、沖縄トラフの問題を避けては通れない。沖縄トラフとは、東海の大陸棚外縁に位置し、東海大陸棚外縁隆起帯と琉球弧の間にある細長い帯状の背弧海盆である。そのほとんどは水深一〇〇〇メートル以上で、最大深度は二七一六メートルに達する。東海の海底の大部分は典型的な大陸棚の構造になっており、中国大陸から海洋に延びる自然の延長であるため、沖縄トラフが中日間における大陸棚の境界線となるのは自然のなりゆきである。二〇一二年十二月十四日、中国政府は大陸棚限界委員会に対して、「東海の海域において二〇〇海里を超える大陸棚延長申請」を提出し、国際社会に対して自国の主張を正式に表明した。これに対し、日本側は、東海における中日間の境界線については、沖縄トラフに法的な意味はなく、具体的な境界画定は、大陸棚の自然延長論にもとづくのでなく、中間線をもとに境界を確定することが衡平な解決となる、としている。

このように、中国と日本は排他的経済水域や大陸棚について、それぞれ異なる考えや境界画定方法を拠り所としている。このため、東海においては、理論上まったく異なる二種類の境界線が存在しており、その隔たりは最大で一〇〇カイリにもなる。中国が二〇〇カイリを超えた地点で開発を行おうとすれば、日本の排他的経済水域内で作業を行うことになるため、さまざまな不便が生じる。「国連海洋法条約」で制度としての排他的経済水域が確立してからは、境界画定や海洋開発・管理のため、排他的経済水域と大陸棚に共通の境界画定（海洋境界）を行うのが世界の趨勢となっている。ただし、排他的経済水域と大陸棚、それぞれの境界について係争国間でコンセンサス形成が可能であることが前提となっており、その上で互恵の精神に則り調整が行われる。しかし残念なことに、日本は中国に対し、話し合いの余地をまったく与えようとしていない。

一九八二年以降、日本は中国に対し、両国間の排他的経済水域の境界線として、中間線を採用することを幾度か提案している。中国は当時、両国関係の大局維持のため、この問題について明確な回答を避けていたが、日本政府は「中国側は中間線原則を黙認した」ものと受け取ってしまう。一九九六年六月、日本の国会で「排他的経済水域および大陸棚に関する法律」が可決され、正式に「日中中間線」が主張されるようになった。しかし、日本の主張する中間線には、法的にも技術的にも大きな問題がある。第一に、日本の領海基線の画定方法そのものに大きな問題がある。日本の領海基点（排他的経済水域の基線を提供する根拠となるもの）の多くは本土から遠く離れた離島にあるため、日本の領海基線は、海岸の全般的な方向から著しく離れて引かれることになる。日本は、典型的な意味での群島国ではなく、「海岸線が著しく曲折しているか又は海岸に沿って至近距離に一連の島がある」（国連海洋法条約第七条一項）わけでもないため、同条約で定められた直線基線で要求される二つの地理的条件を満たしていない。しかし、日本は常軌を逸したレベルで直線基線を採用しており、このため、領海基線が中国側に大幅に偏っている。第二に、日本の主張する中間線は、東海における大陸棚の自然な延長を完全に無視しており、大陸棚の境界画定問題を考慮していない。東海には排他的経済水域の境界線だけがあり、大陸棚の境界線はない、とする日本の主張は、基本的事実と国際的な道理に背くものだ。日本側のこのような一方的な主張は、当然ながら認められるものではない。中国政府はこれまで、いわゆる「日中中間線」を承認したことはない。しかし、中国としては両国関係の大局を考慮し、この問題については長期間自制的態度を保ち、係争地域における「擱置争議、共同開発（争いを棚上げし、共に開発する）」を主張してきた。さらに、「日中中間線」から見て中国側で行う資源開発問題においても、中国は話し合いの姿勢を見せてきた。いずれも目的は、東海大陸棚の開発協力を通じて中日間に友好協力の雰囲気を醸成し、東海を「友好と協力の海」とすることにあった。ところが、日本は現状に飽き足らず、故意に問題を大きくしているのである。

東海の境界画定問題に関して、中国が主張する衡平原則と大陸棚の自然な延長にもとづく原則は、東海の実情に即しており、尊重されるのが理の当然である。今後の外交的・法的対立では、中国は衡平原則に含まれるべき内容についての研究をさらに進め、沖縄トラフの法的地位を保護する必要がある。また、排他的経済水域と大陸棚の両方の要素を統合した、統一的な境界線の画定を検討してもいいだろう。ただし、衡平であることがその前提である。境界線の画定にあたっては、中国は、大陸棚の自然な延長や海底地質構造の特徴、海岸線の長さや歴史的・文化的状況を基盤とした衡平原則を堅持すべきである。

東海防空識別圏　その意義と役割

二〇一三年十一月二十三日、中国国防部は東海防空識別圏（以下、防空識別圏）の設定を宣言した。その範囲は釣魚島およびその周辺海域を含み、「日中中間線」を越え、遠く沖縄トラフ付近にまで及んでいる。中国の防空識別圏と日本の防空識別圏は、東海上空のほぼ半分が重複しており、韓国の主張する防空識別圏ともわずかな面積ではあるが、蘇岩礁（離於島）上空付近で重なっている。中国国防部はさらに、「防空識別圏については、これを通過するいかなる航空機も中国当局に飛行計画を提出し、中国から質疑があった場合には、直ちに回答しなければばならない」との声明も発表した。これを受け、アメリカ・日本などの世論は騒然となり、政府関係者やメディア、専門家などが相次いで強い非難と反対を表明した。米・日・韓は当初、わざわざ軍用機を飛ばして防空識別圏内を通過させ、反対の態度を示すこともあった。

防空識別圏設定後の米・日・韓の反応を考えると、中国がいくぶん〝割に合わない〟ことをしたようにも見える。一部の論説記事では、米・日などの軍用機が相次いで中国の防空識別圏に進入したにもかかわらず、中国側が「識別圏の要求に協力せず、あるいは指示に従わない航空機に対しては、防衛的緊急措置を講ずる」といった声明を出すこともなかったため、「防空識別圏とは名ばかり」とするものや、それまで良好な関係を保ち続け、中国との対立を望まなかった韓国やオーストラリアさえも米・日側についたことで反中国の大合唱が起こっており、中国は外交上大きな代価を支払うことになった、と論じるものもあった。

確かに、中国が主張する東海防空識別圏については、その設定範囲や基準、外交上のテクニックや危機時の予防措置など、改善すべき細かな点がある。たとえば、この措置が当初から日本に標準を合わせたものであったならば、他の国を敵に回す必要はなかったはずだ。声明を出す前に、アメリカ・オーストラリア・韓国などに事前に通報し、説明しておけば、それらの国が不満を抱くこともなかっただろう。また、防空識別圏に関するルールにもやや粗雑な面がある。たとえば「領空に接近する意図のある航空機」と「識別圏内を正常に通行または通過を行うだけの航空機」は区別して対応すべきか否かといったことだ。さらに、声明発表後に起こり得る海外からの過剰反応について、中国政府の見通しは甘すぎたと言わざるを得ない。外交・軍事・広報などにおける対応プランも不十分だった。

とはいえ、そうした戦術上のミスがあったとしても、防空識別圏設定の戦略的意義を否定することにはならない。防空識別圏の設定は、領空の法的効力とは明らかに異なる主権国家の自主的な行為であり、国際法で定められたものではないため、各国間の認識差が非常に大きい。自国の航空機が他国の防空識別圏に進入する際、その国のルールを守るべきか否か。また、他国の航空機が自国の防空識別圏に進入した際は、どのような措置を講ずるべきか。これらについては、各国間で見解が異なる。防空識別圏自体、その設定や運用基準に幅があるため、いずれの国も、他国の防空識別圏内における軍事行動の自由を放棄しないだろうし、他国の軍用機が無条件で自国の防空識別圏を承認するのを期待するなど甘い考えである。アメリカの防空識別圏でさえ、ロシアなどの軍用機による侵入を常に受けているのだ。もちろん、各国の民間航空機は安全上の考慮から、他国の防空識別圏のルールを遵守している。

防空識別圏を設定すれば、アメリカや日本がただちにそれまでの態度を改め、中国への近接偵察や侵入騒ぎを止めると考えるほど中国は幼稚ではないし、両国の軍用機が防空識別圏の関連ルールを遵守することも期待していない。中国が国際的な非難を排して防空識別圏を設定したのは、自国の防空識別圏を笠に着た日本の挑発行動に対抗することもあるが、より重要な目的は、自国のパワーと能力構築の内的要求に応えるためである。

防空識別圏の設定が強力な対空警戒システムの構築を促し、中国空軍や海軍航空兵が国外の航空機に対処する際の法的根拠を与えられるようになれば、より良い分業体制や軍事力の再編が可能になる。歴史的に中国の軍事力は、まとまりを欠いたセクト主義的傾向が強く、協調意識に欠けているため、それぞれの持つパワーを統合させるのが困難だった。防空識別圏防衛の一大任務という形をとれば、中国の対空警戒システムの発展と整備に大きく貢献するだろう。

また、防空識別圏の設定は、部隊の訓練や軍事力向上の必要に応えることにもなろう。近年、中国軍は急速に現代化を進めており、さまざまな先端設備や最新兵器が大量に配備されているが、使用経験やソフトウエアの習熟度、兵器同士の連携といった面が欠落している。今後、防空識別圏内で中国と日・米両国の軍用機によるいたちごっこが頻繁に繰り返され、中国の空軍力が大いに試されることになるだろう。防空識別圏によって、中国軍にはより高い要求が突きつけられ、恰好の訓練の場が提供されることになった。防空識別圏に侵入してくるすべての航空機にいちいち対応する必要はないが、すべての航空機の軌跡および行動を把握し、随時必要な措置をとる能力を備えなければならない。

長期的な視点で見れば、防空識別圏をめぐる争いは、東海における中日間・中米間の対立の縮図にすぎない。中国の空軍力・海軍力は急速に強大化しており、東アジア近海の戦略バランスは中国側に有利に傾いてきている。陸軍の戦略投射能力のもと、海軍・空軍・第二砲兵が連携して力を発揮できれば、中国が東アジア近海において、米・日に対する戦略的優位を確立するのは時間の問題だ。中国が台頭の勢いを維持できれば、第一列島線内の東アジア近海において、戦略的優位を確立する実力を持つことができる。中国はこの海域にすべての軍備を集中させることができるが、アメリカはその地理的制約のため、投入可能な資源や軍事力が限定されるからだ。東アジア近海における現在のアメリカの優位性は、中国の海軍・空軍が脆弱だったころに形成されたきわめてイレギュラーなものであり、中米間の軍事力の差が縮小するに伴い、変化していくだろう。中国の総体的な軍事力は、この先も依然としてアメリカと渡り合えないかもしれないが、こと東アジア地域においては、その地政学的優位によって、戦略バランスに変化が生じる可能性がある。かつて、東欧地域において旧ソ連に対する軍事的優位を築けなかったのと同じように、アメリカが東アジア近海で勝利を収めることはないだろう。東アジア近海は、中国の勝手知ったる場所だからだ。

今後、東海上空における中国軍用機の活動は、より頻繁になると予想される。日本やアメリカの軍用機が、中国の防空識別圏から姿を消すことはないだろうが、その数や頻度、また形勢においても、中国が他を徐々に圧倒していくだろう。

このパワーシフトのチャンスを逃さないため、中国はいかにすべきか。自身のやるべきことをしっかりやり、争いに備え、倦まずたゆまず準備を怠らないことだ。争いに慎重ではあってもこれを恐れず、東海での争いをもってして「強軍の夢」「強国の夢」へ近づく。そこに至る過程では、戦略策定能力や戦術の運用能力の向上に努めるべきだろう。

東へ向かう航路の安全を確保せよ 5

中国の海上航路の安全について論じる際、南海や西方航路への関心の高さから、人は往々にしてマラッカ海峡や「マラッカ・ジレンマ」（マラッカ海峡を抜けてインド洋へ抜ける航路がアメリカに押さえられていることを表した言葉）ばかりを語りがちだ。宮古水道や大隅海峡を経て東に向かう海路について触れることは少ない。この太平洋へ抜ける海の生命線の重要性が日増しに高まっていること、一方でこの東へ向かう海路がかなり脆弱なことは、実はあまり知られていない。

中国が海外との貿易で利用する航路は主に四つあり、東西南北の四方に分かれる。このうち、東へ向かう航路は、日本を経て、アメリカ大陸の東西の海岸に至る。宮古水道や大隅海峡は、この航路の重要な通路なのである。

宮古水道は、宮古海峡とも呼ばれる。同海峡は、沖縄本島と宮古島の間の海洋航路であり、幅は約三〇〇キロメートルで、中国が太平洋を横断して中米・南米などに向かう際の主な航路である。宮古海峡は、南へ向かう航路の重要なポイントでもあり、中国からは同海峡を通り、オーストラリア東北部の港や南太平洋の島嶼国へ直接向かうことができる。他方、大隅海峡は、九州南端の大隅半島と大隅諸島の間に位置し、幅は約三三キロメートルで、東海・黄海・日本海から北西太平洋に抜ける重要な航路である。「国連海洋法条約」と日本の領海法（領海及び接続水域に関する法律）が定めた国際海峡の領海幅三カイリ適用の規定により、大隈海峡には公海の航路が残ることになった。このため、外国の船舶や航空機は自由に航行できるし、無害通航の原則を遵守する必要もない。

日本列島には、東海と太平洋を結ぶ海峡・水道があと二〇ヶ所あまり存在する。台湾統一が実現するまでは、これらの海峡や水道が、中国が大洋に進出する際の近道となる。シェール革命、および世界のエネルギー供給におけるアメリカなど西側諸国への偏重が進むにつれ、また、中国とアメリカ大陸との貿易が拡大するにつれ、これらの海路の重要性はますます高まるだろう。

「国連海洋法条約」の衡平原則の精神にもとづき、海洋における地理的条件が相対的に有利な国は、地理的不利国が資源開発や海上通航などの面で有している合法的な権利に配慮すべきである。中国から見れば、東海は日本列島および島嶼に囲まれた「半閉鎖海」であるため、日本は、海峡の自由な通航、あるいは境界をまたぐ航行について、中国に便宜を提供する義務がある。さらに、これらの航路を通過する船舶の多くは、中国の貿易や安全と関係があるため、中国は利害関係者として、それらの航路の安全を保護する手段を有し、発言力を強めていく必要がある。

しかしながら、日本などの国は、中国の合法的な権益を無視している。のみならず、これらの国際海峡を、中国に対する包囲・封じ込めを行うための重要な地点と見なし、海峡や水道の周囲に大軍を配備している。さらに、中国の艦船・商船・航空機などの海峡への出入りを逐一監視しており、航行の自由の原則を顧みず、公然と国際海峡上で騒ぎを起こし、中国船舶や航空機の正常な航行を阻止することさえある。さらに、第一列島線を頻繁に出入りするようになった中国艦船に対処すべく、日本はこれらの水道の周囲に公然と対艦ミサイルを配備している。二〇一三年には宮古島に88式地対艦誘導弾を初めて配備、二〇一六年にはさらに、熊本県に新型の地対艦ミサイルの配備を計画している。有事の際、南海やマラッカ海峡に比べ、東海付近の海峡や水道で日米が中国の海の生命線を封鎖する利便性がはるかに増すことになる。

東海における航路の安全確保の問題・釣魚島問題・台湾問題、この三つは海洋強国を目指す中国が解決しなければならない大きな課題である。

中国は、宮古水道などの戦略的通路における合法的権益と、海の生命線の安全を守るため、より機動性の高い軍事的抑止力の構築を急がなければならない。外交面では、日本に対してより的確に圧力を加え、あくまでも静かな対立を続けることで、太平洋進出のための戦略的基盤を固めるべきだ。

中国が日本に対し、強大な抑止力を有していることは疑いの余地がない。仮に日本が中国のシーレーンを封鎖した場合、地上配備したミサイルによる海峡周辺の基地への攻撃は、理論的には可能だ。しかし、こうした抑止力が実際の局面で効力を発揮できるかという点については疑問が残る。まず、摩擦から衝突の発生までは段階的に進行するため、完全な〝破局〟を迎えるまでは、ミサイルを実際に使用することはなく、的確な抑止力とはなりにくい。さらに、ハラスメントや封鎖などの手段が要する政治的コストや代価は、ミサイル攻撃よりはるかに安くすむため、日本が一定の度合いを超えない限り、中国は攻撃の決断を下すのが難しい。こうした戦略と戦術の食い違いにより、強大な国力と抑止力を有していながら、中国は何十年ものあいだ、宮古水道などの国際海峡において日米の意向を伺い続けざるを得なくなっていたのである。しかしながら、近年、海軍力・空軍力の全面的な発展に伴い、中国の飛行機や艦船がそれらの海域でのプレゼンスを質・量ともに高めており、これらの戦略的航路において、日米に匹敵する能力を次第にではあるが整えつつある。パワーの構築は、すべての戦略の前提である。摩擦の渦中にあっても負けない強固な態勢を整えることができれば、日本などの国も、軽々しく中国の海上航路の安全を脅かそうとはしないだろう。

第三節　南海における係争の現状と解決の糸口

南海問題には二つの側面がある。ひとつめの側面は、島嶼の主権をめぐる問題である。ベトナム・フィリピン・マレーシア・ブルネイの四ヶ国によって、中国の領土である南沙諸島の一部の島嶼・礁が占領されている。このうち、ベトナムは二九の島嶼・礁を占領しており、かつ、南沙諸島全体の主権を主張している。フィリピンは八つの島嶼・礁を占領、南沙諸島の一部である「カラヤン諸島」[6]の主権を主張している。マレーシアは五つの島嶼・礁を占領し、ブルネイは南通礁（ルイサ礁）の主権を主張している。これに加え、ベトナムとフィリピンは、それぞれ中国の西沙諸島と中沙諸島について主権や領有権を主張している。もうひとつの側面は、海域の境界画定をめぐる問題である。「国連海洋法条約」の発効以降、上記の四ヶ国は相次いで排他的経済水域を設定し、ベトナムとマレーシアは大陸棚限界委員会に対して、南海の大陸棚限界の延長申請を行っている。しかし、彼らの主張する排他的経済水域や大陸棚の外縁線は、中国の「断続的国境線（九段線）」に大きく食い込んでいる。また、ベトナムやフィリピンは、中国と協議を行わないまま、中国の「断続的国境線」内で大規模な資源開発活動を行っている。

南海戦略における新たなチャンスとその意義

冷戦終結後、中国は南海問題について一貫して、「主権属我、擱置争議、共同開発（主権は中国にあるが、争いを棚上げし、共同開発を行う）」政策を推進し、忍耐と自制を続けてきた。このうち「主権属我」と「共同開発」は、紙上の空論となってしまっているが、二〇〇九年以前、「擱置争議」については、ベトナム・フィリピンからもおおむね同意を得ていた。二〇〇二年に中国とＡＳＥＡＮが「南海関係諸国行動宣言」に調印、南海の係争は基本的には抑制され、時に争いが生じたとしても、早期に鎮静化された。当時、ベトナム・フィリピンを含む東南アジア各国と中国の関係は急速に発展しており、南海問題は突出して差し迫った問題ではなかった。

ところが二〇〇九年以降、さまざまな要素が絡み合い、ベトナム・フィリピンなどの国が南海の安定した状態を損なってしまう。まず、高まり続ける中国の実力に対し、ベトナム・フィリピンなどが焦燥感を強め、中国が強大になる前に、より多くの〝既成事実〟を自分たちのものにしようとした。さらに、「国連海洋法条約」の排他的経済水域と大陸棚制度が世界で広く実践されるようになったことに刺激を受けたベトナムやフィリピンが、法律面での攻勢を加速させた。たとえば、各島嶼の領海基点を設定し、南海で係争中の島嶼・礁に対する行政管轄権や海域での法執行を強化したこと、さらにベトナムおよびマレーシアが大陸棚限界委員会に大陸棚延長にかかわる申請を提出したことなどである。加えて、アメリカの「アジア回帰」および「リバランス」戦略の推進が一部の国の利害と一致したため、ベトナム・フィリピンがアメリカの「アジア回帰」に便乗し、中国への挑発を強めた。

こうした状況に迫られ、中国は強い姿勢で権益の確保に乗り出さざるを得なくなった。対抗措置を講ずる過程で示された中国の強大な実力と強靭な決意は、関係各国の予想を上回っており、幾度かの争いを経て、情勢は大きく変化した。まず、軍事力のバランスに大きな変化が生じた。中国が南海を制御下に置くのには依然困難を伴うが、軍事力はかつてと比べて強大になっているため、ベトナム・フィリピンが中国に対抗するのは難しくなっている。スカボロー礁（黄岩島）やトリトン島（中建島）南方における中国と両国との対峙は、南海における中国の制圧能力と資源開発能力の急激な増強をそれぞれ示すものであった。こうした状況を受け、アメリカやフィリピンからは、問題の棚上げが提起された。ただし、アメリカからのものであれ、フィリピンからのものであれ、それらの提案は、いずれも外交活動によって中国の優位性を削ぎ、南海で強まりつつある中国の権益保護や開発の動きを弱めようとする目的があった。次に、法律やルールに則った争いが、武力に替わって焦点となった。軍事バランスの変化により、ベトナムやフィリピンは南海での戦略を「武力」から「世論による攻撃」に変え始め、外交上・国際法上で中国との対立姿勢を強めつつ、南海問題の多国間化・国際化を推し進めている。一方、アメリカは、アジア太平洋における「リバランス」戦略を進めるため、「いかなる国にも与しない」態度を徐々に放棄し、外交や国際法をその主な手段として、南海問題に介入してきた。このため、日本・インド・オーストラリア・ＥＵなどの域外大国も、南海問題への注目の度合いを大幅に高めている。

以上のような動きを勘案すると、南海では今後、軍事力による争いから、外交および法律上の係争が主流となっていくだろう。

二〇〇九年以降の南海での事態の進展を見ると、実力こそが話し合いの前提条件であり、十分な実力を備えてこそ、中国の国家構想に照らした南海の発展が可能になることがわかる。ここでいう実力には、軍による権益維持能力、開発・経営能力、行政・社会管理能力の三つの能力が含まれる。軍による権益維持能力には、西沙諸島の管理強化を基盤にしつつ、南沙諸島および周辺海域への軍事的プレゼンスを拡大することで、すべての管轄海域内で発生する危機的状況に即座に対応できる体制を構築し、中規模の衝突に対して随時対応できる軍事力を備えることが求められる。開発・経営能力には、南海の紛争海域を中心にした漁業のプレゼンスの大幅強化、南海中南部の石油・ガス開発でのブレイクスルーを急ぐこと、レジャー産業の適切な発展などが挙げられる。行政・社会管理能力には、海南省三沙市が行政において牽引的役割を果たせるよう「機能の充実化」を急ぐとともに、南海の航路管理や災難救助など、国際協力における中国の地位や役割の向上が期待される。

以上述べた実力を高めたとして、続く問題は、中国の戦略目標は何か、ということである。ここまで述べてきた中国の行動は「問題の棚上げ」を放棄しようとするものではなく、実力によって平和を、実力によって話し合いを促そうとするものである。二〇一三年七月三十日、習近平国家主席は、中国共産党中央政治局の集団学習において、「主権属我、擱置争議、共同開発（主権は中国にあるが、争いを棚上げし、共同開発を行う）」方針の堅持を再度強調した。これまでの「争いの棚上げ」が諦めを含んだ受動的な選択だとしたら、これからは、より深い意義のある、積極的な選択としての「争いの棚上げ」が実現できるかもしれない。

南海における戦略「主権属我、擱置争議、共同開発」は、まだまだ不十分な形でしか実行できていない。それでもこの方針は、中国の戦略達成のための重要な基盤なのである。

複雑化する南海の合従連衡を突破するには[7]

南海における中国の〝制局（事態・局面を制御する）〟能力は、近年確実に高まっている。一方で、ベトナム・フィリピンは結束して、また、日・米は力で中国に対抗しており、東南アジア各国や世界の大国も南海への関心と懸念を強めている。このため、中国は外交上、いくつもの包囲網や大きな圧力に直面している。

ベトナムはこれまで、南海問題と中国との総体的な関係を分けて考えてきた。「同志であり兄弟」の関係を強調し、政・党・軍における中国との関係発展に力を入れ、経済・貿易面での協力を強化する一方、南海問題については、政治・外交・法律・軍事面での争いや衝突に対する準備を躊躇なく整えてきた。

一方のフィリピンは、二〇一〇年にベニグノ・アキノ三世が大統領に就任して以降、南海において率先して中国と争う姿勢を見せ、スカボロー礁（黄岩島）やセカンド・トーマス礁（仁愛礁）での対立、さらには「国際海洋法条約」にもとづく仲裁裁判所への提訴を行った。さらに、ＡＳＥＡＮや国際社会で支持を取りつけるためにがむしゃらに立ち回り、ベトナムやマレーシアなどの支持を求め、アメリカの南海でのプレゼンス拡大のため、基地や便宜の提供を行っている。

ベトナム・フィリピン両国は、南海問題における結託を急速に強めている。ベトナムは、表面的にはフィリピンと距離を保っているように見えるが、実際にはフィリピンと通じ合い、フィリピンと中国の争いによる〝戦果〟を共有しようとしている。

他方、日・米両国は、機を見て南海問題に介入し、連合して中国を制しようとしている。アジア太平洋地域の「リバランス」を推進するアメリカにとって、東南アジアは最重要地域であり、アメリカ軍配備のための要所でもある。事実、アメリカは南海問題を利用して、アジア・太平洋地域への「回帰」を急速に実現している。外交の舞台では南海における中国の威嚇行為を頻繁に非難し、中国に対して国際ルールの遵守とＡＳＥＡＮ諸国との「南海行動規範（ＣＯＣ）」策定に向けた話し合いを促す一方、フィリピン・ベトナムとの軍事協力や交流を強化し、両国が中国に対して騒動を起こすようけしかけているのである。二〇一四年以降、アメリカの南海政策には質的変化が生じている。あからさまにフィリピン・ベトナムの肩を持つようになり、それまでの間接介入から、正面から中国に対抗する直接介入へと姿勢を転換させている。

日本は、中国を牽制する上で、ベトナム・フィリピン両国をアメリカに次ぐ重要な盟友と見なしている。釣魚島問題が緊迫し続けるなか、日本は東南アジア各国を積極的に訪問し、「海上における中国の脅威」を煽り立て、南海と東海が連動して中国に対抗するよう働きかけている。ベトナムやフィリピンへの軍事的・経済的支援の拡大や、海洋問題に関する外交協力の強化を通じ、中国を標的にした海洋安全メカニズムや同盟関係を構築しようとしているのである。

しかし、南海問題への日・米両国の介入が与える影響については、政治面・外交面の影響は大きいが、軍事面への影響はあまりない。アメリカや日本の介入が、南海のパワーバランスを短期間のうちに変えることは不可能だし、両国ともフィリピンやベトナムのために中国と戦火を交えようとは思っていないだろう。

ＡＳＥＡＮや域外の大国も、南海問題に高い関心を払っている。ＡＳＥＡＮは、南海の係争について特定の立場をとっていない。言い換えれば、中国とＡＳＥＡＮの間には、いかなる主権争いも存在しないということだ。ＡＳＥＡＮが目指しているのは、領有権主張国と非主張国との間にコンセンサスを構築し、かつ、「南海関係諸国行動宣言」の実施と「南海行動規範」実現に向けた協議の過程で、一定の役割を果たすことである。とはいえ、南海問題をめぐる各国の態度はまるで異なるため、ＡＳＥＡＮが個別の係争において役割を発揮するのは難しいだろう。この点は、二〇一二年にカンボジアのプノンペンで開催されたＡＳＥＡＮ外相会議の結果を見れば明らかである（この会議では、南海の領有権問題について、共同声明さえも採択できないまま閉幕した）。

マレーシア・ブルネイ・インドネシアは、中国との協議による解決を支持しており、アメリカなど域外勢力による干渉には反対している。上記三ヶ国は、南海をめぐる中国と各係争国との問題は重大なものではないが、それらの国々は、中国が南海でどのような政策を採るかについて疑義があるのだと主張している。シンガポール・タイ・カンボジア・ラオスなどの領有権非主張国は、南海問題の悪化によるＡＳＥＡＮの分裂と、中国との関係悪化を懸念しており、中国と領有権主張国による協議を強く主張し、調整国としての役割を買って出ている。

さらに、世界の政治・経済においてアジア太平洋地域の重要性が急拡大したことで、南海の戦略的地位がますます重要になっており、世界の主要国がこの地域で戦略的拠点づくりを積極的に進めている。インド・オーストラリア・ＥＵ・ロシアは近年、南海情勢への関心を高め、問題の平和的解決を呼びかけるとともに、南海関連政策を発表している。これらの国々は、パワーバランス維持の観点から、中国の強大化を内心喜んではいないが、この問題で中国との関係を悪化させることも望んでいない。このため、ベトナム・フィリピンに対しては支持を表明するのみで、物質的な援助は見られない。

アジア太平洋地域をめぐり大国が牽制しあう構図や、経済の相互依存が深まっている現状を考慮すると、南海で戦争が発生した場合の代価は、あまりにも高くつく。おまけに、中国が海上での実力やプレゼンスを日増しに強めている。こうしたこともあり、フィリピンやベトナムはそれまでの政策を抜本的に変更せざるを得ず、経済・法律・外交を通じた対抗手段を模索している。各国は、軍事力強化や法的執行力の拡大という悪手を重ねながら、資源開発・国際法や世論による主権争奪・地域のルールや秩序をめぐる競争を猛烈な勢いで進めている。これらの動きについて、以下見ていこう。

資源開発は、すでに摩擦・衝突の原因になっている。日々高まる中国の軍事力および法的執行力により、ベトナム・フィリピンは新しい島嶼の占有をあきらめ、南海の資源争奪強化へと政策を転換している。経済的利益の獲得のみならず、既成事実や主権の主張に有利な条件を作り出すことができるからだ。現在、南海で石油採掘地借用権を有し、石油・天然ガス探査や採掘を行っている国際的な石油企業は約二〇〇社あり、合計一〇〇〇本あまりの井戸が掘削されている。それらの企業は主にベトナム・フィリピン・マレーシアなどと共同開発を行っているが、ここ数年、ベトナム・フィリピンは、海外の石油企業を紛争海域に誘致して新しい井戸の掘削を進めるといった動きをますます強めている。漁業についても、ベトナムやフィリピンが中国・台湾漁民を拘留・駆逐する事案が頻繁に発生しており、各国のナショナリズムの高まりを受け、漁業紛争はますます激しさを増している。つまり、資源をめぐる争いが、南海での衝突の新たな、そして主要な原因となっているのである。

国際法や世論も、新たな紛争の場となりつつある。現在、フィリピン・ベトナムなどの国は「国連海洋法条約」をめぐって論陣を張り、南海の地質構造の測量や情報収集を強化し、自国の主張に有利な法的根拠を積極的に集めている。国際法上の争いは、二〇一三年一月にフィリピンが南海仲裁裁判所に提訴したことで始まった。アメリカなど西側諸国の政府関係者や研究者の中には、中国の主張や行動は「国連海洋法条約」の精神や関連規定に反するとして、公の場で非難する者もいた。これらの国々は、中国の「断続的国境線（九段線）」の主張を非難し、外交の場や世論を利用して、その合理性に繰り返し疑義を呈している。これに対し、中国はさまざまな理由により、法律面で争う準備が整っておらず、系統的な闘争戦略も練れていないため、受身の姿勢になっている。

大国間のパワー・ポリティクスも問題を複雑にしている。アメリカ・インドなどの大国が南海問題に介入するのは、自国の利益の拡大、さらには自国に有利な地域秩序を構築し、権力を拡大するためである。特に、アメリカは南海を中国との戦略的競争のための新しい拠点にしようとしており、中米間の権力争いは、南海問題の最大の外部要因となっている。アメリカが南海問題を利用して同盟国や親米国を引き入れている動きは、中国としては当然、中国包囲網を築こうとしていると考えるだろう。一方、中国が南海で強化している権益維持活動は、アメリカからすれば、自国主導の海洋秩序の〝転覆〟を中国が目論んでいると受け取るはずだ。アメリカのさらなる介入と、中国の海軍力の拡大、そして中米間の総体的な実力差の縮小が進むにつれて生じる両国関係の負の相互作用は、南海問題の今後の行方に少なからぬ影響を与えるだろう。中米間の競争が激化すれば、東南アジア諸国は、どちら側につくかを選ばざるを得なくなる。そうなれば、南海は中米間の戦略的対立の中心地になってしまい、平和が訪れることはなくなるだろう。

南海情勢や東南アジアの安全保障環境、さらにアジア太平洋全体が大きく変化している現在、中国は強力な軍事的抑止力を構築すると同時に、法律上の論争・資源開発・外交など、あらゆる手段を組み合わせつつ、全体のレベルアップを急がねばならない。中国には、なにより総合的な戦略が必要とされている。

現在急を要するのは、国際法および海洋機構内における解釈権や解釈構築の能力を強化し、中国の主張に対する法的基盤を強化することである。海洋の境界画定・島嶼の法的効力・歴史的に有する権益などの問題に関する「国連海洋法条約」の曖昧さが、世界の海洋紛争を加熱させているのは客観的な事実であり、このため、国際海洋制度のさらなる変革と発展が求められている。国際司法裁判所・国際海洋法裁判所・国際仲裁裁判所など、「国連海洋法条約」が指定する裁決機関は、主権問題の解決において強制力を持たないが、各国の新しい海洋情勢や実践状況にもとづき、「国連海洋法条約」の曖昧な条項について再解釈を行うことは、理論的には可能だ。これは中国にとっては挑戦でもあり、チャンスでもある。関連する国際法条項に対する解釈能力の向上、あるいは海洋機構の再構築により、中国の主張をはっきりと示せれば、南海における利益を保護することができるだろう。

現状を打破するには、南海における資源の共同開発を進め、信頼を深めながら摩擦を減らすことが重要だ。中国は、南海の係争地域において、まだひとつも石油・天然ガス井を開発しておらず、資源開発の面ではベトナムなどにかなり遅れをとっており、現在の経済活動は、数の上ではそう多くない漁民に依っている。こうした点は、中国が南海で権益を保護する上でマイナスの影響を与えており、紛争拡大を制御する能力を制限している。石油・天然ガス井が密集する紛争海域において、中国が有効な経済的プレゼンスを築くことができなければ、領有権をいくら主張しても実効性はないだろう。

中国は、さまざまな共同開発計画について深く研究し、あらゆる形式の経済協力に対して開放的な態度を取り、具体的な経済・安全協力を通じて相手国との政治的信頼、そして最終的には政治的解決を目指すべきである。紛争海域の境界画定については各国で意見が分かれており、共同開発の道のりは険しいだろうが、忍耐をもって、着実に進めなければならない。中国は、この協力関係を通じ、すぐれた提案力・巧みな抑止力を展開する実力・意思を示す行動力を強化し、「提案力＋実力＋行動力」の総合戦略によって、名実相伴う「擱置争議、共同開発（争いを棚上げし、共に開発する）」を目指さねばならない。

「硬」「軟」織り交ぜて南海問題の国際化に適切に対応し、紛争の鎮静化と〝火消し〟を行うことが、成功の鍵となる。領有権非主張国も南海問題に関心を寄せるのには、それなりの理由がある。中国は、各国が気にかけている南海における航行の自由や地域の安全について十分に尊重と理解を示し、政策の透明性を高め、各国との意思疎通や協力をいっそう強化する必要がある。また、さまざまな両国間対話メカニズムやＡＳＥＡＮ内の多国間対話の枠組み、その他の国際舞台を利用し、自国の南海政策を発表することもできよう。この際に必要なのは、南海の島嶼・礁や海域の境界画定問題と、航行の自由や地域の安全などの海洋関連業務を分けて扱うことである。

友好的な話し合いを呼びかける、すなわち「軟」によって中国に有利な国際世論を作り出す一方、自国の主権と利益に関わる〝レッドライン〟を侵害されたときは政治・外交・軍事面での報復行動をためらわない、すなわち「硬」によって、域外大国と領有権主張国との共謀を阻止しなければならない。

南海をめぐる法的防衛戦

二〇一三年一月二十二日、フィリピン外務省は中国大使館に対し、「国連海洋法条約」第二八七条および付属文書Ⅶの規定にもとづき、中国との間の南海領有権問題について仲裁通知を提出し、仲裁手続きを開始するとの口上書を送った。これに対し、二月十九日、中国政府は口上書と仲裁通知をフィリピン政府に送り返し、中国はこれを受け入れず、仲裁裁判に参加しない旨を正式に公表した。しかし、フィリピンは中国側のたび重なる反対を顧みず、仲裁手続きを進めた。フィリピンは仲裁の申請時に、中国との交渉・話し合いは膠着状態に陥っていると表明している。だが、二〇一二年のスカボロー礁での対峙以来、中国との対話や交渉を拒絶してきたのはフィリピンのほうである。その後、二〇一四年三月末、フィリピンは常設仲裁裁判所に対し、四〇〇〇ページにも及ぶ訴状を提出している。フィリピンのこうした行為は、南海問題の争いの焦点が、艦船の対峙・軍事的威嚇・力の誇示・プレゼンスの拡大などの「硬」な対抗策から、国際司法や国際世論という「軟」な争いへと変化していることを示している。

フィリピン側の声明によれば、提起した十五件の請求事項の内容は、以下の三つに集約できる。第一に、中国の「断続的国境線（九段線）」にもとづく海洋権利に関する主張は「国連海洋法条約」違反であることを明確にするよう仲裁裁判所に求める。第二に、中国が実効支配するミスチーフ礁（美済礁）・ケナン礁（西門礁）・ガベン礁（南薫礁）・スビ礁（渚碧礁）は低潮高地（満潮時は海面下に没するが干潮時は海面上に出てくる、自然に形成された土地）のため領海は生じないこと、また、ファイアリー・クロス礁（永暑礁）・クアテロン礁（華陽礁）・ジョンソン南礁（赤瓜礁）・スカボロー礁（黄岩島）は岩礁であるため、二〇〇カイリの排他的経済水域を主張することはできないと宣言するよう仲裁裁判所に求める。そして第三に、フィリピンが「国連海洋法条約」にもとづいて主張する排他的経済水域および大陸棚の権益を中国が〝侵害〟していると判断することを仲裁裁判所に求め、かつ、仲裁裁判所が「臨時措置」を講じ、中国のこうした行為を止めさせるよう求める。これらの請求事項の意図するところは、南海における中国の法的主張を弱体化させ、同海域における中国の権益を、点在する島嶼・礁とその付近の限られた水域に限定することである。仮にフィリピンの主張がすべて国際社会で認められれば、中国は、南海中南部のおよそ一〇〇万平方キロメートルの海域と関連する権益を失うことになる。

中国が警戒すべきは、今回、フィリピンが周到に準備し、仲裁内容・提訴先の選択・時機を見た行動といった面で、高度な政策決定を行っていることである。スカボロー礁における対応の稚拙さに比べると、国際法の運用や国際機関を利用するフィリピンの能力は、あなどれないものがある。

南海問題の当事国で、中国に対する訴訟を目論んでいるのはフィリピンだけではない。ベトナムなどの国も現在、同様の計画を練っている。今後、中国の法執行能力がさらに増強され、管轄海域の管理・制御が強化されるにつれ、フィリピン・ベトナムは軍事的あるいは準軍事的手段によって中国と対峙する実力や勇気を失い、争いを国際司法の場へと移していくだろう。

「国連海洋法条約」第二九八条の「選択的除外」規定にもとづけば、条約締約国は、国連事務総長に宣言を寄託する形で義務的な仲裁手続きを除外することができ、この規定は主に領土の帰属・海洋の境界画定・歴史的所有権・軍事的利益などの海洋紛争に適用される。中国はすでに、二〇〇六年八月二十五日に国連事務総長へ書面による宣言を提出している。この宣言において、中国は、「国連海洋法条約」第二九八条一項に列挙された紛争、すなわち領土の主権・海洋の境界画定・軍事的活動の類の紛争について、国連海洋法条約第一五部第三節（第二九七条・第二九八条・第二九九条）に規定されたいかなる国際司法、または仲裁による管轄を受け入れないことを示している。したがって、仲裁裁判所は今回の件に関する管轄権を有さないというのが中国の主張である。

　フィリピンは、中国には「国連海洋法条約」第二九八条にもとづく選択的除外権があることを当然理解している。そのため、提出された仲裁請求の内容は充分練られており、南海問題の背後にある主権をめぐる紛争への言及を極力回避している。表面的には、これらの仲裁請求はいずれも主権をめぐる議論を行っているように思える。しかし、フィリピンは仲裁裁判所に対し、島嶼をめぐる中国との主権争いや海洋の境界画定紛争についての裁定などを求めておらず、中国の主張や行動は「国連海洋法条約」に適合しないと認定するよう求めているのである。こうすることで中国の選択的除外権行使の回避を図り、〝技術的〟な訴訟請求によって今回の提訴を立案し、仲裁手続きの開始を推し進めたのである。

　それでもなお、フィリピンの仲裁請求は、議論のすり替えを行っているのではないかとの疑義を払しょくできない。中国政府は公式見解で、「フィリピンによる仲裁請求の本質は、南海の一部の島嶼・礁の領土主権問題にあり、『国連海洋法条約』の解釈や適用は関係ない」[8]としている。「国連海洋法条約」は、歴史的権利や島嶼の法的効力などの問題について曖昧に規定しているため、仲裁法廷において、いくぶん偏向的な裁決や意見が出された場合、〝曖昧さ〟によって最大公約数的内容を定めた同条約の合法的基盤を覆してしまうおそれがある。

しかしながら、二〇一五年十月二十九日、仲裁裁判所は南海の管轄権設定および受理許容性について裁定を行い、その管轄権を拡大する決定を行った（仲裁裁判所の管轄権について争いがある場合、仲裁裁判所自身が管轄権の有無を決定する）。仲裁裁判所は、フィリピンが申し立てた十五項目のうち七項目について管轄権を設定した。これは、仲裁裁判所が、申し立ての一部に対して管轄権を有し、南海の島嶼・礁に関する法的効力について審議を行う権利を有していることを実質上認めたことになる。また、「断続的国境線（九段線）」と、中国がフィリピンの排他的経済水域における権益を侵害しているとする問題については、実際の審議段階で決定するとした。

現在、話し合いによって紛争解決を目指す中国の立場を支持し、フィリピンと仲裁裁判所による紛争解決を認めないとする国は数十ヶ国に上っており、仲裁手続きが国際社会から広く承認されているとは言い難い。このため、この件が中国の南海における法的主張に対する実質的な挑戦になるとは考えにくい。しかし問題は、今回の提訴が引き金となって国際社会全体に亀裂が入り、「国連海洋法条約」を基盤とする海洋秩序に動揺が走ることだ。今後、国際社会がどのように紛争を解決するか、「国連海洋法条約」にはいかほどの権威があるのかといった問題をめぐる論争は、ますます熱を帯びていくだろう。これらの論争が南海情勢に影響を与えるのは自然の成り行きであり、フィリピン・アメリカなどは必然的に、中国に仲裁結果の遵守を要求してくるだろう。ベトナムなど他の紛争当事国が、フィリピンのやり方をまねるかどうかは未知数である。

こうした争いで勝利を収めるため、中国には「国際海洋法条約」のさらなる研究と、関連する国際機関との連動強化が求められる。「国際海洋法条約」を含む国際法研究に関しては、残念ながら、中国はまだまだ立ち遅れている。国際法の研究レベルを向上させ、法律面での争いに備え、しっかり基盤を固めなければならない。一方で中国は、関連する国際機関の構築にも積極的に参加すべきである。大陸棚限界委員会・国際海洋法裁判所などの国際機関は、「国連海洋法条約」に基づき、全人類を代表して権力を行使している。その公正性と権威は、国際社会から広く認められ、中国人も少なからず要職に就いている。中国は、国内世論を適切にリードし、そうした国際機関による〝陰謀論〟を退けなければならない。フィリピンの仲裁裁判に対しては、国際海洋法裁判所や仲裁裁判所でフィリピンに対する怒りや不快感をまき散らすのではなく、理性的に対応していくべきである。法廷の中であれ、外であれ、仲裁裁判での役割を誠実に実行し、法廷や国際社会全体に向けて中国の立場や主張を広く知らしめるなど、受け身な姿勢を積極的な態度に転換させていくべきであろう。

南沙諸島海域における人工島建設の意義および戦略的思考[9]

二〇一三年末、中国は、自国が領有する南沙諸島の一部の島嶼・礁における人工島の建設工事に着手した。その後、二〇一四年四月に、中国がジョンソン南礁（赤瓜礁）で埋め立て工事を実施する様子を捉えた写真が、先を争うように大手メディアに掲載された。写真には、現場で作業を行う中国籍の大型船舶数隻と、面積〇・一平方キロメートルの人工島が写されていた。さらに、六月五日、フィリピンのアキノ大統領は、「ガベン礁およびクアテロン礁付近の海域で、ジョンソン南礁で埋め立て工事を行った船と似た船が確認されており、埋め立て工事を行っている可能性がある」との声明を出した。また同月初旬、香港の英字新聞『サウスチャイナ・モーニング・ポスト』は、「中国は、巨額を投じてファイアリー・クロス礁（永暑礁）での飛行場建設を計画している」と報じている。

中国外交部の華春瑩報道官は、同年五月十五日の定例記者会見において、「ジョンソン南礁を含む南沙諸島およびその周辺海域における中国の主権には、争いの余地がない。ジョンソン南礁において中国が何がしかの建設を行ったとしても、すべて中国の主権の範囲内の事柄である」と表明した。六月九日、ファイアリー・クロス礁での飛行場建設の伝聞についても、彼女は同様の立場を表明している。その後、中国政府はこの件については自国の主権の範囲内であることを強調するばかりで、人工島建設についてはコメントをしていなかった。しかし、これまでの経験にもとづけば、中国のこうした態度は、人工島建設の伝聞を間接的に認めているものと考えられる。

二〇一五年四月九日、華春瑩報道官は、記者会見において以下のような詳細な説明を行った。すなわち、中国政府は、南沙諸島の一部の駐留島嶼・礁で、関連施設の建設やメンテナンスを行った。その主な目的は、島嶼・礁の機能を向上させ、駐留者の勤務・生活条件を改善すること、また、これまでにまして国家の領土主権と海洋権益を守り、海上捜索や救助、防災・減災、海洋科学研究、気象観察、環境保護、航行の安全、漁業操業などの面で国際的な責任や義務を履行することである。今回の建設は中国の主権の範囲内であるため、いかなる国にも影響を与えないし、いかなる国を狙ったものでもない。アメリカの戦略国際問題研究所が衛星写真から推測したところによれば、建設によって拡張された島嶼・礁の面積は、累計一三平方キロメートル以上で、ファイアリー・クロス礁、スビ礁およびミスチーフ礁では、合わせて三本の長い滑走路（それぞれ約三〇〇〇メートル）がすでに建設されている。中国政府の通告によれば、埋め立てによる陸地拡張工事はすでに完了し、現在はインフラ建設を行っているという。

中国による島嶼や礁の建設工事は、国際社会から大きな注目を集めた。アメリカなどの国はこの機に乗じ、「工事は規模が大きすぎる上に、あまりにも急ピッチで進められた」「軍事化を進めている」といった話をでっち上げて中国に圧力をかけ、南海問題への介入度合いを深め、中米間の緊張を高めた。他の関係国も、この問題に関して困惑を強めている。

しかしながら、南海をとりまく情勢が変化した今日、中国が人工島建設を行ったのは、やむを得ずの結果なのである。

その理由としてまず挙げられるのが、既存インフラの欠陥を補い、南沙諸島におけるプレゼンスを強化するためである。ベトナムやフィリピンは、占領した島嶼や礁で長期間にわたって活動を続け、一部では基地化を推進している。ベトナムはナムイット島・スプラトリー島・シンカウ島・サウスウエスト小島・セントラルロンドン礁など比較的大きな島嶼・礁で、それぞれ数十から数百名の兵士を駐留させており、南沙諸島全体の駐屯兵数は二〇〇〇人余りに上る。なかでも、スプラトリー島には偵察基地・埠頭・飛行場があり、キャノン砲などの重火器も配備、約五五〇〇人からなる部隊を駐留させている。フィリピンは、占領する島嶼・礁に二つの小型空軍基地を建設、さらに三つの島嶼・礁を陸軍基地としており、ティツ島の飛行場にはC‐一三〇大型輸送機の離着陸も可能である。一方、中国が南沙諸島で支配する島嶼・礁の施設は、それらと比べて明らかに貧弱である。一九九〇年代に駐留兵のために建てた鉄筋コンクリート製の高床式の掘っ立て小屋（中国語で「高脚屋」）は、建築から二〇年余りが経っており、南海の高温・多湿・塩害の影響により、修復と拡張が急務となっていた。条件の良い島嶼・礁はすべてベトナムとフィリピンに占領されているため、平和な状態にある現在、手中の島嶼・礁の管理をきちんと行っておくことが、南沙諸島における中国のプレゼンスを固める上での基盤となる。

次の理由は、ベトナムとフィリピンの気勢を削ぐためである。ベトナム・フィリピンが南海の島嶼・礁を占領し、現状を絶えず変更しようとする行為については、中国は過去にも、外交ルートや世論を利用した圧力・非難などを通じて根気強く働きかけ、挑発行為を止めて早期に二国間協議の場に戻るよう要求してきた。しかし、実力や実際の行動という後ろ盾を持たない外交交渉は無力に等しく、両国は中国の抗議に耳を貸さなかった。それのみならず、関連する国際規範や二〇〇二年に調印した「南海関係諸国行動宣言」を無視し、占領した島嶼・礁における軍事的・社会的・政治的・経済的プレゼンスを押し広げ、「中国脅威論」をでっち上げて南海問題の国際化と多国間化を図った。特に最近、両国はより焦燥感を募らせ、状況が自国に不利な方向に推移していると懸念しているためか、域外国の力を借りようとする流れがかつてないほど強まっている。こうした状況を受け、中国も行動によって両国に現実を認識させ、両国の南海でのプレゼンス拡大を牽制し、平和と秩序を維持しなければならない。現在の中国の総合的な国力をもってすれば、南沙諸島で「行動には行動で」という事態が発生しても、軍備競争であれインフラ建設競争であれ、中国が両国を圧倒するのは間違いない。それが打撃となって、両国は一方的な行動を自制し、話し合いのテーブルに着くことを迫られることになるだろう。

三つめの理由は、遠海・遠洋戦略の布石として、南沙諸島で支配する島嶼・礁において拠点を作るためである。遠海・遠洋進出の方針を定めた中国にとって、南海中南部における偵察・警戒・補給支援基地の必要性がますます高まっている。南沙諸島は位置的にも申し分ない。南海中南部をカバーし、この海域での偵察・警戒体制の不足を補うことができるだけでなく、中国のシーパワーを南海南部、ひいてはインド洋まで広げるのにも絶好の位置にある。中国の遠洋戦略にとって、南沙諸島の重要性は西沙諸島をはるかに上回る。しかし、南沙諸島は、西沙諸島や中国大陸から遠く離れているため、海南島や西沙諸島に配備されている部隊の南沙諸島への戦力投射能力は急激に減少する。また、南沙諸島で中国が現在支配する島嶼・礁には飛行場がなく、大型の埠頭もないため、不測の事態が発生しても、すぐさま応援に駆けつけることができない。さらに、中国はこの海域で必要な自衛能力も欠いている。南沙諸島の比較的大きな島嶼や砂州は、ベトナムやフィリピンなどによって分割し尽くされており、中国が支配するいくつかの島嶼・礁も、両国が占領する島嶼・礁にほぼ囲まれている。加えて、これらの島嶼・礁は、そのほとんどが環状サンゴ島であるか台礁であるため、大型装備を配置することも、大量の人員を駐留させることもできず、防備は軽武装の分隊レベルがほとんどである。このような状況では、中国が影響力を拡大していくための足掛かりにもならないばかりか、有事の際に中国政府や軍のお荷物にもなりかねない。こうした状況を変えるためにも、南沙諸島の埋め立て工事は、平和的かつ有効な戦略的手段だと言える。

ここまで述べてきたことを実現するため、中国が埋め立て工事を行った後の島嶼・礁（人工島）は、少なくとも次の二つの機能を満たす必要がある。第一に、有事の際の自衛能力を持ち、ベトナム・フィリピンなどから島嶼・礁を守れる軍事力を有することである。このためには、総兵力を少なくとも大隊あるいは連隊レベルまで増員し、偵察・攻撃装備を十分なレベルにまで増強する必要がある。そこまでしてようやく、南沙諸島におけるベトナム・フィリピンの軍事力と基本的なバランスを維持できるだろう。第二に、前線基地として大規模な飛行場や港を築き、充分な補給能力を持たせる必要がある。したがって、人工島にはある程度の大きさが必要だ。たとえば南沙諸島において、一〇〇〇メートル以上の滑走路を有する空港がある島嶼はイツアバ島とティツ島、すなわち、南沙諸島最大の二つの島であり、面積はそれぞれ〇・四三二平方キロメートルと〇・三七平方キロメートルである。一方、マレーシアが建設した一〇〇〇メートル以上の滑走路を持つ人工島・ラヤンラヤン島の面積は、〇・三五平方キロメートルである。つまり、大規模な駐留軍や前線基地を置くためには島嶼面積が小さすぎてはならず、民生問題や社会的機能まで考慮するなら、面積はさらに大きい必要がある。

ここで指摘しておきたいのは、南沙諸島における中国の人工島建設は、その軍事的役割や意図ばかりでなく、建設による社会的・経済的・民生的効果や国際協力の推進、さらに中国が大国としての責任を果たす上での役割も無視できないということである。

歴史上、中国は南沙諸島付近において、その経済的・社会的プレゼンスにより、圧倒的優位を誇っていたこともある。しかしながら、第二次大戦後、ベトナムやフィリピンなどが南沙諸島の多くの島嶼・礁を次々に占領したため、中国の漁船や商船は伝統的な補給基地や中継地を失い、その活動範囲を大幅に縮小した。そうしたこともあり、現在、南沙諸島における漁業、石油・天然ガス、レジャーといった資源開発で、中国はベトナムやフィリピンに比べ大きく遅れをとっている。南海の経済開発と民生改善を加速させるため、紛争の平和的解決を前提にしつつ、中国は実効支配下にある島嶼・礁を有効活用しなければならない。ただし、島嶼・礁は面積が小さく、基本的な条件にも恵まれていないため、人工島の建設を選択せざるを得ない。また現在、中国は、二十一世紀海上シルクロードの建設を推し進めており、そうした面からも人工島建設の必要性は増している。

また、南海では、「海洋における航行の自由」「妨げられない通商」などの海洋コモンズが不安定であり、そうした意味においても、南沙諸島の島嶼・礁は、中国が国際協力を拡大し、国際的な責任を担う上で重要な場になると言える。インド洋北西に位置するアデン湾は、海賊事件が多発していることで有名だが、南海周辺も海賊事件の多発海域であり、事件発生件数はソマリア沖に続いて世界第二位、年によっては第一位になることもあるほどだ。また、南海は暗礁や浅瀬が多く、船舶の往来が盛んなため、座礁も多い。たとえば、二〇一二年七月十一日、ハーフムーン礁付近の海域で、中国海軍の護衛艦がパトロール中に座礁しているし、二〇一三年一月十七日には、米軍の掃海艦ガーディアンが、フィリピンのトゥバタハ岩礁でサンゴ礁に乗り上げて座礁している。さらに、この海域は、台風・地震・津波の多発地帯で、海上捜索や救援任務による出動も非常に多く、しかも困難を伴う。海洋紛争による相互牽制や国力の制約もあり、ＡＳＥＡＮ各国が単独でこれらの責を負うことはまったく不可能である。一方、中国の実力は強大ではあるが、南沙諸島でのパワーは島を防衛するための兵力に限られている。ファイアリー・クロス礁などの島嶼・礁は、手を入れないままでは大型軍用装備や民生用装備の常態的な配置は不可能で、捜索・救援活動の際は、遠く離れた西沙諸島、時には海南島から人を派遣するしかなく、南海中南部の事件発生海域に早急に到着させるのは無理である。こうした状況では、南海の海洋コモンズは、きわめて不十分であると言わざるを得ない。

南海は、海上における世界の生命線であり、戦略的ルートでもある。先に述べた海賊の取締り、航行の自由と安全の維持、自然災害救助や海難救助などの緊急救援活動は、南海の周辺国や世界各国の利益につながる。そして、これらの活動は南海沿岸最大の国として、中国が当然引き受けるべき責務である。責任ある大国として、国際的な責任をまっとうするには、まず周辺から着手する必要がある。具体的には、南海中南部に実質的な拠点を確保しなければならない。そのために、南沙諸島の島嶼・礁の拡張工事が必須なのである。

南沙諸島の島嶼・礁が求められる機能を整えられれば、中国が国際協力に参加し、海洋コモンズを提供する際の総合保障基地となるだろう。そうした基地を確保することで、中国は南海周辺で機動的に行動できるようになり、さらに、南沙諸島周辺海域において各国の船舶・航空機に航行上の便宜も提供できる。中国が南沙諸島に建設する人口島は、南海の繁栄と発展、平和と安定を築く上で、強力な拠り所となるはずだ。

【注】

1　馮梁、方秀玉「韓国海洋安全政策：歴史和現実（韓国の海洋安全政策：歴史と現実）」、『世界経済与政治論壇』二〇一二年第一期掲載、一一三頁。

2　胡波『中国海権策：外交、海洋経済及海上力量（中国の海上権力政策：外交、海洋経済およびシーパワー）』

新華出版社、二〇一二年、一六三頁。

3　David A.Shlapak, David T.Orletsky, Toy I.Reid, Murray Scot Tanner and Barry Wilson : *A Question of Balance : Political Context and Military Aspects of the China-Taiwan Dispute*, Rand Corporation, 2009, 八一～九〇頁。

4　傅崐成「中国周辺大陸架的劃界方法問題（中国周辺の大陸棚の境界画定方法についての問題）」、『中国海洋大学学報』（社会科学版）二〇〇四年第三期掲載、七頁。

5　原文は、『環球時報』二〇一三年十二月二十七日掲載。本稿は、それに加筆修正した。

6　「カラヤン諸島」は、フィリピンが南沙諸島の中で主権を主張している一部の島嶼・礁の呼称である。五十四の島・礁・砂州からなり、海域面積は六万四〇〇〇平方マイル。フィリピンが占領する八つの島嶼・礁のほか、中国が占領する七つの島嶼・礁のうち、ファイアリー・クロス礁（永暑礁）、クアテロン礁（華陽礁）、ガベン礁（南薫礁）、スビ礁（渚碧礁）、ヒューズ礁（東門礁）、ミスチーフ礁（美済礁）の六つが「カラヤン諸島」の範囲内にある。

7　原文は『鳳凰週刊』二〇一三年第三三期掲載。本稿は、それに加筆修正した。

8　中国外交部『フィリピン共和国が提起する南海仲裁案管轄権問題に関する中華人民共和国政府の立場についての公文書』http://www.fmprc.gov.cn/mfa_chn/zyxw_602251/t1217143.shtml

9　原文は『鳳凰週刊』二〇一四年第一九期掲載。

第三章

大国の思惑と海洋強国の建設

第一節　アメリカからの平和的パワーシフトは可能か

海洋強国への道を模索する中国にとって、最も重要な国はアメリカである。世界唯一の超大国として、アメリカは強大な政治的・軍事的・経済的存在感を示している。特に、西太平洋海域の前線で展開されている軍事的プレゼンスは、中国が海洋強国を目指す上で最大の外部要因となっている。アメリカの実力が相対的に弱まっていることは争いのない事実であるが、国家としての強い自己修復力と調整力があるため、衰退していくにしても相当長い時間をかけてのことだろう。中国としては、アメリカの海洋覇権あるいは優位性のもとで、海洋強国に向けた長期的準備をせざるを得ない。したがって、両国の海洋戦略の趨勢、海洋における競争と協力、そして平和的共存のための道すじについて真摯な分析を行うことが、何より重要である。

中国とアメリカ　これから三〇年の海洋戦略を考える[1]

中米両国が、互いを戦略上の最大の競争相手と見なしていることは、疑いのない事実である。両国の国力には、それぞれ弱点や問題があるとはいえ、世界第一位と第二位の国であることは歴然としており、他の国々との力の差はさらに拡大していくだろう。両国の軍事面および安全保障面での軋轢は西太平洋海域に集中しており、この海域での競争の方向性いかんにより、世界の海洋における両国の軍事競争の趨勢もほぼ決定づけられると言っていい。

両国の関係は、すでに世界の平和と発展を左右するまでになっている。互いの実力差が縮まるにつれ、少なくとも西太平洋海域においては、二国間の関係は均衡に向かいつつある。もちろんこれは、中国が最終的にアメリカの世界覇権に取って代わることを意味するものではない。とはいえ、中国の台頭により、両国間のパワーの構造や関係性には部分的に変化が生じるだろう。

冷戦終結以降、中国とアメリカは西太平洋地域において、東アジアの地政学研究家ロバート・ロス教授が素描した構図におおむね沿った関係を形成してきた。中国がその強大なランドパワーで優位性を持つ反面、アメリカには強大なシーパワーがあり、それがこの地域の力の二極化と戦略的均衡を生み出している。こうした状況は、それぞれが主導権を握る分野での防衛上の優位を一定程度保証した。両国は均衡を保つべく互いに防衛を固めたが、そこには均衡を崩しかねない余地も残されていた。[2] 一九九五年からの第三次台湾海峡危機（台湾総統選挙を牽制したと見られる中国のミサイル試験に対し、アメリカが空母などを派遣した）や、二〇〇一年の海南島事件（海南島付近の南海上空でアメリカと中国の軍用機が空中衝突した事件）は、この微妙な均衡が目に見える形で展開された事例であり、両国は均衡を崩さないよう、それぞれに自制を保った。ただし、中国の国境線や領海線付近で成立しているこのような軍事バランスが正常なものであるとは言い難い。なぜならそれは、中国人民解放軍（以下、中国軍）の海外への戦力投入能力、特に海空軍力が極度に脆弱であるという前提に立っているからである。

こうした均衡は、少なくとも西太平洋地区では、不安定にならざるを得ない。総合国力が増し、軍事力の現代化が急速に進むにつれ、中国は着実に海洋へ進出し、そのパワーを海洋へ投射させ始めている。国家の統一と領土の完全性、さらに海洋権益を守る姿勢もますます決然としたものになっている。パワーバランスの変化により、アメリカは、台湾問題や釣魚島問題における自国の〝責任〟やコミットメント、さらに中国の排他的経済水域内や近海での軍事政策の見直しを迫られている。

均衡が修正あるいは再編されるプロセスは、不安定でリスクに満ちている。中国にとってみれば、領土主権の防衛や海洋権益の保護、干渉への反対は自国の基本的な権利であり、近海で国力に見合った権力ポジションを追求することも、海洋強国建設にとっては当然の道理である。一方、西太平洋海域に長らく君臨してきたアメリカは、中国のパワー拡大に強い焦りを感じており、中国を長期的戦略における最大の競争相手と見なし、その台頭に対して事前措置を講じ始めた。それは、中国が海洋において拡大行動をとっていると繰り返し非難していること、釣魚島問題や南海問題における「いかなる国にも与しない（takes no position）」中立政策を改めたこと、アジア太平洋地域における「リバランス」政策や「エアシー・バトル（空海一体戦）」構想を推し進めていることなどに表れている。

警戒すべきなのは、中米両国が「非衝突・非対立、相互尊重、協力とウィン‐ウィン」の新しい大国関係を積極的に構築しようとしている時に、両国の軍事戦略上の対立リスクが逆に高まっていることである。こうしたリスク回避のため、本節では両国軍の「最悪のシナリオ」に備えた戦略や行動についての客観的な比較分析とシミュレーションを通し、両国の政策決定層がこの先の情勢について理性的な予測を立て、より理知的で平和的な競争を行うよう促したい。

一　変わりつつある中米間の戦略バランス

経済成長率が現在の勢いを持続するなら、多少の減速があったとしても、中国経済がアメリカを超えるのは時間の問題である。さまざまな国際経済機関や専門家は、今世紀前半にはそうなるだろうとの考えで、おおむね一致している。

中国の総合国力に関する予測は、これよりは控えめである。アメリカ国家情報会議（ＮＩＣ）の予測では、国内総生産・人口・軍事費・技術革新の四つの指標にもとづけば、中国は二〇三〇年にアメリカに匹敵する世界的パワーを持ち得るとし、さらに健康・教育・政府のガバナンスという三つの指標を加えた場合、その総合国力は二〇四五年前後にアメリカに追いつくだろうとしている。[3] 清華大学の閻学通教授はその著書『歴史的慣性：未来十年的中国与世界（歴史の慣性―今後一〇年の中国と世界）』の中で、二〇二三年の世界には、中国とアメリカという二つの〝超級大国〟が出現し、それに伴う二極化構造が形成されるだろうと予測している。ただし閻教授は、その頃になっても中米間には依然として差があり、「中国の経済力はアメリカと同水準に達しているかもしれないが、軍事力や文化面でアメリカと同レベルに達するのは難しい。両国の総合的な力の差は、同ランクになる程度までは縮まるだろうが、中国がすべての面でアメリカに追いつくことはできない」[4]と述べている。

軍事的な能力から見た場合、予測可能な将来において、中国がグローバルな規模でアメリカと拮抗することはできないが、西太平洋海域では徐々に対等な関係になっていくだろう。ランド研究所は、中国の国防支出が二〇二五年にはアメリカの国防支出の半分をやや上回るだろうと予測している。イギリスのシンクタンク・国際戦略研究所（ＩＩＳＳ）は二〇一四年二月五日に発表した『ミリタリーバランス二〇一四』で、中国の国防支出は二〇三〇年代にアメリカに追いつく可能性があると指摘している。[5] この先、中国経済と国防支出の伸びが鈍化し、アメリカ政府の財政が改善して国防支出削減を緩和するといった状況が生じたとしても、中国とアメリカの国防支出の差が大幅に縮小する流れは変わらないだろう。また、国防支出のほとんどすべてを西太平洋地域に集中させている中国に比べ、アメリカがどれほど「リバランス」しようが、この地域に使える予算は国防支出の一部でしかない。そう考えれば、中国は、ほどなくこの地域でアメリカより潤沢な財政資源を持つようになるだろう。とはいえ、軍事支出は軍事的な能力の度合いをはかる指標のひとつにすぎない。アメリカは、軍事理論・テクノロジーの発展状況・装備水準・作戦効率・海外への政治的支援などの面で、依然、中国のはるか先を進んでいる。特に指摘しておかなければならないのは、軍事費や装備といったハード面の実力に比べ、経験や〝ソフトパワー〟で中国軍がアメリカ軍に追いつくには、さらに長い時間を要するということだ。

経済力・軍事技術や軍需産業のレベル・軍事戦略や軍事理論・軍事支出などの要素を総合的に検討した戦略レポートや分析評価は概して、今後一〇年から二〇年で、西太平洋における中米間の趨勢に質的変化が生じるだろうと予測している。国際平和カーネギー基金のレポートは以下のように指摘する。今後一五年から二五年で、経済的にも軍事的にも中米間の実力差は縮まり、中国の周辺水域における軍事的優位は、日米同盟にとってますます大きな挑戦となる。アメリカは主導的地位から押し出され、「侵食される均衡（eroding balance）」が生じるだろう。[6] そして、「日米同盟が受け得る最大の潜在的挑戦は、中日間の全面的な軍事衝突の勃発でもないし、アメリカが中国によって西太平洋から駆逐されることでもない。中国政府が増大し続ける実力をもって行う可能性が最も高いのは、平和的手段によって日本の安全保障上の利益を徐々に侵食し、軍事的手段に依らずに紛争を解決することである」。また、アメリカ海軍情報局の評価レポートは次のように指摘する。二〇二〇年までに、太平洋上の主要な艦船（空母・巡洋艦・駆逐艦・潜水艦など）は、数の上では中米両国の差がなくなり、一〇〇隻前後で推移するようになる。[7] 両国間には、質的・能力的になおも大きな隔たりがあるだろうが、中米の作戦範囲の非対称性により、中国海軍が東アジア近海で量的な優位性を獲得するのは間違いなく、質的な差は一定程度補われる。さらに、膨大な数の空軍やミサイル部隊が加われば、力関係は必ずや中国に傾くだろう。アメリカ海軍の分析官の間では、アメリカは、第一列島線において、特に中国大陸沿海の不確定さを増している作戦環境では、積極的防御・受動的防御のいずれでも対応しきれないだろう、とする考えが多い。[8]事実、台湾海峡における軍事力はすでにバランスを失っているし、さらに二〇二〇年前後には、東海において海軍・空軍の双方で、日本に対する軍事的優位を確立するだろう。そうなればアメリカはオフショア・コントロール（中国本土を攻撃せずに、海上封鎖することを狙った政策）の有効性を失い、中国と直接向き合わざるを得なくなる。[9]国際平和カーネギー基金のレポートはさらに、「時間の経過に伴い、中国の『接近阻止・領域拒否戦略（A２／AD戦略）』による優位が徐々に高まり、それは北東アジア地域、最終的には東南アジアにまで広がっていくだろう」との予測も行っている。ランド研究所が二〇一一年に発表したレポートでも、今後数十年の間に、アメリカが中国周辺地域において同盟国やパートナー国を守る能力は徐々に弱まっていくだろうとしている。[10]これらを受け、アメリカは転ばぬ先の杖として、アジア太平洋地域における「リバランス」戦略を積極的に推進しており、同地域における軍の配置の調整・地域安全メカニズムの再構築・作戦概念「エアシー・バトル」構想の実施を通じ、強大化する中国に対抗しようとしている。さらにペンタゴンは、財政緊縮下においても中国などによる「A２／AD戦略」の脅威に対抗し、アメリカ軍の優位を維持するため、二〇一四年九月に第三のオフセット戦略（TOS）を提唱、アメリカが決定的優位を有する軍事技術分野に投資を集中させることで、競争相手による量的追随の克服を試みている。

二　「A2／AD戦略」対「エアシー・バトル」

中国とアメリカ両軍の関係は、長きにわたり両国関係における最大の〝欠点〟であり、互いに対する信頼を著しく欠いてきた。「両軍の間で互いを敵対者とする意識が次第に強まり、両者ともますます相手を主要な（潜在的）敵としての見方を強めている。中国では相当数が、中国の主権と領土の完全性の維持、および国家の安全と防衛に対する最大の脅威はアメリカであると見ている。また、一連の事態からもわかるように、アメリカは中国のことを、少なくともアジア太平洋地域においては第一の競争相手と見なしている。中国が、この地域におけるアメリカの軍事的主導権に挑戦する意図がないにもかかわらず、である」[11]。

現実的な利益と戦略的ニーズから見ると、中米両軍とも最悪のシナリオを想定せざるを得ないようだ。中国は、台湾独立に反対するため、信頼に足る抑止力を構築し、近海における自らの主権と権益を保護する必要がある。それに加え、国家の安全とシーレーン保護のため、遠洋型海軍を発展させ、西太平洋とインド洋北部における戦力投入能力と実効性のあるプレゼンスを維持する必要がある。一方、アメリカから見れば、近海における中国の「接近阻止・領域拒否（A2／AD）」能力のいっそうの増大は、この海域におけるアメリカ軍の航行の自由を損ない、同盟国に対するコミットメントの実現可能性を弱めることになるため、アジア太平洋におけるアメリカの軍事的主導権が危機にさらされかねない。中国海軍の急速な発展は（そのスタートレベルは低かったものの）、同地域におけるアメリカの軍事的影響力にとっては打撃となるだろう。このためアメリカ軍は、「A2／AD戦略」環境下で有効に行動する能力確保のための投資を行わねばならない。「これには、『統合作戦上のアクセスに関する概念（JOAC）』の執行や、持久性のある水中作戦能力の維持、新型ステルス爆撃機の研究開発、ミサイル制御システムの改良、および宇宙システムの安全かつ有効な運行の強化などが含まれる」[12]。

中米両国とも、競争の中で優位を獲得し、起こり得る局地的衝突での勝利を目的に、相手軍の弱点の発見に力を入れている。ミサイル・艦船・航空機・宇宙空間・情報など、技術革新がもたらした恩恵を最大限利用しつつ、状況に応じて自軍の強みを生かし、相手軍の弱みをつかもうとしている。

一九九〇年代初め、アメリカ国防総省総合評価室のアンドリュー・クレピネビッチらは、「軍事における革命」に触れたレポートの中で、第三世界の国々が一定数の弾道ミサイル・巡航ミサイル・高性能航空機などの遠距離武器を掌握するようになれば、アメリカが世界に展開する前方基地は厳しい試練に直面し、衝突や危機発生時に同盟国からの信頼を得られなくなるのみならず、それらの前方基地が逆に不安の根源や負担になりかねない、と指摘している。ちなみに、「A２／AD戦略」という概念が正式に提唱されたのは、クレピネビッチらの二〇〇三年のレポート『「A２／AD」による挑戦への対応』である。[13]「接近阻止（A２）」とは、対艦弾道ミサイル・対艦巡航ミサイル・高性能戦闘機・先進的駆逐艦・静音潜水艦・衛星攻撃兵器・サイバー兵器などの使用により、アメリカ軍に対し、中国大陸から遠く離れた、あるいは上述の武器の有効射程範囲外での活動を余儀なくさせ、中国近海における危機への介入能力を喪失させることを目的としている。「領域拒否（AD）」は、有事に「接近阻止」が破られ、アメリカ軍による進入を阻止できなかった場合に、上述の兵器によってアメリカ軍の進入を遅らせる、あるいはハラスメントなどによってアメリカ軍の行動効率を低下させることを指す。この概念はその後、アメリカの評論家による論説やアメリカ軍の各種レポートでも頻繁に使われるようになった。早期に発表された著作・論文などでは脅威の主体が直接名指しされることはなかったが、中国を想定していたことは間違いない。[14]

ここで指摘しておくべきは、中国政府は「A２／AD」という言葉を使ったことはないということだ。つまりこれは、アメリカ軍や政策関係者が中国の軍事戦略や政策を分析した結果生まれた言葉なのである。中国には西太平洋における航行の自由を損なう意図はないし、アメリカ軍を西太平洋から追い出す計画もないのは明らかである。中国はアメリカ軍の軍事戦略・武器の進歩・兵力の配備に的を絞っており、それは本質上「反干渉・反侵略」、すなわち、敵の口出しに抵抗することである。新中国成立以来、中国の主権に対する敵の干渉を防ぐことが中国軍の最重要任務であり、アメリカは一貫して重要な警戒対象であった。台湾統一、釣魚島や南沙諸島での主権防衛など、アメリカによる介入は、いずれも中国としては真剣に対処せざるを得ない重要なファクターであった。中米の国交樹立後も、アメリカは「台湾関係法」によって台湾政府と軍事的・政治的関係を維持しており、台湾への武器販売を継続している。さらに、中国政府の武力による台湾統一に反対し、台湾に対し、軍事的支援を惜しまないと表明している。一九九五年から一九九六年の第三次台湾海峡危機においても、アメリカは空母二隻を台湾付近の海域に派遣し、中国に威嚇を行った。日本とは「日米安全保障条約」を締結しており、釣魚島をめぐる中日間の争いがエスカレートした際は、「釣魚島は日米安保条約の適用範囲内にある」とし、釣魚島に対する日本の〝行政管轄権〟を変更しようとするいかなる一方的な行為についても反対すると繰り返し公言している。フィリピンとの間には「米比相互防衛条約」を締結、さらに近年は、アジア太平洋地域における「リバランス」戦略推進の名目で東南アジア地域における軍の配備を強化、外交では南海問題への介入姿勢を強めている。軍事的な視角から見れば、アジア太平洋地域の防衛におけるアメリカの広範囲なコミットメントにより、アメリカ軍が中国の主権防衛にとっての最大の障害となっている。この地域における中国のいかなる軍事活動も、すべてアメリカ軍に妨げられるだけでなく、干渉される可能性すらある。このため、近海での中国の軍事活動に対するアメリカ軍の干渉防止は、中国軍が対処すべき重要な課題となりつつある。湾岸戦争・コソボ紛争・アフガニスタン紛争・イラク戦争中にアメリカ軍が見せた、高度に一体化・情報化・現代化された作戦能力に中国の軍関係者は強い関心を寄せており、「情報化条件下の局地戦」で勝利を収めることが中国軍の重要な使命となっている。

二〇〇四年十二月、中国は新しい国防白書を発表し、将来的には「情報化条件下の局地戦」に勝利しなければならないと指摘している。[15] 過去十年間、中国軍は一貫して「ハイテク条件下の局地的戦争」での勝利を最重要任務としてきた。二〇一三年に発表された国防白書ではこの概念をさらに深化させ、「情報化条件下の局地戦に勝利することを軍事闘争の立脚点とし、各戦略面における軍事闘争の準備を計画的に推進し、軍と兵力の統合的運用を強化して、情報システムにもとづく体系的な作戦能力を向上させる」とし、さらに、「狙いをはっきりさせた戦備演習を強化し、辺境・海・空を守るための戦備パトロール・職務遂行を周密に組織し、さまざまな危機や突発的事件に適切に対応する」ことを示している。また、国家主権や国家の安全、領土の完全性を保護し、国家の平和的発展を保障することが中国軍の重要任務とされ、「積極的防衛による軍事戦略を断固実施し、侵略に対して防備・抵抗し、分裂勢力を阻止し、辺境・海・空の安全を守り、国家の海洋権益ならびに宇宙・サイバー空間における安全と利益を保護する」ことにも言及している。[16] アジア太平洋地域においてアメリカが軍事・安全保障に対して広範にコミットしていることを考えると、中国としては主権維持のため、アメリカの介入に対処する準備をせざるを得ない。

この二〇年間、中国軍は軍の現代化の推進を加速させている。ミサイル・静音潜水艦・ステルス戦闘機などの重点的な建造、ITを活用したセンサーや指揮ネットワークの進化、艦載機のプラットフォームおよび誘導兵器のレベルアップ、ミサイル・戦闘機・水上作戦艦艇・潜水艦・サイバー兵器の標的能力と攻撃能力の全面的な向上を行ってきた。なかでも目玉は、東風（DF）‐21D対艦弾道ミサイルである。アメリカ国防総省のレポートによれば、「このミサイルは、東風‐21型中距離ミサイルの改良型であり、二段式固体燃料ロケットエンジンと道路移動式発射台を採用し、射程距離は一五〇〇キロメートル以上。おもに西太平洋上の大型水上艦艇の打撃、特にアメリカの空母に対する攻撃に用いられる」[17] とされている。しかも、大気圏再突入後はミサイルが自動で目標を捜索し、軌道の変更・修正を行うことができるため、一般的な弾道ミサイルよりも防御が難しい。評論家の中には、このミサイルは戦略競争のあり方や均衡を変える兵器だ、とする者もある。[18]

中国が「飛翔体中心戦略（Projectile-Centric Strategy）」にもとづいて戦力を海洋に投射し、ミサイルや無人機などに力を入れているのは、中国がアメリカやその同盟国の戦力投射能力に追いつく上で、他の選択肢がなかったことがかなりの程度影響している。中国の海空軍とアメリカ軍との技術差には、依然として大きな開きがあるのだ。

現在のアメリカの対中戦略目標の核心は、中国による現状変更、特に武力によるアジア太平洋地域の現状変更を阻止することにあり、ここには、中国の武力あるいは脅威による台湾統一阻止や、釣魚島および南海における主権維持も含まれる。アメリカの政策関係者およびアナリストは、実力が平和を保障するという原則を信じている。アメリカが中国に対して充分な能力を示せるかどうか、強大な脅威を構築し、武力や武力による脅威によってアジア太平洋地域の海洋問題を解決しようとする中国を阻止することができるかどうかが、米中両国が太平洋地域で平和的共存を実現するための基盤と考えているのである。しかし、東アジアにおけるパワーバランスの変化により、現状維持のためには、アメリカ自身が防衛的脅威から報復的脅威への転換を迫られていることを認識した可能性がある。前者は、アメリカが西太平洋で自国の利益や同盟国を直接的に〝防衛する能力〟に基づいており、後者は、差し迫った状況において、遠距離武器や自国の勢力がより生き残りやすい方法を用いて中国に反撃を行う場合の〝効果〟にもとづいている。言い換えれば、「戦争に備えることと、戦争へとエスカレートさせること。いずれも戦争阻止のため」である。戦争や事態のエスカレートを過度に恐れることは、かえってアメリカの利益を損ね、中国の〝野心〟を増長させてしまう。有事に備えのできた、信頼可能な脅威を構築することこそ、「エアシー・バトル」の概念が提唱された理由であり、目指すべき方向でもあるというわけだ。[19]

「エアシー・バトル」とは、文字通り空海軍の一体運用作戦であるが、これはなにも新たな概念ではなく、古くは第二次世界大戦時の空海共同作戦にまで遡ることができる。アメリカが最近大々的に喧伝している「エアシー・バトル」は、過去のものと比べ、特殊な背景と意味合いがあるというにすぎない。二〇〇九年七月、当時のロバート・ゲーツ国防長官は、海軍と空軍に新たな作戦概念「エアシー・バトル」の導入を指示した。同年九月、ノートン・A・シュワルツ空軍参謀総長とゲイリー・ラフヘッド海軍作戦部長は覚書に署名し、「エアシー・バトル」の概念を共同で研究することを決めた。その後、二〇一〇年に発表された「四年ごとの国防計画の見直し（Quadrennial Defense Review Report）」において、一連の軍事行動で敵対相手を打ち負かすため、空海軍が「エアシー・バトル」の概念を共同開発することが初めて公にされた。[20] 二〇一一年十一月、アメリカ国防総省は空海軍合同のエアシー・バトル室を設置して概念の検証と徹底を図り、二〇一二年一月には、この概念と密接な関係のある「統合作戦上のアクセスに関する概念（the Joint Operational Access Concept）」を発表した。こうして、「エアシー・バトル」は論証と実践・検証の段階に入った。

「エアシー・バトル」の概念は、提唱されるとすぐ軍幹部の注目を集めた。二〇一二年二月、シュワルツ空軍参謀総長とジョナサン・グリナート海軍作戦部長は共同で『エアシー・バトル：不確実な時代に安定を促進する』というレポートを発表し、「エアシー・バトル」の「ネットワーク化され、統合された縦深攻撃」という中核概念を提唱した。[21] その後、グリナートは複数回にわたって文書を発表し、「エアシー・バトル」の概念を広めている。彼によれば、「エアシー・バトル」の作戦ミッションは、第一に相手を「盲目にすること」、すなわち、有事には敵側の指揮、統制、通信、コンピューター、情報、監視・偵察システムを早急に分断することである。上記の七つは、軍事統合システムにおける重要なサブシステムで、C４ＩＳＲシステムと呼ばれている。第二に、敵側の本土で最も重要な「接近阻止・領域拒否（Ａ２／ＡＤ）戦略」の資源を攻撃することであり、たとえば、敵の飛行場やミサイル発射台などを破壊することである。そして第三に、敵側がすでに発進させている戦闘機やミサイル、さらにネットなどによる攻撃に対抗することである。[22]

厳密に言えば、「エアシー・バトル」は、作戦理念のひとつにすぎない。アメリカがその提唱と整備に迫られたのは、明らかに技術的な圧力と現実的な圧力という二重の圧力からである。「エアシー・バトル」の第一の目的は、陸・海・空・宇宙・サイバー空間の五つの領域を跨いだ統合部隊の優位性を生かし、共同作戦ミッションをより良い形で遂行することである。この点についてはシュワルツが強調したように、「エアシー・バトル」の真の価値は、統合部隊が作戦で直面する挑戦に対抗するため、軍を跨いだ統合・協力の手段を提供することにある。第二の目的は、中国などが強化している「A2／AD戦略」に対抗し、アメリカ軍が海・空・宇宙・サイバー空間などの国際公共財（グローバル・コモンズ）に自由にアクセスする権利を保証するためである。アメリカ軍の判断では、今後一〇年から二〇年の間に、中国人民解放軍が第一列島線内、さらには第二列島線内の海域へのアメリカ軍の進入を阻止し、行動の自由を制限する「領域拒否（AD）」能力を備えるようになる。それにより、アメリカ軍の前方基地と部隊に打撃を与え、C4ISRシステムを攻撃、補給のための後方拠点を破壊することでアメリカの進入作戦を停滞させ、最終的にはアメリカ軍の戦略上および作戦上の主導権を喪失させ、中国に妥協せざるを得ない状況を作るまでになるだろう、としている。[23] 中国の強大な「A2／AD戦略」に直面し、アメリカ軍の前方基地および主要な空海軍作戦の信頼性には厳しい課題が突きつけられ、世界にあまねく設置された基地付近の戦区や、脅威を受けることのない空母上で戦争することに慣れてきたアメリカ空海軍は、調整を迫られることになるだろう。言うまでもなく、「エアシー・バトル」で想定される最大の相手国は中国である。二〇一〇年に発表された『AirSea Battle：A Point-of-Departure Operational Concept』は、冒頭でその趣旨を明らかにしており、アメリカがこの作戦構想を計画し、実現させる理由は、主に中国が日々強大化させている「A２／AD戦略」能力への対抗、西太平洋におけるアメリカの海洋覇権への揺さぶりの阻止、中国との間で起こり得る衝突での勝利の獲得にあるとしている。[24] このため、アメリカ軍は、以下のようにアジア太平洋地域における軍備を積極的に進めている。まず、世界の他の地域では軍備の縮小を進める半面、アジア太平洋地域は強化する。さらに、同地域では「北を固めて南を強化」し、日米同盟による軍事協力を引き続き推進、東南アジア地域およびオーストラリアなどで新たなプレゼンスを重点的に補強する。併せて、兵力の分散を行い、グアムなど第二列島線上の基地の戦略的位置づけを強化する。装備については、偵察・警戒・ミサイル・通信衛星などの空間支援システムを重点的に発展させ、次世代ステルス爆撃機・艦載無人戦闘機・無人潜水艦・新型潜水艦など、遠距離・高速・ステルス技術・攻撃力を装備構築の重点とする。

しかし、「エアシー・バトル」の概念は、さまざまな論争も引き起こしており、アメリカ軍内部でさえ批判する者は多い。一部の評論家たちは、「エアシー・バトル」の戦略的属性や役割に疑義を呈し、アメリカ軍が中国軍に対抗する上で有効な手段を提供できないと考えている。ハドソン研究所のセス・クロプシー上級研究員は、「『エアシー・バトル』は、軍事戦略の基本的要素を有しておらず、非常に曖昧である。中国に対抗するための軍事戦略というよりは、アメリカ軍内部での垣根を越えた協力体制の強化を謳った計画のように見える」と評する。曰く、「エアシー・バトル」は、アメリカが中国の「A２／AD戦略」能力に対抗する上でまったく意味がなく、中国の猜疑心や警戒心、報復心を無駄に煽るだけである。[25] さらに、「エアシー・バトル」は構想があまりに巨大なため、国防予算が切迫しつつあるアメリカには、それを実現するリソースも能力もまったく足りていないとの批判もある。実際、「エアシー・バトル」に関する詳細な予算は存在しない。アメリカ議会下院の軍事委員会シーパワー・戦力投射小委員会のジェームス・ランディ・フォーブス委員長は、レオン・パネッタ前国防長官に宛てた手紙の中で、以下の懸念を示した。[26]「エアシー・バトル」についての最も大きな疑義は、大規模な戦争に対する不安や恐怖からくるものである。アメリカ軍幹部とアナリストの一部は、「エアシー・バトル」の執行によって逆に中米間の戦争が惹起され、最悪の場合、核戦争が起きるのではないかと憂慮している。中国の「A2／AD戦略」によるキル・チェーン（死の連鎖）を断ち切る最善の方法は、前出のグリナートの言うように、中国大陸の指揮統制センターやミサイル基地、飛行場を攻撃することだが、中国の猛烈な報復を招くことは疑いの余地がなく、中国が機先を制して攻撃をしかけてくることもあり得る。戦争が急速にエスカレートし、核戦争までが引き起こされるという結末を、アメリカが受け入れるはずがない。中国は、イラクでもリビアでも、そしてイランでもないのだ。

とはいえ、中国の海洋における台頭と軍事力の現代化に向き合い、西太平洋地域における強大な前線というプレゼンスを維持することが、アメリカのアジア太平洋地域における軍事戦略の基盤であることに変わりはない。アメリカ軍の現在の対中軍事戦略には二つの大きな前提がある。ひとつめの前提は、西太平洋地域のパワーバランスは打破されつつあるとアメリカが考えていることだ。今後約一〇年の間に、日本などのアメリカの同盟国は中国に対抗する力がなくなる。アメリカは、真正面から立ち向かう準備をしなければならない。さもなければ、中国が望みを実現させてしまう。ふたつめの前提は、アメリカにとって、西太平洋地域からの撤退は受け入れられず、制海権を中国と分け合うことも望んでいないということだ。アメリカ軍としてはこの地域の海洋覇権を守り、中国に対する力の優勢を維持し続けたい。「エアシー・バトル」構想は、まさにこの考えにもとづいてデザインされたものなのだが、海洋封鎖を主とする「オフショア・コントロール」など、「リバランス」戦略化での政策とは方向性が合っていないため、アメリカの政策関係者にすれば、選択肢として考えづらいだろう。

「エアシー・バトル」構想には欠陥が多く、改善が必要だとはいえ、中国の「A2／AD戦略」を念頭に置いたアメリカ軍の今後の基本路線ではある。対中政策に変化が生じ、西太平洋地域の制海権を中国とシェアするといったことがないかぎり、アメリカ軍は「エアシー・バトル」構想のいっそうの具体化と実現化を進めるだろう。二〇一五年一月八日、アメリカ国防総省のデービッド・ゴールドファイン参謀総長は覚書に署名し、「エアシー・バトル」作戦構想の名称を「国際公共財におけるアクセスと機動のための統合構想（ＪＡＭ‐ＧＣ）」に変更することを発表した。この先、海兵隊や陸軍を加え、「エアシー・バトル」よりもさらに充実した概念になることが予想される。とはいえ、その主な対象が「Ａ２／ＡＤ戦略」であることに変わりはない。

三　競争に勝つのは中国か　アメリカか

中国とアメリカの軍事競争は、「陸」「海」という二つの場と、「Ａ２／ＡＤ」「エアシー・バトル」という二つの戦略をめぐる広範な競争である。両国の軍隊とも、さまざまな軍種が整備され、バランスのとれた組織であるが、西太平洋地域、特に東アジア海域でのパワーの構築という点においては、それぞれに力点が異なる。中国軍は、その主要なパワーの基盤を大陸に置き、遠洋海軍を発展させながらも、他国の海軍に対抗する技術の開発に注力している。一方、アメリカ軍はそのパワーの核心を海上に置き、海洋を基盤として、軍や同盟国のリソースを統合し、海と空における戦力投射能力を強化している。

両軍ともそれぞれに長短があるため、双方の軍事競争や力関係は非常に複雑なものになるが、技術・地政学的な関係・軍事システムの信頼性という三つの要素を総合的に分析することで、異なる場所においてどちらの勝算が高いかはおおよそ判断できる。当然ながら、双方いずれも自軍の長所を適切に利用し、能力を正常に発揮できた場合、という前提である。

（二）第一列島線内および周辺の近海においては、中国が戦略的優位を獲得する可能性がある。

第一列島線内および周辺の近海では、技術の進歩が大陸国家にとってより有利に働き始めている。これまでの長い歴史において、大陸国家と海洋国家が対峙する状況では、攻撃面でも防衛面でも大陸国家のほうが明らかに劣勢に置かれていた。海洋国家は、海軍の機動性を充分に活用して兵力をスピーディに集結させ、大陸国家のある一点に致命的打撃を与えるという方法をとっていた。対する陸軍は短時間での兵力集結が難しく、有効な戦力を築けたとしても、敵は離れた海の上にいるため、攻撃の効率は大幅に割り引かれることになった。清朝末期における英仏帝国主義との戦争においても、英仏軍は総兵力こそ少なかったが、海軍の圧倒的な機動性を活かして数万キロメートルに及ぶ海岸線の随所で戦機をうかがい、あらゆる局面で清朝軍に対する優位性を獲得していった。反面、清政府は膨大な数の軍隊を擁してはいたものの、兵力をスピーディに集結できず、至る所で守勢に回っていた。海軍の攻撃力と防衛力の優位性こそが、オランダやスペイン、イギリス、アメリカなどの海洋強国が世界を分割でき、支配できた重要な要因であり、「海洋を制した国が世界を制する」というマハンの理論を支える技術的基盤となっていた。

第二次世界大戦以降は、ミサイル技術や宇宙工学、情報技術の急速な発展に伴って状況に変化が生じ、大陸国家が海上の目標に対して照準や攻撃を行う強力な手段を擁するようになった。海上ターゲットの追跡と照準の確定は、衛星・早期警戒管制機・無人機・視程外距離レーダーなどの偵察ツールによって可能になった。偵察衛星の利用により、世界中の海域の大型水上艦の動向が把握でき、海洋短波レーダーや視程外距離レーダーによって海岸から比較的離れたターゲットの情報が得られるようになったため、目標の正確な情報は得られなくとも、早期警報の役割を果たせるようになった。また、早期警戒管制機は、海岸から数百キロメートルの位置にある海上目標をリアルタイムで捉えられるようになった。たとえば、アメリカのE‐2C早期警戒機は、三六〇キロメートル以上離れた艦船を発見できる。『漢和防務評論』誌や『Jane's Defense Weekly』誌の分析によれば、中国の空警（ＫＪ）‐２０００早期警戒管制機も類似の性能を有しているようである。超低空の目標や水面目標の捕捉については、地球の曲率による影響を受けるため、沿岸設置レーダーや艦載レーダーの探査能力はなかなか進歩せず、有効偵察距離は長らく数十キロメートルから一〇〇キロメートル前後に留まっており、なかには目視距離にしか使用できないものもあった。[27] 専門家は、中国が将来持ちうる遠距離情報・監視・偵察（ＩＳＲ）システムは、主にスパイ衛星・無人機・情報収集艦などによって構成されるだろうと予測している。[28]

攻撃手段についても、陸上用の技術には大きな進歩が見られ、戦闘機やミサイルの威力向上によって一〇〇〇キロ以上離れた海上の軍事力への攻撃や、陸上への縦深攻撃も可能となった。中国軍の東風（ＤＦ）‐21ミサイルや静音潜水艦、近代化された大規模水上艦や戦闘機の配備に伴い、西太平洋のアメリカ軍は、「中国大陸までの最後の一〇〇〇カイリ」での戦力投射において、さまざまな次元の障壁に遭遇するようになっている。特に、ミサイル攻撃とミサイル防衛について言えば、技術的にもともと攻撃側が有利に立っている。アメリカとその同盟国がすでに配備している迎撃装備（陸上配備型のパトリオットミサイルや海上配備型のスタンダードミサイルなどの迎撃ミサイル）は、中国の先進的ミサイルシステムの攻撃に対し迎撃成功率が低い、というのが防衛専門家たちの共通の考えである。また、これらの装備はコストが非常に高くつき、大規模配備が不可能であることも、防衛の効果に制約を与えている。[29]

兵器や技術の進歩により、大型艦艇や艦隊はその動向をきわめて追跡されやすくなっている。加えて、陸上に配備されたさまざまな攻撃手段による脅威を受け、海上戦力の存在感と実効性は、特に大陸付近の海域においては脆弱になっている。つまり、エリアによっては、海上戦力より陸上戦力のほうが戦略的優位性を持つようになったのである。シーパワーを研究する専門家の中には、大陸国家の持つこのようなシーパワーを「大陸のシーパワー」と称する者もいる。この考えによれば、陸上戦闘機・無人機・対艦巡航ミサイル・弾道ミサイルなどの軍備があれば、強大な艦隊を擁していなくても、沿海国が勝利を収めることは可能なのである。[30]

地政学的に見れば、中国はこの地域で優位を占めている。近海においては、中国のシーパワーはランドパワーに守られている。アメリカ海軍大学教授で著名なシーパワーの専門家であるジェームズ・R・ホームズは、ランドパワーの拡大とその投射効果によって、中国は海洋拠点で脅威に対抗するための武力さえ必要なくなるだろう、とかつて指摘している。台湾海峡や東海で起こり得る衝突に際しても、地政学的優位のもとに構築した標的追跡監視システムや世界最大の統合防空システム、先進的な地下坑道などを利用すれば、敵に対してミサイルや無人機などによる攻撃を比較的安全に行うことができる。一方、西太平洋では、アメリカがアジア太平洋地域への干渉に利用する軍事リソースの多くが第一列島線上に集中している。沖縄が代表的だが、ほとんどの基地や補助施設は孤立した島々にあるため、有事には敵の定点攻撃や掃討攻撃を受けやすい。アメリカ軍は近年、リソースの分散化・ネットワーク化を進めるための戦力配備の調整や、グアムなど大陸から離れた場所での後方配備を行っているが、このやり方では安全性が高まる一方で、効率が失われる。有事の際、アメリカ軍がグアムあるいはさらに遠方から中国近海へ軍事力を投入しているようでは、中国に対する飽和攻撃など不可能である。また、空母などの海軍力によって、中国の「A2／AD戦略」の脅威を抑止しようとしても、中国の弾道ミサイルの射程外でしか効果を発揮できないだろう。さらに、中米間には第一列島線内での軍事力の投射距離に大きな非対称性が存在する。アメリカは作戦行動維持のために数千キロメートル以上離れたところからすべての物資を輸送しなければならないが、中国は〝前庭〟での戦闘に備えさえすればいい。アメリカ軍がグアムやハワイに擁している基地だけでは、東アジア近海に戦略的影響を与えるには足りず、同盟国やパートナーの強力な支援を仰ぐ必要がある。とはいえ、中国との紛争に巻き込まれた場合にそれらの同盟国が取り得る曖昧で躊躇に満ちた態度や、それらの国々が国内政治から受ける制約といった不確定要素も考慮すると、アメリカ軍の直面する状況は、さらに複雑さを増していく。

この地域で衝突が発生した場合の中国の作戦システムには高い信頼性がある。現代の戦争とはシステムの競争であり、作戦システムは指揮・兵器・ネットワークなど、多くのサブシステムにより構成される。しかし、物事は複雑になるほど漏れが増えるのは必然であり、不確実性も大幅に高まる。これは、敵による干渉や「エアシー・バトル」への対抗の際に必ず遭遇するだろう課題であるが、大陸近海では中国軍の作戦システムはアメリカ軍のそれよりはるかにシンプルで信頼性が高い。中国軍は沿岸設置レーダーや早期警戒管制機、スパイ衛星などからなるＩＳＲシステムにもとづいて目標追跡や照準を行い、動態情報を指揮システムに提供、かつ、関連する詳細なパラメータを武器システムに伝達し、指揮システムは必要に応じてＩＳＲシステムや武器システムに各種指令を下達する。プロセス全体で発生する大部分のデータのやりとりは、信頼性の高い有線ネットワークやシステムにより行われる。他方、アメリカ軍は、人工衛星や海上のプラットフォームに頼って偵察・警戒を行わざるを得ず、そのほとんどは通信衛星によるデータ中継に頼っている。アメリカ軍が近年関与したいくつかの局地戦争においては、ナビゲーションの一〇〇パーセントと通信の九〇パーセント以上は衛星に依っている。[31]しかし、衛星回線は有限であるため、戦争によって状況がひとたび緊迫するとデータ量が急激に増加して通信障害が起こり、Ｃ４ＩＳＲシステムはあっという間にダウンしかねない。この状況を回避するため、アメリカ軍はイラク戦争やアフガニスタン戦争時、国際電気通信連合（ＩＴＵ）の通信衛星を大量に借りざるを得なかったのである。仮にアメリカ軍がアジア太平洋において敵と衝突するなら、通信回線の欠乏はさらに深刻になると予想される。敵側によるデータの挿入やネットワークへの干渉を加味するなら、情況はさらにひどくなる。敵側は、衛星攻撃兵器による通信衛星への攻撃なしで、アメリカ軍のＣ４ＩＳＲシステムを麻痺させることができるかもしれない。

（二）第一列島線外の海域における海洋覇権は、アメリカが維持し続けるだろう。

第一列島線を出て遠洋に向かえば、状況はまったく違ってくる。遠洋に向かうほど、技術面ではアメリカに有利となる。遠洋では、技術進歩の恩恵を受ける海・空の移動式プラットフォーム（空母など）に有利さが増す反面、大陸を基盤とする設備の効率は大幅に下がる。大陸から離れるほど、陸上基地からの正確な照準や追跡、攻撃はいずれも困難を増す。海洋においては、地上レーダーや無人機などによる追跡・照準の効果には限りがあるため、宇宙からのリモートセンシングや情報収集衛星に依って目標情報を獲得することになる。現在、一線で活躍する艦艇の大洋での活動半径は広く、軌道が固定された衛星では連続的な追跡が難しい。多数の衛星に頼れば理論上は追跡する時間間隔を大幅に短縮できるとはいえ、費用対効果の面ではまったく話にならない（中国は自国の測位・測地システムの構築を目指し、他国依存を極力回避しようとしている）。また、たとえ敵側の艦船や戦闘機の信号をリアルタイムで捉え、その精確な位置を把握できたとしても、移動半径の大幅な拡大によって攻撃の正確度は低減する。一方、敵側の海上戦力は、遠洋であるほど時間の優位性が増し、飛来するミサイルや戦闘機に対する迎撃効率も高まる。陸を拠点にすることで得られる守りや利便性を失うのだとしたら、中国はアメリカ軍が最も得意とする分野や技術と対峙することになり、技術成熟度がそれほど高くない自国の海軍力を頼みに、世界最強のアメリカ海軍と力比べをしなければならなくなる。

アメリカ海軍は、依然として世界最大で、最も訓練の行き届いた、専門性の高い集団である。敵のいかなる艦船や戦闘機と真正面から戦火を交えても、圧倒的な優位を獲得できるだろう。アメリカ海軍はまた、情報化革命を完了させ、グローバルに展開している世界唯一の存在である。他国軍にはない目標追跡照準システムと作戦ネットワークのバックアップを得たアメリカの戦艦は、攻撃面でも生存能力の面でも敵をはるかに凌駕しており、特に敵の内陸から遠く離れた海洋において、その能力を存分に発揮する。

中国は、海洋地理の面で明らかに劣勢にある。ランドパワーを軸にした軍事技術の海洋への拡大には限界があり、かつ、地政学的に不利な海洋環境を根本から変えるのも不可能である。中国には長い海岸線があるとはいえ、台湾東岸以外、大洋に直結するルートは存在しない。西太平洋の第一列島線と第二列島線は、中国軍が近海から大洋に出入りする際の障害となっている。太平洋に出るためのルートはアメリカとその同盟国に押さえられており、有事ともなれば、中国海軍が第一列島線の外で生き残るための条件は急激に悪化し、行動の自由と効率は大幅に低下する。逆に、アメリカ軍は、第一列島線や第二列島線上の各基地から作戦支援や後方支援を受けやすいため、地政学的優位を充分に発揮できるだろう。

さらに重要なのは、同盟国のネットワークや海外の基地という面で、中国はアメリカに比べて絶対的な劣勢にあるため、相当の期間にわたり、その差を埋められないだろうということだ。海外基地や同盟国による政治的・軍事的支持もない状況下において、大陸から遠く離れた場所で中国軍が成果を上げるのは難しい。近い将来、中国がアメリカ・日本のような海洋強国と同盟を結ばない限り、地政学的に不利な海洋での条件を根本から変えるのは難しく、西太平洋地域全体、ひいては世界の海で戦略的優位を獲得する可能性は低いだろう。

中国の中距離弾道ミサイル・対艦巡航ミサイル・遠距離ステルス戦闘機などの射程距離や行動半径は第一列島線をはるかに越えて一定の戦闘力を持つようになったが、列島線を越えた後の長い飛行過程において敵が張り巡らせた防空・ミサイル防衛システムによる攻撃を受ければ、作戦効果は大幅に弱まってしまう。対艦巡航ミサイルは、その比較的遅い飛行速度によって、相手側の防空資源を消耗させることはできるだろうが、敵側の艦船に対する実質的な殺傷力は持たないだろう。遠距離ステルス戦闘機や爆撃機は、迎撃されるリスクがあるばかりでなく、目標の追跡・照準などの面でも大きな課題がある。敵側の艦船や前方基地に実質的脅威を与えられるのは、対艦弾道ミサイルと中距離弾道ミサイルだが、製造コストが高いため、数が少ない。また、アメリカ軍が沿岸に設置したパトリオットミサイルや海上のスタンダードミサイルなどによる迎撃リスクがあるため、アメリカ側の軍事目標に対する飽和攻撃は難しい。さらに軽視できないのは、中国軍のISRシステムが急速に発展しているとはいえ、そのスピードは攻撃兵器の進歩には遥かに及ばないことである。衛星からは広範囲にわたる目標の非連続情報しか得られないのは前述の通りだが、他の大洋上のISRシステムも、さまざまな問題を抱えている。沿岸設置システムは、大洋上の目標に対して力の及ばない点がある。一方、空や海のシステムに効果を発揮させるには、大洋に出て行く必要があるが、制空権や制海権を掌握しない状況下では、自軍の安全自体が問題となり、成果など期待できない。ISRの能力不足は、すでに中国が海上で軍事攻撃任務を遂行する上でのボトルネックとなっている。アメリカ軍は「エアシー・バトル」構想において、東風-21D、H-6爆撃機、Su-30MKKの理論上の行動半径といったデータだけをもとに「中国による脅威」を推測しており、上述した地政学的条件や偵察監視能力の限界を完全に無視している。中国が将来的に持ち得る能力を過大評価していることは疑いようもない。

遠洋作戦システムの安定性と安全性についてはアメリカが全面的に優位にあり、中国は経験の上でもリソースの上でも肩を並べようがない。中国が台頭の勢いを維持できれば、遠洋での活動で必要となるハード面の基盤は遅かれ早かれ獲得できるだろうが、データの収集や統合・軍事力の再編や協調・遠洋における軍事力の配備や作戦経験など、ソフト面の発展・整備ははるかに難しいだろう。中国の海岸から遠ざかるほど、その軍事行動の安全性や効率は低くなる。[32] リソースについて言えば、中国は遠洋において必要とされるバックアップを欠いており、遠洋のＩＳＲシステムも、スパイ衛星を除く他の偵察手段が欠けているため、アメリカ軍からの干渉や攪乱を受けやすい。中国が大陸から離れた地域で、海や宇宙への依存を高めるほど、中国のＣ４ＩＳＲシステムは脆弱になる。逆にアメリカ軍は、世界中の前方基地や同盟国が擁する、陸上および海上の偵察・通信リソースを利用することで通信能力の欠点を補うことができ、Ｃ４ＩＳＲシステム全体の信頼性は中国をはるかに上回るものとなるだろう。

四　妥協点としての戦略的均衡線

西太平洋地域において、中国は天然の大陸国家であり、アメリカはいまだパワーを有する海洋覇権国である。地政学的条件と軍事技術という二つの要素の相互作用により、中米間には戦略的均衡線が自然と存在している。この均衡線とある部分似ているのが、中原を支配していた王朝と北方の遊牧民族との間にあった万里の長城、あるいは年間降水量四〇〇ミリの等雨量線に沿った戦略的対峙線であろう。中原の王朝と遊牧民族政権は、この境界線の南北でそれぞれの戦略的優位を維持していた。この種の均衡は、人の力で変えられないこともないが、軍事システムの効率の差が、均衡に重大な変化をもたらす。たとえば、武帝が治めた頃の漢の軍隊は、砂漠の北でも覇を唱えたことがあったが、モンゴルや後金などの少数民族政権も南方において比較的長期間、統治を確立していたことがある。とはいえ、双方がそれぞれの技術的・地政学的優位を発揮している状況では、均衡の打破は困難だった。

同じ道理で、中国の「陸から海へ向けて」とアメリカの「海から陸へ向けて」の戦力投射には、それぞれ一定の有効半径と優位を保てる範囲が存在している。今後一〇年から二〇年の間に、中国軍の現代化がひとまず完了すれば、中国は第一列島線内および近海での戦略的優位を徐々に獲得していくだろう。この地域における中国の地政学的優位と巨大な防空システム、そして陸上の偵察警戒手段を考えれば、「エアシー・バトル」によって中国大陸の沿岸から内陸までを攻撃しようという考えが成功する可能性は低く、衝突のエスカレートや中国の報復という賢明とは言えない結果を招くだけであろう。そのうえ、東海と南海における両国の利益の質には大きな違いがあり、中国がこれらの地域で有する利益の重要性と関心度は、アメリカのそれとは比べ物にならない。さらに、アメリカがこれらの地域で脅威に遭遇した場合、中国に対して懲罰的抑止を実行する手段は信頼性に欠ける。となると、戦略上、アメリカは台湾問題や釣魚島問題、南海問題などで〝後退（Back Off）〟するのが大局の赴くところとなり、これに逆行しようとするいかなる行為も役に立たないばかりか、相当なリスクを伴う。

アメリカは、中国の近海海域で中国に勝利を収めることはできないだろうが、中国から離れた広大な海域では絶対的優位を占めるため、世界のほとんどの海域において制海拒否能力を容易に維持することができるだろう。オーストラリアの戦略・安全保障問題の第一人者であるヒュー・ホワイトの言うように、「中国を圧倒するためには、アメリカは制海権を必要とする。だが、中国に対するバランスを構築するのであれば、アメリカは中国に対する『制海拒否権』さえ維持できればよいのだ。そして後者はアメリカにとって十分実現可能なのである」[33]。中国にしても、自国の先天的な地理的条件や能力の欠如、海外における政治的影響力の弱さを顧みず、西太平洋ばかりか世界中の海洋で勢力範囲とパワーの優位を追求しようとしても、高い理想や莫大なリソースの投入とは裏腹に、中米間の戦略バランスを根本から変えるのは不可能であろう。

中米間の戦略的均衡線は、おおむね第一列島線付近の海域で維持されている。軍事技術に抜本的な変革のない状況においては、この境界線はつまるところ、大陸のテクノロジーの海洋波及の極限、あるいは海洋のテクノロジーの大陸波及の極限を表すものと言える。中米両軍が最新の軍事技術を充分利用し、かつ、それぞれの地政学的優位を存分に発揮している状況下では、アメリカが中国近海で中国に勝利するのは難しいし、中国が遠洋で生じたアメリカとの衝突で勝つ可能性もあまりないだろう。

とはいえ、この戦略均衡線は静的なものではなく、一定範囲で動くものである。理由としてまず考えられるのは、技術進歩の非対称性である。陸上を基盤とする偵察・輸送・攻撃技術が発展し、海上でもそれに相応する技術が向上するだろうが、たとえ同じ技術でも、両者における重要性が同じとは限らない。そのため、ある種の技術革新が戦略バランスに多少の変化をもたらすかもしれない。さらに、現在の戦争や戦略上の対立は、かつて万里の長城の内外で繰り広げられた歩兵戦や騎兵戦とはまったく異なり、何百何千というシステムの集合によって構成されるシステム同士の争いになっていることも挙げられよう。中国とアメリカそれぞれの実際の作戦遂行能力は、軍事力の統合レベルや統一行動における効率に依るが、その能力を正確に測るのは難しく、一定の不確実性がある。それ以外に、海外同盟国の支持も計算に入れるべき大きな要素である。民主化の進展や市民社会の発展に伴い、海外駐留軍の軍事行動も、その国の政治や世論によってますます制約を受けるようになっている。こうした事柄も、戦略均衡線を動かす要因になるのは間違いない。

そして、最後に強調しておきたいのは、この戦略均衡線は万里の長城とは違って無形で開かれており、両国の軍事力は相手が優位を保つ空間においても行動の自由を有し、戦時においてもそれは変わらないという点である。どれほど小さな海域であっても、陸地を支配するのと同じようには対処できないため、自軍が優位性を持つ範囲内であっても、相手を完全に拒絶するのは不可能だ。中国は、近海における戦略的優位性を獲得するためにアメリカ軍を東アジアや西太平洋から駆逐する必要はないし、アメリカも世界中の海域で優位なポジションを維持するために、中国が遠洋を開発・利用する権利を奪う必要はないのである。

中国とアメリカによる海洋の平和維持は可能か

海洋空間は、世界の沿海各国にとって争奪の対象、あるいは戦略上の新しい領土となりつつある。中米関係においても、海洋問題はすでに重要議題のひとつとなっている。特に近年、中国が関与する海洋紛争をめぐり中米両国は頻繁に対立しており、世界の注目を集めている。少なからぬ専門家が対立の解消は不可能と考えており、一部には、海洋をめぐる両国間の競争を第一次世界大戦前の独英関係や冷戦期の米ソ関係と同列に論じる向きもある。はたして、中米両国は海洋の平和を維持できるのであろうか。

一　東アジアのシーパワーをめぐる両国の争いは激化しているが協調は可能である

シーパワーの拡大に努め、海洋権益を保護しようとする中国の行動は、アメリカがアジア太平洋地域で推進する「リバランス」戦略やプレゼンス強化の動きと、戦略上激しく衝突している。この競争と衝突は実質的に、地域の海洋強国として自国の合法的な権益と相応の権力ポジションを追求する中国と、海洋覇権を維持し、アジア太平洋地域における主導的地位を固めようとするアメリカとの間の軋轢だと言える。

中国とアメリカのこうした争いは、まったく協調不可能というわけではない。海洋をめぐる中米間の駆け引きは、かつてシーパワーをめぐって争ったドイツとイギリス、あるいは米ソの覇権争いとは性質を異にする。現在の軍事技術では、距離がもたらす地政学的影響を完全に変えることはできず、中米間には太平洋という広大な緩衝地帯がある。中国の海軍力がいかに発展しようとも、両国の争いには、典型的なランドパワー対シーパワーの特徴が依然うかがえる。中国は、地域の海洋強国であり、東アジア海域には中国にとって最も重要な海洋利益が集中している。他方、アメリカは世界の海洋覇権国であり、東アジア海域は重要とはいえ、その一部にすぎない。この海域における利益の重みは両国で大きな違いがあるため、東アジア海域の力関係が変化しても、世界規模で見た中米両国の権力ポジションに根本的な影響は生じ得ない。習近平国家主席も「太平洋は、中米双方を受け入れるに十分な広さがある」と繰り返し強調している。[34]

両国間には利益追求上での激しい衝突があるとはいえ、妥協や譲歩の余地はある。この海域におけるアメリカの最も重要な二つの利益とは、航行の自由と、地域の平和と安定の維持であり、これは、この地域におけるアメリカの主導的地位と覇権の基盤でもある。中米両国の間には、この二つについての根本的な対立は存在しない。アメリカが航行の自由を利用して中国近海で近接偵察や監視を行うことで中国の安全に一定の脅威を与えたり、あるいは、力による現状変更に反対するアメリカの姿勢によって、中国の武力による権益保護にある程度の制約が加えられたとしても、それらの対立はいずれも制御可能なものである。中国も航行の自由や地域の平和と安定という理念には、原則的には賛同している。中国海軍の活動範囲の拡大や地域における利益の増大に伴い、これら二つの理念をめぐる両国共通の利益も今後ますます増大していくだろう。台湾問題はじめ、中国が関係する海洋紛争や問題は、中国の核心的利益にかかわっており、主権や主権的権利の延長線上にあるため、譲歩は難しい。一方、アメリカがこれらの問題に関して考慮するのは、同盟国に対するコミットメントをいかに履行するか、そして海洋における中国の台頭をいかに牽制するかである。これも非常に重要ではあるが、航行の自由と地域の安全、そしてグローバルな戦略のためならば、先の二つの考慮について、まったく捨てられないというわけでもないだろう。

実際、現在の世界の状況は、中米両国による核心的利益の維持と、相手に対して重大な脅威にならないこと、この二つを可能たらしめるはずだ。また、太平洋の広大な戦略縦深は、かつて英独が争いを繰り広げた北海のそれとは比べものにならないくらい広く、中米両国を受け入れるに十分な余地がある。中米両国間の競争は、英独の悲劇を繰り返さずに済むかもしれないのだ（北海を舞台にしたドイツ封鎖により、多数のドイツ国民が飢餓や疾病のため死亡した）。先に分析したように、アジア太平洋地域では中国・アメリカそれぞれに長短があるため、両国の地政学的特質、軍事技術や軍事プラットフォーム、中心となる利益の違いによって、最終的に安定した戦略バランスが築かれるかもしれない。総体的な実力では、中国は確かにアメリカに遠く及ばず、アメリカは中国に対して強力な抑止力を築くことができる。一方の中国も、東アジア近海では局地的な戦略的優位を築くことができる。当然ながらアメリカは遠洋、ないし世界の海域で主導的な地位を容易に占めることができる。こうした均衡は、平和の維持に資するものであろう。

二　中米の全面的な相互依存体制により対立の拡大を抑える

とはいえ、戦略的バランスだけでは、中米の平和維持にとってまったく不十分である。戦略的バランスは大きな戦争の抑止には資するが、小さな衝突を抑えることはできない。ところが、歴史的に見れば、あらゆる大戦は小さな戦争や摩擦によって引き起こされているのである。中国とアメリカ両国間の平和は、中国語で「你中有我，我中有你（あなたの中に私がいて、私の中にあなたがいる）」と言う運命共同体のような複合的な相互依存体制の構築にも役立つだろう。小さな衝突を抑止するポイントがここにある。

相互確証破壊による核の抑止、高度に相互依存化した経済、そしてグローバル・ガバナンスや海上の安全確保における両国の相互信頼、これらが平和のための三大要素である。以下、詳述していこう。第一に、核の時代において相互破壊に対する強力な抑止力を確保することである。核の恐怖のもと、大国同士の直接衝突や戦争は、想像することも困難になっている。いかなる衝突のエスカレートも災いを招いてしまうからだ。中国の核兵器の規模は、旧ソ連やロシアとは比べようもないが、最小限の抑止力でも、アメリカの取り得る敵対行動の充分な抑止力になっている（最小限抑止戦略と呼ばれる）。中国の核兵器とその輸送手段の高度化や精緻化に伴って報復攻撃による抑止力が高まり、相互確証破壊による抑止力の信憑性も大幅に増しているため、総体的な平和状態が期待できよう。第二に、経済の相互依存である。国際システムへの融合が進むにつれ、中国はアメリカが主導する国際システムへの依存を深め、アメリカと共通の利益も増大している。中国は、国際ルールを遵守することの価値を徐々に認識し、武力による挑戦を放棄した。中国の改革開放の成功は、国際システムへの融合と歩を同じくしているのである。一方でアメリカも、対立政策や抑え込み政策は効果を上げにくく、オペレーションもますます難しくなっていることに気づき始めた。中米両国経済の開放度と依存度は非常に高く、中国との衝突、ましてや経済戦争は想像しづらくなっていった。経済摩擦も増えてはいたが、両国の経済的な依存度はますます高まっていき、緊密な経済関係は事実上、ある種の抑止力を形成していった。言ってみれば、相互確証〝経済〟破壊である。両国が相手側の経済を麻痺状態に陥れ、破壊さえできる手段を有しているため、全面的な貿易戦争はすなわち、両国が同時に壊滅することを意味する。相対的に優位にあるアメリカといえども、中国の大規模な経済報復による代価を受け入れることはできないだろう。第三に、グローバル・ガバナンスからの圧力である。核拡散防止や経済発展の促進、地域の安全の維持などにおける両国共通の利益は日々増大しており、世界のいかなる重要問題についても、中国とアメリカのいずれか一方の協力を欠くだけで、解決は難しいものとなっている。気候変動をはじめとするグローバル・ガバナンスの必要性が、中米の戦略パートナーシップ構築を促すかもしれない。

海洋問題は両国いずれにとっても重要であるが、それは複雑な中米関係の一部でしかない。中国の台頭とアメリカの相対的な衰退が進むにつれて両国共通の利益も急速に拡大しているため、中米のどちらかは、海洋問題が原因で両国関係が〝破局〟を迎えることを極力回避しようとするだろう。そのため、海洋問題で真っ向から対立したとしても、両国関係の安定と発展を積極的に進めるものと見られる。中国の指導者が、新型大国関係や新型軍事関係の構築を提案したのは、アメリカとの安定的な関係の維持が、中国の外交にとって今なお重要だからである。他方、アメリカは近年、中国が関わる海洋問題で強硬姿勢に傾き、中国と頻繁に摩擦を起こしてはいるが、この問題が中米関係の大局に影響を与えることは望んでいない。アメリカは両国高官の交流や戦略対話をこれまでと変わらず積極的に進めており、新型大国関係や新型軍事関係の構築に向けた中国の努力もおおむね支持している。中国・アメリカのいずれも、両国関係の全面的な決裂による代償を負うことはできない。こうした状況により、海洋問題をめぐる激しい対立にもある程度ブレーキがかけられているのである。

三　世界の海域における協力が中米関係の安定を促す

東アジアや西太平洋の海洋をめぐる中国とアメリカの競争は、両国間の海洋における関係の一部にすぎず、世界の海域には、両国にとって幅広い協力の可能性や潜在性がある。なかでも遠洋には未知の部分が多く、深海底の開発・利用にはかなりの困難を伴うため、一国だけの力ではとてもやり通せるものではない。また、海洋は互いに繋がり、流動しているため、海洋における経済・社会活動は、その当初から開放的だったという特徴がある。海洋の安全保護や海洋秩序の構築であれ、海洋開発であれ、そのすべてに沿海国の団結と協力は欠かせない。中米ともに、その利益は地球規模で広がっており、グローバル化と相互依存経済の時代にあって、両国の海外利益の創出と保護は、いずれも開放的な世界経済システムを基盤としている。それゆえ、海上の安全・海洋政治・海洋経済などの面で、両国には大きな協力のニーズと可能性がある。

冷戦終結後、海上の脅威と任務の多元化に直面したアメリカ海軍は、海洋の安全のための協力を積極的に提唱し、「拡散に対する安全保障構想（ＰＳＩ）」や「一〇〇〇隻海軍構想（The Thousand-Ship Navy Concept）」、「世界規模の海洋パートナーシップ（ＧＭＰ）」などの国際協力計画を相次いで提案、さらに二〇〇五年の「海上安全保障のための国家戦略」や二〇〇七年の「二十一世紀の海軍力のための協力戦略」などの文書でも国際協力の必要性を強調している。また、二〇一五年版の「二十一世紀の海軍力のための協力戦略」では、アメリカは中国の「Ａ２／ＡＤ戦略」による挑戦とリスクを強調する一方で、海賊取締りや人道支援、大型の多国間演習などの海上業務で、中国海軍の貢献がますます大きくなっていることを率直に認めている。アメリカと比べると、中国は軍事的手段に依ってシーレーンや海外利益を保護する能力と資源に欠けるため、協力が主な選択となる。また、世界規模の海洋問題や突発的危機によって、中米両国はしばしば歩み寄りを迫られている。たとえば、アデン湾における商船保護やマレーシア航空三七〇便墜落事故の際の共同行動では、中米が世界の海洋大国として協力する必要性が強調された。

海洋秩序に関しては、中米間の共通の利益は明らかに増大している。「国連海洋法条約」を基盤とした今日の世界海洋秩序の構築は、人類の文明史における重大な進歩であり、同条約の調印と実践によって、世界の海洋秩序は初めて戦争ではなく話し合いや協議によって調整されることとなった。とはいえ、新たな海洋秩序はまだ完全には確立されていない。もし、強制力のある海洋メカニズムを構築しようとするなら、大国の関与と支持は欠かせないし、なにより中国とアメリカの政策協力が必要条件となる。両国は海洋大国であり、いずれも大陸に沿った長い海岸線を持つことから、海洋秩序の構築においては、共通の関心事や歴史的責任を有している。両国の実力差の縮小により、海洋における航行の自由や海洋秩序の構築などに対する考え方は急速に近づきつつある。イデオロギーの違いといった非理性的な要素によるこの問題への影響は、次第に弱まっていくはずだ。

海洋の開発・管理については、海洋科学調査・海洋資源開発・環境保護などの面で、両国は深い相互依存の局面を迎えるだろう。海洋における大規模な武力の使用は今後徐々になくなる方向にあり、海洋の権利をめぐる各国間の競争は、開発・利用能力に集約されていき、開発能力の高い国が先にチャンスをつかみ、公海内のより広い範囲を獲得するだろう。しかし、海洋開発と陸上で物事を運営するのとは大きく異なる。海洋は開放性と共有性が高いため、領海範囲内の海洋資源であっても変動する。中国・アメリカにはそれぞれ自国の優位性があり、アメリカは海洋の開発・管理における経験が豊富で科学技術レベルが高い一方、中国は人的資源と資本が潤沢である。世界の海洋空間、すなわち公海と深海底の開発・利用においては、資源開発と管理に資本と科学技術の集約が必要なため、両国が協力すれば効果は大きく双方に利するが、争えば双方ともが不利益をこうむる。北極や太平洋中部、南大西洋などの海域においては、資本と労働力のいずれの面も投資が不足している。これらの海域における情報分析や実地調査には両国の協力が必要であり、世界の海域を対象とした気象予報や海域分析、災難警備などの面で、両国は切っても切れない関係になりつつある。

現在、中国とアメリカの海洋空間をめぐる争奪戦はますます注目を集めており、両国間でしばしば摩擦や衝突が生じている。双方は互いに相手をあまり高く評価せず、両国の軍事当局は相手側を念頭に置いた〝最悪のシナリオ〟に対する準備さえ強めている。しかし、客観的に見れば、両国は互いを〝嫌な存在〟と見なす一方で、ますます多くの領域で協力や支援を進めている。海洋戦略をめぐる両国の競争は避けられないだろうが、相手を徹底攻撃すれば、さらにひどい結果を招くだろう。互いを嫌ってもかまわないが、相手国からの実用的で有用な協力を欠くことはできないのである。

中国とアメリカ間に新型の〝シーパワー〟関係を築く

中国とアメリカによる新型大国関係構築のための課題は大きく、内容も多岐にわたるが、海上における競争の管理と緩和はその中の重要なテーマであり、両国が協力を望む分野でもある。中国の提唱する新型大国関係の構築について、アメリカ政府は部分的な反応を見せたのみであるが、総じて見れば、「非衝突・非対立」原則については認め、「相互尊重」や「協力とウィン‐ウィン」の二大原則については保留している。両国が新型の大国関係を築くにあたり、新型の〝シーパワー〟関係を構築することは、「台頭する国と覇権国の衝突は必然」という歴史の呪縛から解放されるためにもきわめて重要である。

一　戦略的対話と意思疎通の強化による相互協調プロセスの改善

中国とアメリカの間には、すでに九〇を超える相互対話・意思疎通の枠組みやルートがあり、対話の手段は十分にある。また、交流は政治・軍事・経済・文化など多岐にわたっており、対話の形式も多様である。しかし、意思疎通の効率や効果といった点では理想からはほど遠く、話し合いの結果が不調に終わることも多い。要するに、深い対話に至っておらず、それぞれが主張や考えをばらばらに表明する浅いレベルに留まっているのが現状である。

中米両国とも、自国の特殊性や例外論を展開することに長けている。中国は往々にして、自国の文化や伝統は他と異なるため、西側諸国のやり方は踏襲しないことを強調する。他方、アメリカ人は「アメリカは世界の頂点に君臨している」「アメリカ人は神から選ばれた民である」などと喧伝することに喜びを感じる。キッシンジャー曰く、中国とアメリカは、まったく違う伝統と戦略文化を持つ大国であるため、互いに相手を正しく認識する上で、数々の現実的困難や文化的障壁に直面している。加えて、両国とも政策決定に関わる人や機関がますます多くなっているため、効果的な意思疎通はどうしても難しくなってしまう。

このような状況においては、相手が理解できる言葉やロジックで自国の考えや目的を伝えることが非常に重要になる。独りよがりの言説や、自国の立場を主張するばかりでは、中米関係の発展にはあまり役に立たない。特殊性や例外論の細部に固執せず、相手の話に真摯に耳を傾け、理解してこそ、戦略的対話と意思疎通は功を奏するだろう。このような基盤を築くために、両国には以下の努力が必要となる。

アメリカは、中国のシーパワー拡大に対処する際、相応の自信を持ち続けるべきである。中国の近海における優位は限定的なものだが、アメリカは終始、十分に広い海洋空間を擁しているからである。現在、東アジア海域には多くの国がひしめき合っており、中国はアメリカからの牽制のみならず、日本や韓国、さらにはベトナムやインドネシアなどとの激しい競争にも向き合わねばならない。こうした状況で、中国がある程度の優位を獲得できたとしても、海域全体を支配する可能性は低い。さらに、中国は遠洋での優位性を獲得できないため、アメリカは「オフショア・コントロール（中国本土を攻撃せずに、海上封鎖することを狙った政策）」によって引き続き海洋覇権を保つことができる。両国の近海および遠洋での攻守バランスから見ると、中国がその実力を拡大させ続けることができれば、近海で優位を獲得できるかもしれないが、遠洋においてアメリカに挑む存在になれる可能性は低い。したがって、アメリカはこれからも大洋での優位を生かし、中国の能力や意思の形成に制約を加えることができる。一方で、アメリカには理性を保つことも求められている。実力の低下しているアメリカが、東アジア海域において台頭する中国に真っ向から対峙しようとすれば、自国が劣勢な地域で非現実的な目標を追求することになり、まったく賢明ではない。何の役にも立たないばかりか、アメリカの覇権衰退を早めることにもなりかねない。

アメリカはまた、東アジア海域における中米間のパワーバランスの変化という客観的現実を受け入れ、妥協や譲歩の戦略的意義を理解すべきである。「アメリカが世界覇権を維持し続けようとするなら、東アジアで中国にふさわしい権力を与える必要がある。アメリカが東アジアにおける優位性に固執すれば、中米衝突の悪夢は、間違いなく現実のものになるだろう」[35]。さらに、アメリカは、世界における主導的地位を損なわないことを前提に、どれだけ中国の合法的利益を尊重できるかをはっきりさせる必要がある。[36]戦略上の重点をアジア太平洋地域に転じる過程では、一部の同盟国に対する責任と義務を慎重に考慮しなければならない。中国の核心的利益に関わる問題については寛容であるべきだし、同盟国に対する履行不可能なコミットメントもやめるべきだ。また、同盟国を結集して中国と対峙しようとする場合でも、中国との軍備競争を引き起こすような行動には注意を払うべきである。さらに、アジア太平洋地域への「リバランス」戦略について、アメリカは内容の伴った信頼醸成措置を講じる必要がある。「中国を念頭に置いた戦略ではない」と口だけで何度も強調するのではなく、実際の行動でも慎重さと透明性が求められる。さらに、相互信頼のためには、二国間の軍事同盟や多国間の安全保障同盟などを利用し、中国を狙った〝統一戦線〟を敷くのではなく、中国も含めた地域安全メカニズムの構築を追求すべきである。

一方、中国が注意すべきは、意思疎通における戦術である。

まず、アメリカの実力が、依然として中国よりはるかに強いことを考慮するなら、中国はより明確な戦略を講じる必要がある。両国がどの問題で争っており、どの問題でパートナーであるかをはっきり線引きすることで、互いが相手の政策のボトムラインを理解し、それに抵触する行為を回避する助けとなる。中国は相対的に劣勢にあるため、核心的国家利益を広く設定するべきではなく、どの面を妥協し、どの面を徹底的に追求するかをはっきりさせ、最低限の核心的利益について厳しく線引きする必要がある。そして、一度線引きしたからには、これを堅持して容易に妥協すべきではない。劣勢側として、アメリカに対して自国の意図をはっきりと表明するべきであるが、アメリカの核心的利益に挑むことがないよう、慎重に立ち回るべきだ。しかし、中国の核心的利益が侵害されたならば、アメリカに対し徹底抗戦を挑む決意を固めなければならない。自らのボトムラインを堅持し、戦略への決意を固め、出るべきところでは強く出る。そうしてこそ、海洋権益をより良い形で守ることができよう。

次に、中国はアメリカに対し、中国の軍事力発展計画や戦略について、よりしっかりした説明を行うべきである。そして、一定の条件において、政策の透明性と情報伝達の有効性を高めることを心がけるべきだ。近年、中国は透明性の向上において顕著な成果を上げているが、機関同士の協調やマスメディアによる報道など、伝達過程で起こる問題により、対外的に発表した情報が食い違っていたり、わかりにくいなどの状況がしばしば発生している。

さらに、戦術より一段上の戦略という点から言えば、交流や意思疎通の枠組みは、双方にとって同等の重要性を持つことを認識する必要がある。中国は、対話の枠組みそのものを外交争いの道具や武器にすることに慣れてしまってはならない。交流の中断は確かに相手側への圧力になるが、自国の利益をも損なう。政治・経済・軍事など、他のもっと有効で実質的な報復手段を有している場合、そうした外交によって生じるコストと効率の悪さは、さらに受け入れ難いものになるだろう。

二　効果的な危機予防管理メカニズムにより潜在的リスクをコントロールする

中国とアメリカの間の摩擦や衝突、あるいは危機は、現時点では完全に回避することはできず、さらには第三国が原因となって両国が衝突するリスクも高まっている。意図しない対立や衝突を回避するためには、危機管理を強化してリスクを減少させ、事態のエスカレートを防ぐことが急務である。危機を未然に防ぎ、コントロールするには、海洋の軍事・安全に関する既存の対話メカニズムの内容や形式を充実させ、対話促進や信頼醸成措置の確立から効果的なルールや手続きの形成へと、危機管理を進めていかなければならない。突発的事件や危機を予防し、コントロールするための枠組みには、少なくとも以下の事項が求められる。第一に、海上の軍事・安全問題に関する両国の基本的コンセンサス、たとえば両国間の通報方法、航行・飛行に関する規則、緊急避難プログラムなどが必要である。過去十数年にわたる対話や協議により、これについては一定の成果を見ている。今後は、従来のテーマの協議や具体的な行動原則の実現を進めるとともに、既存の枠組みを生かし、アメリカの「リバランス」戦略・同盟関係・海洋問題など、地域の安全保障に関するテーマを話し合う場を設け、第三国の行動に対するコンセンサスを深める試みがあってもいいだろう。現在、両国ともに「非衝突・非対立」を旨とする新しい軍事関係の構築を望んでおり、重大な軍事行為に関する相互通報メカニズムや、海・空で不慮の遭遇をした場合の規則の制定を積極的に進めている。こうした動きは、両軍の信頼醸成と危機防止に資するものだ。第二に、有効な緊急連絡ルートの確立である。「既存のルートは、両国関係が良好なときには連絡もスムーズだが、緊急時には、信頼性を大幅に割り引いて考える必要がある。意思も重要だが、制度による保証も必要である」[37]。そのためには、両国の軍事ホットラインなど、連絡メカニズムの標準的手続きを定め、危機時にも有効に機能することを制度面から保証する必要がある。第三に、危機の予防・管理に関する規定である。危機のただ中に政策決定部門が判断ミスや操作ミスをしたことで、不要な疑念や対立が生じる可能性もある。そうしたことを防ぐためには、危機時の対処方法について、運用性の高い一連の規範が欠かせない。二〇一四年十一月十二日、中米両国首脳は北京で会談を行い、「重大な軍事行動に関する相互通報メカニズム」と「公海海域の海・空における軍事・安全行動原則」構築に関して署名を行った。これは、両国の危機管理と新しい軍事関係にとって、重大なブレイクスルーと言えよう。政策対立や戦略をめぐって相互の疑念が拡大するなか、実務的かつ専門的な危機管理メカニズムは、安全弁のような役割を果たしてくれる。また、こうした枠組みには強い波及効果があるため、相互信頼が強まり、他の領域での協力推進にも役立つ。両大国が互いに重大な共通の利益を有することを認識すれば、双方に災難をもたらすような事態の発生を防ぐため、危機予防措置の構築によって意思疎通のルートを拡充し、話し合いや協調を深めようとする。それにより、両国は協力する意思を強め、良い方向へ関係を発展させていくはずだ。[38] こうした専門的・技術的協力の枠組みは、最終的に中米両国間の軍事関係や安全保障関係の総体的な改善に向けた基盤となるだろう。

三　相互に必要な妥協を受け入れ「海上の共同管理」を目指す

海洋をめぐる中米の戦略競争の打開策として、アメリカ海軍大学教授のジェームズ・R・ホームズと吉原恒淑が打ち出したのが、両国による「海上共同管理」論である。すなわち、アメリカが提起する一連の要求と条件を中国が満たすことを前提に、アメリカは東アジアを中国に委ねてもいい、とするものである。[39] もちろん、両国による「海上共同管理」は、西太平洋だけに限る必要はない。中国海軍が世界第二の軍事力へ成長すれば、両国海軍の協力は世界の海域を対象に、より広く、深く発展していくだろう。

中米両国は、海上での危機管理を強化する一方、共通の利益の保護と相互信頼構築のため、海洋での協力推進にも力を入れるべきだ。中国は、アメリカの推進している「グローバル・マリタイム・パートナーシップ（災害救援および海上テロ・海賊・大量破壊兵器移転阻止のため、各国のさまざまなシーパワーを活用するもの）」を支持しているし、二〇〇三年七月二十九日には、アメリカが導入した「海上コンテナ安全対策（CSI）」にも正式に加入、重要な役割を果たしている。今後、世界の公海における安全維持のための両国間の協力は、さらに密になっていくだろう。両国は、海賊取締りやテロ対策・核拡散防止・災難救助・麻薬密輸対策やその他の違法活動の取締り・航行の自由の保護など、実務面での協力の強化を通じ、両国共通の利益に対する認識を促し、相互信頼を構築すべきだと筆者は考える。

また、両国は互いの知識や理念を融合させ、国際海洋秩序の構築に向けた協力を強化すべきである。海洋理念や規則に関する両国間の認識の相違は、国際海洋秩序を発展させる上できわめて重要であり、海上でのパワーシフトの進展にも大きな影響を及ぼす。両国は、海洋法や国際海洋機関の整備に向けた対話や協力を推し進め、海洋に対する考えの溝を埋めていかねばならない。考えの完全な一致を目指す必要はないが、相手の言論や行動を今よりいっそう理解する努力は必要だ。

さらに、両国が西太平洋で互いに相応の譲歩を行い、これまでの戦術を調整し、争いの〝度合い〟をコントロールする必要がある。中米両国の海洋をめぐる対立と争いは、東アジアの大陸沿海と近海に集中しており、両国は長いこと互いを戦略的競争相手と見なしてきた。両国のパワーバランスは変化し続けており、そのため、さまざまな戦略が模索され、争いもその頻度を増していった。こうした動きは、両国にリスクとチャンスを同時にもたらしている。リスクとは、中国の実力が急拡大し、海洋利益保護に向けた行動に自信を深める一方、アメリカは中国の台頭に対する懸念を強め、牽制の度合いが日々高まっていることである。逆にチャンスとは、両国の競争激化と衝突の危機が、双方の利益や認識についての歩み寄りを促し、意思疎通や協力する価値についての認識を強く促すことである。中国の支持や寛容さがなければ、アメリカがこの地域で航行の自由や地域の安定を確保することは不可能である。一方で、アメリカが渋々でも認めない限りは、中国の台湾統一は困難をきわめるだろうし、海洋領土の主権や関連権益の保護も難しいだろう。

客観的に見て、両国が追及する目標には、いずれも非現実的な部分がある。双方の核心的利益を確保するためには、それ以外のあまり重要でないものを放棄するか妥協する備えをしておくべきだ。それにより、相手に合わせ、相手を受け入れるのである。中国にとって強大な軍事的抑止力の確立は必須だが、一方でアメリカに外交活動の余地を与え、中国の正当な利益をきちんと伝えるように心がけるべきである。海洋紛争では、武力に訴えるかを慎重に考慮し、アメリカを追い詰めるのではなく、面目を保ちながら撤退するよう促すべきだ。近海における戦略的優位を追求する際は、航行の自由に対するアメリカの強い関心を充分考慮しなければならない。他方、アメリカは、中国に対し海洋覇権の維持のため牽制を加える一方で、台湾問題や海洋問題が中国にとって重要でデリケートなものだということを充分認識しなければならない。対台湾政策は適時調整、東海や南海での中国の問題には慎重に対応し、中国人民のナショナリズムを過度に刺激しないことが肝要だ。中国近海においては、中国のシーパワー拡大に適度な余地を与えることで、アメリカのアジア太平洋戦略に対する中国の敵意を低減させ、かつ、航行の自由や地域の安定などに中国がより貢献できるよう支援すべきである。

キッシンジャーの言葉を借りれば、中米両国はともに進化し、ともに権力を分かち合い、ともに責任を負わなければならない。既存の枠組みの中で、両国は「二つのシェア」を実現する必要がある。アメリカは中国に対して「権力をシェア（sharing power）」し、中国はアメリカのために「責任をシェア（sharing responsibility)」すべきである。[40] 中国は利益追求の方法を改め、現在のアメリカ主導の国際システムによりよく適応する必要がある。アメリカは、自国のアジア太平洋戦略の目標を調整し、中国により寛容になるべきだ。中米両国による「海上共同管理」の核心的理念とは、中国が世界の海洋におけるアメリカの優位を受け入れ、世界の海の安全と交通を保護するアメリカの戦略的パートナーとなること、そして、アメリカが西太平洋地域における中国の核心的利益を尊重し、一定の政策的妥協を行うことである。

第二節　海洋でのインドとの関係強化に努める

インドは、中国の海洋戦略において無視できない国である。「台頭する中国と新興国インドは、ともに過去に例のないやり方で海洋へ進出している。この事実だけをもってしても、世界の海洋勢力図を根本から塗り替えてしまう可能性がある」[41]。中国がマラッカ海峡を抜けてインド洋に入る際、インドは一〇〇パーセント避けて通れない存在だ。中国の経済・政治・軍事などの影響を外に波及させる（中国語で「走出去」）ためには、インド洋地域の平和と安定が欠かせない。インド洋沿岸で最大の国・インドの中国に対する振る舞いは、中国にとってきわめて重要であり、中国の海洋強国という目標の実現は、良好な中印関係と切り離すことはできない。

中国とインドの海洋での衝突

中国とインドの間には、海洋権益をめぐる直接の対立は存在しない。とはいえ、海洋戦略についての憶測や警戒感は、両国間に確かに存在している。中印両国は、世界の海洋政治における新興国家として現在ともに台頭しつつあり、その動向は世界の関心の的になっている。龍（中国）と像（インド）の争いともなれば、桁外れの注目を集めるだろう。両国がインド太平洋地域のシーパワーに影響を与え始めれば、互いの海軍勢力図が交錯することになり、中国がインド洋に、インドが西太平洋に進入する。そうなれば、中印間の競争をめぐる相互包囲論が再び息を吹き返すことになるだろう。[42]

「中国がインド洋での活動を強化しているのは、インドを包囲するためだ」とする報道や分析がインドのメディアに氾濫している。一方で「インドが中国のシーレーンを脅かし、南海問題への介入のチャンスを窺っている」とする報道が中国ではよく見られる。アメリカのジャーナリストであるロバート・カプランは『フォーリン・アフェアーズ』誌（二〇〇九年第二号）のなかで、「中国とインドは、二十一世紀にインド洋の制海権をめぐって争奪戦を繰り広げるだろう」と予測している。

中国海軍による遠洋進出、特にインド洋における中国艦船の航行が頻度を増すにつれ、インドは強い警戒と疑念を示している。中国企業がインド洋沿岸のスーダン・パキスタン・バングラデシュ・ミャンマーで請け負っている港湾改築・拡張工事について、インドならびに一部の西側国家は、中国がインドを包囲し、インド洋をコントロールする「真珠の首飾り」戦略の一部であるとしている。ただし、「真珠の首飾り」戦略と最初に言い出したのはインドではない。これは、アメリカ国防総省のコンサルティング会社であるブーズ・アレン・ハミルトンが二〇〇四年に提唱し、その後アメリカの研究者やシンクタンクによって爆発的に広まった概念である。インドのメディアもこれに追従し、「真珠の首飾り」は「中国の脅威」の代名詞となった。この件について、インド当局は公式の場では言明を避けているが、実際の政策からは、疑念や懸念がはっきり見て取れる。インド洋における中国海軍の活動について、インドは明らかに歓迎しないという態度を示しており、インド洋の海軍フォーラムやさまざまな多国間演習において、中国を極力排除しようとしている。

インドは〝東方進出〟政策の強化や、南海周辺における軍事的・経済的プレゼンスの拡大を積極的に進めており、中国の神経を逆なでしている。インドは二〇〇一年七月に、アンダマン・ニコバル諸島にアンダマン・

ニコバル司令部を設置、後に同諸島における軍備を大幅に増強している。同諸島はインドの領土で、ベンガル湾東南部に位置し、大小五七二の島嶼からなる。総面積は約八三二五平方キロメートル、南北一〇〇〇キロ余りにわたって分布し、インドにとっては東方への出入口である。同諸島からインドネシア・ミャンマーまでは最短距離でそれぞれわずか九〇キロメートルと五〇キロメートルで、マラッカ海峡からインド洋に入るまでの「北緯一〇度航路」を守備する役割を果たしている。また、インドはしばしば南海に艦隊を派遣したり、マラッカ海峡でアメリカ軍と合同パトロールを実施したり、さらにはASEAN諸国の海軍との合同演習や、ベトナムなどへの軍事支援も行っている。一九八八年からは、南海においてベトナムなどの国と石油・天然ガス開発を共同で行い、二〇一一年には中国の抗議を顧みず、ベトナムとの間で南沙諸島付近の一二七号鉱区と一二八号鉱区の開発に関する協力合意を締結した。また、これに呼応するように、インド当局とメディアの一部は、先に述べたインドの動きを、中国に向けたものであるとする見解を示した。インド海軍のジョシ総司令官は二〇一二年十二月三日にメディアに向け、「インドは南海に自らの〝経済資産〟を有しており、インド海軍は必要に応じて南海問題に介入し、軍隊を派遣することもあるだろう」「中国海軍の強大な軍事力は、南海情勢の緊張を招く〝最大の懸念要因〟である」と語った。また、インドの外交戦略専門家のラジャ・モハンは自らの著作の中で、「中国は南海で主導権を握り、インド洋にも頻繁にその姿を見せ始めている。インドは、インド太平洋地域でアメリカ・日本・オーストラリアなどと協力し、中国に対抗しなければならない[43]」と述べている。インドのこのような強い論調は、当然のことながら中国の強い反発を引き起こしている。中国の一部メディアや専門家も、海洋におけるインドの脅威に懸念を表明し、インドによる南海問題への介入やマラッカ海峡の封鎖に警告を発する言論も後を絶たない。

現実問題として、中印間の海洋における競争は対象領域と激しさを増しており、その範囲はインド洋の島嶼国やアラビア海・ベンガル湾のみならず、マラッカ海峡・南海・西太平洋にまで及んでいる。この地域における両国の政治・経済活動や軍隊の配備は、互いを標的としたものというわけではないが、「囚人のジレンマ」のように、互いが協力するほうがうまくいくのに協力しない状況では、前述の言葉の応酬を、現実のものにしてしまうかもしれない。

インドの壮大な野心と苦境

インド洋を制することは、インドにとって独立以来の戦略上の夢であった。そのようにインドを突き動かしてきたのは、インド洋の戦略的位置づけとインドの地理的な位置によるものだ。マハンはかつて、「インド洋を制した国がアジアを制する。インド洋は、各大洋を結ぶ要衝であり、二十一世紀の世界の命運は、インド洋で決まるだろう」と予測した。[44] 歴史的に見れば、インドとインド洋は、その命運や盛衰をともにしていることがわかる。古代インドでは航海術が非常に発達しており、南インドではパーンディヤ朝やチョーラ朝など強大な海軍を擁する王朝が登場し、インド洋を越えてローマ帝国やアラブ帝国と密接な貿易関係を築き、文化交流を行っていた。ところが近代になると、植民地化により海上での優位を失ってしまった。一方、インドの指導者や戦略専門家は、海洋支配に関するマハンの理論を規範として重んじており、それは実際に、インドの中長期的な戦略計画や行動を導いてきた。一九五八年にネルー首相は、「どの国がインド洋を支配したとしても、インドの海上貿易がその自由を真っ先に奪われ、次にインドの独立が危うくなるだろう」[45]と指摘している。インドの有名な歴史学者であり、戦略専門家でもあるK・M・パニッカルは、「インドの将来は、陸の国境ではなく、国土の三方向を囲む広大な海洋によって決まる」「インド洋を制する者がインドを制する」と述べ、さらに、「インドが海洋国家になれば、独力で海上における自国の利益を十分保護することができ、インド洋地域においてリーダーシップを握ることができる」と主張している。「インド洋はインドの海であり、インドの裏庭であり、内海である」。こうした考えを表立って認めるインドの重要人物は少ないものの、ニューデリーの政府関係者の間ではよく聞かれる意見だ。[46] ここから明らかなように、インドの海洋戦略の究極の目標は、インド洋における域外勢力のプレゼンスを退け、地域のオンリーワンの存在として、インド洋をインドの内海とすることである。インドのラジーヴ・ガンディー元首相はかつて、インドは五大海峡の支配を基盤に、「地中海から太平洋の間の地勢を制する」べきであると公言していた。「インドの戦略が及ぶ範囲は、インド洋全体はもちろん、西はペルシャ湾・紅海および西部沿海地域までの西アジアを、東は太平洋へ至る南海海域を含むものである」。これに似た考えは、インドのエリート層の間に広く行きわたっている。

このように、インドの夢は壮大だ。しかし現実は厳しく、インド洋を制するというその野心は、実現の見通しが立っていない。インド洋は、制海と防衛が非常に難しい反面、軍事力の配備は容易であるため、各国の軍事力が最も錯綜した海域となっている。アメリカはインド洋東岸と西岸の重要な海上ルートをしっかり押さえ、さらにインド洋中部のディエゴガルシア島には巨大な軍事基地を構えており、インド洋で実質最強の軍事力となっている。他方、イギリス・フランス・ロシア・オーストラリアなどもインド洋を自国の戦略的利益にとって重要な海域と見なし、軍事的プレゼンスを長期にわたって展開している。なかでもフランスは、マダガスカル共和国付近のレユニオン島に先進的な海軍基地を築いている。近年、日本やロシアなども海賊取締りを口実に、インド洋でのパトロールを開始している。単独でインド洋の覇を唱えられる国は存在せず、各国がひしめき合い、アメリカでさえ相対的な優位を保っているにすぎない。インド洋には戦略的拠点を置けるポイントが少ないため、海域の全方位的支配が難しく、現時点ではどの大国をもってしても、戦略上重要な拠点すべてを掌握するのは困難である。一方で、海域の大部分は自然条件に恵まれており、海軍力を臨機応変に動かせるため、戦力の戦略的配置には適している。[47] このような状況を考えると、インドがインド洋を制するというのは、単なる夢や願望でしかありえない。

もちろん、インドも理想と現実の違いをよく理解しており、実際の海洋戦略はかなり控えめなものである。インドは、自国にとっての重要性にもとづき、インド洋を以下の三つのゾーンに分類している。すなわち、海岸から五〇〇キロメートル以内の「ポジティブ・コントロール・ゾーン」、五〇〇〜一〇〇〇キロメートルの「ミディアム・コントロール・ゾーン」、そして、それ以遠の残りのすべての海域を指す「ソフト・コントロール・ゾーン」である。これに加え、自国の海洋利益の重要性によって、以下の二つのエリアを設定している。まず「核心的利益エリア（Primary Areas）」には、以下の海域が含まれる。①インドの排他的経済水域や島嶼のあるアラビア海やベンガル湾、②マラッカ海峡、ホルムズ海峡、バブ・エル・マンデブ海峡、喜望峰といったインド洋にアクセスするための戦略的要衝、③インド洋上の島嶼国、④ペルシャ湾、⑤インド洋を通る主要な国際シーレーン。一方、「副次的利益エリア（Secondary Areas）」には、インド洋南部や紅海、南海および太平洋東部が含まれる。ここからわかるように、南海はインドの海洋戦略において一定の位置づけはなされているものの、核心的利益でもないし最重要海域でもない。

中国が軍事力をインド洋へ差し向ける主な目的は、海上交通の安全と海外における経済利益の保護である。現在、中国の石油輸入量の八〇パーセントは、中東およびアフリカに依存しており、インド洋やマラッカ海峡などのルート通って中国に運ばれている。石油輸入元の多角化に向けて積極的に努力はしているものの、世界の原油埋蔵量の六〇パーセントと天然ガス埋蔵量の三五パーセントを占めるインド洋地域は、中国にとって依然として主要な石油輸入元である。二〇二〇年には輸入の八五パーセント以上がインド洋航路を通ると考えられるため、インド洋やマラッカ海峡の安全は、中国経済の命脈を保つために重要である。さらに、中国では国内資源の枯渇が進行しており、銅・リチウム・ベリリウム・ニッケル・コバルト・リン酸塩など、インド洋地域における各種の鉱物資源が、現在、または将来においても欠かせない。ゆえに、中国はこの地域の国々と協力し、インド洋航路の安全を守らなければならないのである。また、インド洋沿岸における中国の投資利益は、今後さらなる拡大が予想される。これらの利益を確保する最善の方法は、インドなどと協力し、この地域の平和と安定、海洋における航行の自由を維持することである。逆に最悪の方法は、インド洋でインドと全面対決することなのは言うまでもないだろう。

予想可能な将来について言えば、中国はインド洋でインドに挑戦する能力を有してはいないだろう。中国の海洋戦略の中心は、依然として東アジア海域とその周辺である。中国が強大な遠洋海軍を構築するのは必須であるが、そのミッションは、太平洋やインド洋でアメリカやインドに取って代わることではなく、実効性のある軍事的プレゼンスを実現することであり、中国本土までの戦略縦深を維持することである。戦略態勢ということで言えば、中国にとってインド洋は外線であるが、インドにとっては内線であり、地理的にはインドが有利である（内線にあるほうが、味方の戦力を集中させるのが容易で、有利である）。中国海軍の実力は、近い将来インドを凌駕するだろうが、現在および将来的に可能な軍事技術を前提にするならば、インドの相対的な優位性に対し、中国は地政学的に不利な状況を埋め合わせるだけの力を持ち得ないだろう。インドの地政学的条件はインド洋において絶対的に有利であるが、中国はインド洋で一片の土地さえ有していないのである。仮に平等互恵の精神や友好協力によって、中国がインド洋沿岸国に基地を建設できたとしても、パキスタンを除いて、インドの機嫌を損ねるリスクをあえて取るような国はないはずだ。もし、それらの基地がインドを念頭に置いたものなのだとしたら、インドと一戦交える場合、それらの基地の戦略的意義や作戦効果は大幅に割り引いて考えねばならない。加えて言えば、たとえそれが平和的手段によって得た基地であっても、さまざまな条約による制約を受けるのは必至であり、インドが自国領土を使える便利さには遥かに及ばない。したがって、インドの実力が相当弱まらない限り、インド洋における中国の劣勢を変える手立てはないだろう。

アメリカを考慮に入れるとすれば、中印両国の海洋戦略がぶつかるという説は、さらにその根拠を失うことになる。将来のインド洋において大きな存在感を示しているのは、アメリカ・インド・中国の三ヶ国であることは疑いようもないが、アメリカの実力は低下しつつあり、中国とインドがその力の空白を埋めている。とはいえ、中国であれ、インドであれ、近い将来、インド洋でアメリカに対抗することはあり得ない。インド洋をめぐる三極構造のなかで、中国はインドの最大のライバルではなく、アメリカこそが最大の障害である。インドは、自身が押さえようとしているインド洋の「五大戦略海峡（マラッカ海峡・スンダ海峡・ポーク海峡・ホルムズ海峡・スエズ運河）」は、現在いずれも実質的にはアメリカの手中にあると主張している。つまり、海洋戦略をめぐる中印間の対立は副次的で表象的なものであり、顕在化していない米印間の海洋戦略の衝突こそ、最も本質的なものなのである。「インドの海洋戦略が実施されれば、真っ先に影響を受けるのは中国の利益ではなく、アメリカの利益である。インドがインド洋全域で実効性のある制海権を確立しようとするなら、中国が台湾海峡や南海で直面する圧力より、はるかに大きなアメリカからの圧力に直面することになるだろう」[48]。

インドが「海上における中国の脅威」をことさら騒ぎ立てるのは、歴史的経緯や地域の安全保障のジレンマ、大国としての戦略設計など、さまざまな動機によるものであろう。

インド洋における中国の活動にインドが神経を尖らせる理由は、中印関係全体に対するインドの考え方にある。インドは長らく中国をアジアにおける競争相手と見なしており、中国の巨大化は、インドに新たな憂慮をもたらしている。中国があらゆる分野で急速に発展したら、インドの世界的地位はどうなってしまうのか、というわけである。さらに、中国軍の強大化・現代化は、インドの安全保障上の脅威になるのでは、との懸念もある。つまり、中国のインド洋進出に対するインドの見方や態度を決定づけているのは、そのかなりの部分がこういったインド自身による中国観なのである。インドが「中国脅威論」を言い立て、気炎を上げながら東へ進出し、海軍の影響や活動を南海やアジア太平洋地域にまで拡大しているのは、一部には、アメリカとの戦略的利益の衝突を回避するという目的もある。中印関係について言えば、両国間の対立で中核をなすのは、領土問題・軍事上の相互信頼・貿易不均衡・パキスタン問題などであり、南海問題は含まれていない。つまり、インドにとって南海問題は、その核心的利益にかかわるものではない。口では航行の自由のためと唱えてはいるが、インドにとっての南海問題とは、東方進出政策と中国への牽制という二つの面で意義があるだけなのである。[49]

パワーゲームという観点から見れば、インド洋における中国の軍事力拡大にインドが反発するのは、自国の相対的優位を確保する考えが、その根本にある。中国がインド洋で展開する限定的な軍事活動に対してインドが敵意と偏見を抱き、中国の脅威をでっち上げるのも、中国とのパワーゲームで優位に立つためである。「インド海軍がインド洋においてより強大なプレゼンスを展開すれば、海洋における中国の脆弱性を広げることができ、それによって、中国の陸・空・宇宙での優位性をいくぶん相殺できる」[50]。これは、インド北部の国境において両国間に大規模な衝突が発生した場合、中国の強大なランドパワーに対する劣勢を埋め合わせるため、インド洋上の中国のシーレーンに対してインドが軍事行動をとる可能性があることを意味する。とはいえ、中国のシーパワーと対外進出政策の発展により、上述した脆弱性は、必然的にある程度改善されるはずだ。もちろん、それはインドの望むところではないだろうが。

中印両国の海洋戦略の安定を維持する

中国とインド、それぞれの戦略上の優劣は、はっきりしている。中国は総体的な実力と陸上での地政学的条件ではインドより有利にあるが、インド洋ではインドのほうが戦略的に優位にある。このように、両国間には明確な戦略バランスが存在するため、真の意味での海上における安全保障のジレンマは存在しない。したがって、双方の海洋での戦略競争は、制御可能な範囲に維持できるはずである。[51]

それでも、インドは中国のシーレーンの脆弱性につけこんで、揉め事を起こそうとするだろうか。インドはそうした行動を起こす条件と能力を備えている。中国の西方進出ルートを押さえ、シーレーンに対していつでも脅威を与えることができるインドのシーパワーは軽視できない。しかし、インドが海洋での戦略的優位によって中国を挑発しようとすれば、多くの困難とリスクに直面することになる。まず、両国の国力はかけ離れているため、全面的な争いともなればインドが劣勢となる。陸上ではパキスタン側から中国の強大な圧力に直面することになる。インドは、インド洋を航行する中国籍船舶を攻撃することもできるだろうが、中国はミサイルや戦闘機でインド内陸を直接攻撃することができるため、インドは陸の危険を顧みずに海上で戦うわけにはいかなくなる。また、中国の海軍力は急速に発展しているため、反撃する力が少しもないということはあり得ない。大洋上での中国籍船舶に対する封鎖やハラスメントを行っても、目的は容易には達成できないだろう。さらに、インドと東南アジア、中国・日本など東アジアの国々との経済交流は、日々その規模が増大しているため、仮に封鎖活動を行えば、地域全体の航行の自由が破壊されるのは必至だ。そうなれば、インドは非難の的となり、結局はインドの対外貿易の安全を損なうことになる。そして最後に、政治・経済・安全保障などの面において、中国とインドには共通の利益が増えつつあることも、インドの決意を鈍らせるだろう。

では、インドは中国を牽制する日米の陣営に加わるのだろうか。近年、アメリカと日本はインドを仲間に引き入れようと手を尽くし、中国の包囲で協力してくれることに期待している。アメリカは最大限可能なリソース再編のため、より大きなアジア太平洋、すなわちインド太平洋（Indo-Pacific）という概念を提起し、これによりインドは、かなり高い戦略的位置づけを与えられた。アメリカはインドの力を借りて、アジア太平洋地域において中国に対抗するためのカードを増やそうとしているのである。インドとしてもアメリカの力を借りて中国を牽制したい。とはいえ、それはインドが中国の包囲を狙う日米の陣営に加わることを意味するわけではない。インドは大国としての志を長らく持ち続けてきた世界でも稀な国であり、自主独立外交を尊ぶ非同盟運動の提唱国でもある。インドは中国の海軍力に対する防衛については日米と考えが一致しているが、安全保障面での協力については、依然態度を保留している。インド防衛研究所のウダイ・バースカラ所長は、これについて明確な説明をしている。つまり、「日本やイギリスのようにアメリカに従属し、アメリカに自国の安全を保障してもらうことはインドのＤＮＡが許さない。インドの戦略文化がそれを認めないのだ」[52]というわけだ。しかし、さらに重要なのは、中印両国間の問題が、軍事的に対立するようなところまで深刻化していないことである。ゆえに、中印関係を中米・中日関係と同列に論じることはできない。

また、海上協力においては、インドはライバルや敵ではなく、中国の遠洋戦略におけるパートナーであり、団結すべき相手でもある。総じて見れば、両国間には一定の戦略バランスがあり、海洋戦略にも妥協不可能な対立は存在しない。両国が協力することは、互いの海洋戦略の実現に大いに有益であり、対立すれば、それぞれの海洋復興の夢は遥か彼方へ遠ざかってしまうだろう。中印両国の政策関係者や研究者はこのことをしっかりと認識し、メディアや世論に踊らされてはならない。ましてや、よく考えもせずにアメリカのわけのわからない話に追随してはいけない。考えもなしに行動すれば、中印関係は他国を利するだけのものになってしまうだろう。

中国がインド洋戦略を実施し、シーレーンの安全を保護しようとすれば、インドとの関係を自国に有利な方へ引き込む必要がある。それゆえ、中国はインドに働きかけ、可能な限りプラスの効果を引き出し、互いの警戒心や猜疑心を和らげなければならない。

インド洋への軍事力配備を進めるにあたっては、インドとの戦略的対話を強化すべきだ。中国の海外における利益や軍事力の増強に伴い、軍事力の大規模な対外進出（走出去）はすでに大勢の赴くところとなっており、インド洋はその最重要地域のひとつである。近い将来、中国はインド洋に海軍力を常態化させ、できれば複数の補給基地の確保を望んでいるが、こうした動きは、どうしてもインドの猜疑心や警戒心を引き起こしてしまうだろう。インドが中国の対外進出を阻止することは不可能だろうが、中国も必要以上にインドを刺激する必要はない。したがって、中国のインド洋戦略は、インドを尊重し、寛容な態度で接することを旨とし、二十一世紀海上シルクロードや中国のインド洋戦略など、慎重さを要する問題についてはインドとの意思疎通を強化して不要な誤解を解消し、相互信頼の基盤を構築しなければならない。中国にはインド洋におけるインドの戦略的優位に対抗する意思も能力もない以上、適切な時期に「中国はインド洋におけるインドの優位を尊重しており、この地域でインドと覇権を争うつもりはない」とインドに表明するのもいいだろう。関係構築に向けた実際のオペレーションでは、中国はインドの安全保障機関と、海洋および海軍の軍務について実質的かつ開放的な対話を行い、双方の利益と地位を保護できるような海洋安全メカニズムを構築する必要がある。

さらに、インドとの軍事交流や協力を強化し、両国の軍事面での関係をレベルアップさせることも重要だ。中印間の軍事協力は、両国の総体的な関係に見合ったものになっておらず、これが相互信頼関係にまで影響を及ぼしている。両国には、中国国防部とインド国防省間に防衛・安全保障に関する協議の枠組みがあるのみで、陸・海・空軍間には連絡・対話の枠組みがまだ確立されておらず、上層部の間にはホットラインも存在していない。また、両国の合同演習は回数が少ない上に内容も不十分で、そのほとんどはテロ対策である。こうした演習でさえ、さまざまな政治的理由でしばしば中断されており、中露間のように演習スケジュールがシステマチックに決められるということがない。軍事交流において、中国はインドの戦略的重要性の認識を改め、インドをより重視し、働きかけを強化すべきである。たとえば、陸・海・空軍間、特に海軍間で相互連絡と交流の枠組みを確立し、軍事ホットラインの設置や港湾訪問などを推し進め、相互信頼を強化する。さらに、これまで断続的だった陸軍演習「携手」を定期化し、より大規模かつ中身の充実した演習を試みる。それに加え、海賊取締りや船舶の護衛などの分野で、インド海軍との二国間および多国間協力を強化し、インド洋におけるインド主導の海軍メカニズムへの参加を着実に進めていく。中国もその返礼として、南海での合同演習やパトロールにインドを招けばよい。

最後に、自国にのみ都合のいい言論の氾濫を防ぐため、メディアの管理と指導を強化するべきであろう。両国の世論は、敵対感情にある程度左右されるものである。中印間では、メディアによる世論操作や相互攻撃が、両国関係の進展に長らく暗い影を落としてきた。インドの言う「陸上における中国の脅威」や「真珠の首飾り」戦略はもちろん、中国メディアが喧伝する「マラッカ・ジレンマ」やインドによる南海軍事介入の可能性といった報道も、そのほとんどが根も葉もない憶測や誇張にすぎない。とはいえ、これら世論の影響を過小評価してはならない。中国とインドはともに大国であり、隣国でもある。両国間には領土問題が存在し、長らく安全保障のジレンマを抱えている上に、歴史を振り返れば、好ましからざることも経験してきた。このため、両国の国民感情は極端な言論の影響を受けやすく、両国関係の発展を妨げる溝が民間レベルにおいて築かれやすい。「インド脅威論」や「中国脅威論」を吹聴するメディアや専門家は双方に存在し、政府関係者の中にすら、これを喧伝している者もいる。中印両国は、相互尊重・協力とウィン‐ウィンの関係を築き、双方の外交や軍の動きを冷静に分析すべきであり、短絡的に自分勝手な判断をすべきではない。さらに注意すべきは、情報ソースの問題である。現在、中印間の対立や衝突を煽り立てる情報のほとんどは西側、特にアメリカからのものである。中印の対立・衝突による最大の受益国は、ほかならぬアメリカである。このため、アメリカ各界は中印間の対立に関する情報の喧伝に特に積極的である。アメリカなど西側のメディアの発言権は大きいため、中国とインドの主要メディアの情報の八〇パーセントは、西側メディアからのものである。これらのメディアは自らが拡声器のような役割を果たしていることに無自覚である。両国の宣伝当局やメディア関係者に対しては、これらを重く受け止め、省察を促すべきであろう。

第三節　オーストラリアの〝中立〟を勝ち取れるか

オーストラリアは、東は太平洋の珊瑚海とタスマン海に接し、南・北・西の三方はインド洋とその縁海に面した南太平洋最大の国家である。インド洋と太平洋という政治・経済に大きな影響を与える二つの地域が融合し、「インド太平洋（Indo-Pacific）」という地政学的概念が生まれ、発展していくなかで、オーストラリアの戦略的位置はその重要さを増している。地政学的に見れば、オーストラリアはインドと並び、中国の海洋強国戦略、特に遠洋戦略の推進に大きく影響を与える国と言えよう。海を挟んで東南アジア地域と向かい合っているため、非アジア国でありながら、東アジアに介入する上で地政学的な優位性を有している。また、ユーラシア大陸から軍事力を南へ進出させる際の戦略ルート上にあるため、オーストラリア大陸の東西両岸は、インド洋と太平洋のシーレーンに重要な影響をもたらしている。中国が東の太平洋へ出る時であれ、インド洋を南下する時であれ、オーストラリアの役割が重要なポイントになっている。

強力なアメリカ・オーストラリア同盟

オーストラリアは、アジア太平洋地域におけるアメリカの重要な同盟国であり、米豪同盟は、オーストラリアの安全保障戦略の基盤である。安全保障をめぐる両国のつながりは、太平洋戦争の頃から続いており、アメリカの存在があったからこそ、オーストラリア本土は日本の大規模な侵攻をまぬがれた。この認識と記憶により、第二次世界大戦終了後、米豪同盟の強化がオーストラリアの安全保障戦略の基盤となった。「アメリカのアジア太平洋戦略の『南の錨（アンカー）』として、オーストラリアは南太平洋地域において、世界の警察官であるアメリカの『副官』としての役割を引き続き果たしていきたいし、アメリカとの盟友関係を強化することによって、影響力を拡大していきたい」（一九九九年に当時のハワード豪首相が語ったとされるコメント）。このため、朝鮮戦争やベトナム戦争など、アメリカ主導の数々の戦争にオーストラリアは積極的に参加してきた。冷戦が終結すると、オーストラリア国内には、こんな認識が広がっていた。すなわち、アジア太平洋地域には朝鮮半島・台湾・東海・南海などをめぐる問題が存在し、各地域の安全保障のジレンマや軍備競争もますます深刻化している。これらの問題が制御不能になった時のリスクや代価はとても高くつく。この地域の平和と安全を守るには、アメリカやその同盟国がアジア太平洋地域で強大なプレゼンスを維持するしかない。こうした考えを受け、オーストラリアは長期にわたってアメリカのアジア太平洋戦略への支持・協力に全力を尽くし、軍事・安全保障面での協力においてもアメリカの期待に積極的に応えてきた。両国の協力は、アジア太平洋にとどまらず、湾岸戦争やイラク戦争、アフガニスタン紛争においても、オーストラリアは積極的に参戦した。その積極性に肩を並べられるのはイギリスくらいのものだ。親密度や融和のレベルから見れば、米豪同盟は日米同盟を上回っている。両国海空軍の合同演習は頻繁に実施されており、軍事演習時には、執行司令官などの副次的な職位はオーストラリア人が担当することが多い。

アメリカにとって、オーストラリアは第一列島線を支援できるばかりでなく、第二列島線の重要な柱でもあり、さらには第三列島線でも策応できるため、日本と並ぶアジア太平洋地域の重要な同盟国である。アメリカは、アジア太平洋地域における「リバランス」戦略推進のため、オーストラリアでの軍事的プレゼンスを大幅に強化した。オーストラリア北部のダーウィンに海兵隊員二五〇〇名の配置を計画し、同国北部地区の海・空軍の軍事力配備を拡大、さらに付近の海岸における海軍の行動頻度とオーストラリアに出入りするアメリカ空軍の航空機の延べ機数を増加させている。アメリカのこうした軍備強化の動きに、オーストラリアは歓迎と支持を表明している。実際、米豪同盟を強化するための政策には強い一貫性があり、オーストラリア国内でも広くコンセンサスを得ている。このため、政府当局であろうが民間であろうが、同盟の重要性については争いの余地はなく、国内各界の認識はほぼ一致している。二〇一二年八月九日、スティーブン・スミス国防大臣はローウィ国際政策研究所のインタビューを受け、「アメリカは半世紀にわたり、アジア太平洋地域の平和と安全と安定を維持してきた存在であり、われわれはアメリカがそのプレゼンスを維持し、強化することを期待する」と述べた。また、二〇一三年二月二十三日にはケビン・ラッド首相が『オーストラリアン』紙の取材で、「アメリカがこの地域で長期にわたって戦略的影響力を維持することは、オーストラリアの安全や外交、およびその他の分野にとって長期的利益になる」と述べている。これらの発言は外交辞令ではなく、本心からの意見であろう。オーストラリアでは民間でも米豪同盟への称賛が絶えず、ローウィ国際政策研究所が二〇一二年に行った外交政策に関する世論調査においても、米豪同盟はオーストラリアの安全保障にとって「非常に重要」、あるいは「相当程度に重要」と回答した人は八七パーセントにも上っている。

オーストラリアは中国との関係をどう考えているか

「オーストラリアは中国といかなる態度で臨むべきか」。この問題についてのオーストラリアの政策は、米豪同盟ほど明確ではなく、国内でも意見が分かれている。中豪関係は、米豪関係の密接さとは比べようもなく、日豪関係にも遠く及ばない。オーストラリアが中国と向き合う際には、「中国の力を借りたい」気持ちと「中国を制限したい」気持ちが共存した、複雑な心境が感じられる。一方では、中国との経済関係を歓迎し、中国が世界経済をリードする存在であることを認め、中国の台頭はオーストラリアにとってチャンスであると考えている。しかしもう一方では、中国の軍事力拡大は、アジア太平洋地域の安定を脅かすため、その影響力に懸念を示し、中国がアジア太平洋の現状を変更することを望まず、戦略的優位を獲得することを恐れている。

現実的利益から考えれば、中国の台頭がオーストラリアにとって経済的チャンスである以上、中国との衝突は望んでいないだろう。現在、中国はオーストラリアにとって最大の貿易相手国であり、オーストラリアに二番目に多額の投資をしている国でもある。オーストラリア統計局のデータによれば、二〇一三年の対中輸出総額は二〇一二年に比べて二二〇億豪ドル増加し、増加率は二八パーセントに達した。また、オーストラリアにとって中国は最大の輸入元でもあり、二〇一三年の中国からの輸入総額は四九〇億豪ドルに達し、前年同期比六パーセント増で、オーストラリアの輸入総額の一五パーセントを占めた。さらに、両国の貿易総額は一五一〇億豪ドルに達し、前年比二〇パーセント増であった。中国はオーストラリアにとって最も重要なサービス業の輸出市場ともなっており、二〇一三年の対中サービス業輸出総額は七〇億豪ドルに達し、前年同期比九パーセント増であった。

しかし、安全保障については、オーストラリアは中国に対して明らかに逆の態度をとっており、警戒と制限を強めている。客観的に見れば、こうした態度は主にオーストラリア自身の安全保障の必要性から来ているものだろう。中国に対するオーストラリアの安全保障戦略は認識不足であり、中国の台頭によってアジア太平洋地域の安全保障リスクが高まると考えており、中国が強大化して軍事力や政治力を拡大させることに懸念を示している。二〇〇九年五月二日、ラッド首相は国防白書『アジア太平洋の世紀におけるオーストラリアの防衛

―二〇三〇年の軍』の中で、「中国の軍事力の現代化のスピードや規模、およびその内容は、地域の諸国に懸念を抱かせるだろう」と、上記の懸念をはっきりと表明している。さらに「中国は将来起こりうるアジア太平洋地域の危機の発火点になるかもしれない」[53]としている。二〇一四年二月十二日、オーストラリア戦略政策研究所（ＡＳＰＩ）は、『中国の新しい夢（China's new dream）』と題するレポートを発表し、「大国として再度登場した中国は、二十一世紀にオーストラリアが直面する最大の外交政策課題となるだろう。オーストラリア政府は、豪中の経済関係の深化と伝統ある豪米同盟との間で、慎重にバランスを模索する必要がある。このバランスの最大の脅威は、アメリカの財政問題による国防支出予算の削減と、東アジア地域からの軍備撤退である」と述べ、この脅威により、オーストラリアが一九四二年以降のいかなる時期と比べても危機的状況になりかねず、「潜在的に危険な覇権国（a potentially dangerous hegemon）」[54]と対峙しなければならなくなるだろうとしている。こうしたこともあって、オーストラリアがアメリカのアジア太平洋地域への「回帰」政策を全力で支援していることは否定できない。複雑な安全保障環境に身を置くオーストラリアが不安解消のためにアメリカを支援することは、いわばアメリカから「安全保障保険」を購入しているようなものである。その目的は、中国の台頭によって起こり得るオーストラリアへの脅威と侵害を防ぐことである。

このほか、同盟国へのコミットメント履行の圧力も、中豪関係に暗い影を落としている。アメリカは釣魚島・台湾・南海など、中国が関係している東アジアの問題にかなり深く介入しているが、中米間の軍事格差が縮小するのに伴い、日本やオーストラリアなどの同盟国に対し、さらに力強い協力を期待している。近年の中国の「Ａ２／ＡＤ戦略」強化を受け、アメリカはグアムやオーストラリアなど、第二列島線上の基地への軍事力配備を重視している。アメリカとしては、オーストラリアを仲間に引き込んで中国へ政治的・戦略的圧力をかけ、東アジア有事の際には、アメリカによる軍事行動の強力な支えとなるようにしたい。一方、オーストラリアにとってみれば、中国とアメリカの衝突に巻き込まれるのは国益に適っておらず、どちらかの側につくという選択はしたくないところだろうが、最大の同盟国であるアメリカの要求を断るのは実質上困難である。フレーザー元豪首相はかつて、「オーストラリアはアメリカの同盟体系にしっかりと組み込まれているため、米中が開戦すれば、わが国には参戦以外の選択肢はない」と発言している。実際、オーストラリアは南海情勢への介入を強めている。オーストラリアも南海パトロールなどの問題でアメリカと最も緊密に行動している国のひとつである。釣魚島をめぐる中日間の争いにおいても、オーストラリア政府は公式に中国批判を表明し、中国が行った決定に対して説明を求めてさえいる。釣魚島問題に対するこうした政府の態度については、オーストラリアの学界にさえ、日本が一方的に釣魚島を国有化したり、過去の侵略の歴史を否定したりしても何も反応しないのに、中国の行動だけを現状破壊だと責め立てるのは〝ダブルスタンダード〟ではないか、との批判が出ている。

中・米の二者択一を求めない

オーストラリアの対外戦略では、「経済的には中国に依存し、安全保障はアメリカに依存する」という構図がすでに出来上がっており、これを長期的に維持する意向が感じられる。中国は、中・米・豪の三ヶ国関係の中では相対的に弱い立場にあり、オーストラリアとの経済上の関係や優位性を実際の力に変えるのは難しい。アメリカとオーストラリアは、価値観の近さに加え、伝統的な外交関係を有する盟友であり、強大化した中国は自然と防衛対象になる。アメリカの実力が著しく減退してアジア太平洋から撤退するようなことでもない限り、この先もオーストラリアの戦略において、中国がアメリカに取って代わるのは難しいだろう。だからといって、オーストラリアに中・米いずれかを選ぶよう迫るのも、まったく賢明ではない。とはいえ、「米豪関係は、常に中豪関係より親密ではあるが、その差はかなりの程度縮小することができる」[55]。中国は、中豪関係と米豪関係との差を縮小させる、あるいは米豪同盟による中国への圧力を低減させるべきである。仮に中米間で衝突や対立が生じた場合、中国がオーストラリアを自国側に引き入れることは期待できないが、対米支援に関しては慎重になるよう促し、アメリカの対中国包囲の拠点となることを回避することはできるかもしれないからだ。

日本などと異なり、オーストラリアと中国との間には、重大な利益をめぐる対立はない。安全保障をめぐるオーストラリアの対中政策の重点は、中国の包囲や封じ込めではなく、防衛にある。平和時においては、オーストラリアは米豪同盟の強化によって中国を刺激することを極力回避している。したがって、中国がオーストラリアとの関係を発展させる機会は大いにあると言える。中米間で対立や衝突が生じた場合、オーストラリアがアメリカ側につき、政治上・外交上・道義上のいずれに対してもアメリカに支持を表明することは疑いようもないが、アメリカ軍をどのように支持し、どのような役割を果たすかについては不確実性が大きく、実際の行動では中立的立場を守る可能性さえある。

オーストラリアは中国をどのくらい警戒し、アメリカの対中抑止にどれだけ追随するか。これらについては未知数であるため、結果は中国の努力次第とも言える。

中国は、オーストラリアが歴史的に有している安全保障に対する不安感を十分理解し、外交では相手の感情を重視しなければならない。海洋をめぐる権益保護の行動や軍事力の対外進出政策（走出去）においては透明度を高め、重大な行動を取る前には、あらかじめオーストラリアに通報することも必要だろう。オーストラリアが不安解消のために講じる行動について、中国は、そうした行動を自国と結びつけず、過剰反応も取らず、偏狭な愛国主義に走らない、この三点が肝要である。オーストラリアに対してはアメリカと中国の二者択一を迫らないようにすべきである。その必要もないし、逆効果となる可能性もあるからだ。

軍事交流と協力を拡大し、実務協力を通じてオーストラリアとの距離を徐々に縮めることが重要である。インドと異なり、オーストラリアは中国のインド洋への関与に対して比較的寛容な態度をとっており、航行の自由や地域の平和と安定の保護に関して、中国との意思疎通や協力を続けていくことを望んでいる。マラッカ海峡や東南アジア地域情勢については両国とも高い関心を払っており、東インド洋地域には両国共通の利益もある。近年、両国が海賊取締りやマレーシア航空三七〇便墜落事故など、非伝統的安全保障の分野で行った協力は特筆すべきものであった。中国の安全保障戦略に対するオーストラリアの認識の曖昧さと、中国人民解放軍の戦略に対する誤解を考慮するなら、両軍間の対話や交流を増やし、合同演習訓練などを強化することにも十分な意義があるだろう。

第四節　ロシアとの戦略的パートナーシップ拡充による海洋への影響

大国として必要なあらゆるポテンシャルを有するロシアは、中国が海洋強国建設に際して協力を仰ぐことができる重要な存在である。ソ連邦解体以降、ロシアは経済のモデルチェンジで大きな挫折を味わっており、現在もなお、自国に適した発展の道のりを見出せていない。しかし、軍事・政治・外交・文化などの実力は依然として世界の上位に位置しており、国家の再興も時間の問題であろう。ウクライナ危機によって、欧米のロシアに対する防衛意識は根強く、ロシアの復活や拡大への懸念が一貫して存在していることが明らかになった。また、ロシアの政治制度や大国としての伝統、さらには文化的特徴も、西側世界がロシアを完全には受け入れがたい原因になっているようだ。ロシアが西側諸国と戦争を起こしたり、「新たな冷戦」状態になる確率は低いが、双方の激しい対立はこれからも長く続くだろう。今後、相当の長期間にわたり、中露両国は、アメリカから世界第一および第二の競争相手として見られる可能性がある。同盟国やパートナーを仲間に引き入れ、東西両方向から中・露を包囲して両国の拡大を防ぐことが、今後のアメリカの世界戦略の中核であり続けるだろう。北大西洋条約機構（ＮＡＴＯ）とＥＵの東方への拡大、アメリカのアジア太平洋地域への「回帰」と「リバランス」戦略、さらに中露両国における民族復興の内的要求、これらすべての要素が両国の接近を促している。両国はシリアやイランなどをめぐる問題で戦略的に協力し、サイバー空間や世界の経済ルールなどの分野でも呼応しており、いずれの分野でも連携によって突出した成果を見せている。なかでも海洋は、両国の戦略的協力における新境地となっており、北極やアジア太平洋地域での中露協力の潜在性は大きいと考えられる。しかし、両国は、「パートナーではあるが同盟せず（中国語で「結伴而非結盟」）」の関係である。両国は、協力分野を積極的に開拓し、協力の度合いを深めると同時に、海洋協力における双方の課題と限度をはっきりと認識しておく必要がある。

海洋におけるロシアの伝統

ロシアは東欧内陸から興った伝統的な大陸国家だが、一貫して海洋への夢を抱き続けてきた。ピョートル一世はかつて、「陸軍があって海軍がないのなら、隻腕と同じではないか」と語った。同じような内容のことは、ロシア皇帝アレクサンドル二世やプーチン大統領も公言している。「ロシアの盟友は二人のみ。すなわち陸軍と海軍」なのである。

帝国の長い歴史の中で、こうした海洋への憧れや海洋を重視したことで得た成果は特筆すべきものであろう。ロシアが小さな公国から始まり、ユーラシア大陸を横断し、三つの大洋をまたぐ帝国へと成長できたのは、ロシアの歴代統治者が海洋への強い思いを抱き続けたからだ。[56] 長い期間をかけてユーラシア大陸で領土を拡大していくうち、ロシア人は海洋の重要性を徐々に認識するようになった。広大な陸地を迅速にわが物とするため、ヨーロッパでは豊富な河川や湖を擁する地理条件を生かし、カスピ海・黒海・バルト海・ロシア北西部の白海等の海域を水路で結び、一大水陸輸送体系を構築した。他方、極東では、帝政ロシアのコサックがシベリアのオビ川・エニセイ川・レナ川など東西に流れる支流に沿って東方侵略を進め、さらに黒龍江に沿って南下し、太平洋に到達した。騎馬兵に頼ったモンゴルの征服に比べ、水上ルートとそれが生み出すパワーを利用したロシアのほうが、戦略的想像力がはるかに豊かだったと言える。もし、水路という後ろ盾がなければ、当時の技術では弱小だった帝政ロシアが広大な砂漠や森林、湖沼などの地理的障害を越えることはまったく不可能だったであろう。

こうした水陸輸送体系の完成には、安定した海への出口が必要だった。そして、海洋を制することができれば、さらなる交通の自由と戦略縦深を獲得できる。マルクスはかつて、「地域国家にとっては陸地さえあれば十分だが、世界的大国にとって水域は不可欠なものである」[57]と指摘している。このため、温暖な海域に通じる出口を求め、それを保護することは、ピョートル大帝の帝政ロシアに始まり、現在のロシアまで連綿と続く地政学的コンプレックスとも言えるものであろう。数世紀にわたる領土拡大で、ロシアの海軍力は往々にしてヨーロッパの海軍力には及ばなかったが、周辺のスウェーデンやトルコ、あるいは凋落した清王朝と比べれば、はるかに優れていた。

ソ連の台頭によって、ロシアの海洋大国への夢はピークに達した。一九七〇年代末にはアメリカと一、二を争うほどの海軍強国となり、戦略型原子力潜水艦の分野ではアメリカを凌駕するまでになった。ソビエト海軍は世界の各大洋の要衝に配備され、対外覇権政策を進めるソ連が、アメリカと世界の争奪戦を繰り広げる際の重要な〝道具〟となった。強大な海軍は超大国・ソ連の象徴であり、かつての輝かしい歴史の栄華を追い求める今日のロシア人エリートたちにとっては、復興に向け奮闘するための拠り所でもある。

シーパワーを追求してきたロシアの歴史からわかるのは、ロシア海軍の発展は、その当初から政治的な利益と過剰に結びついてきたことであり、海上貿易や海外の経済的利益は政策の重点ではなかったということである。この点は、英米などの海洋国家との大きな違いであろう。このため、ロシアの海洋事業では、商業より軍事を重んじる伝統が長いこと続き、軍事力のめざましい発展と比べ、海洋経済や海洋貿易はかなり遅れていた。

この傾向は、ソ連が最も強大となった時期にも、実質的な改善は見られなかった。

冷戦終結後、ロシア経済はたびたび困難に直面し、総体的な実力も海軍力も大幅に低下したが、伝統ある海洋強国の復興という初心は変わることがなかった。エリツィンからプーチンに至るまでの政権が発表した海洋戦略に関する一連の文書から見ても、世界の海洋強国という、他の国から見ればなんとも理解に苦しむ戦略目標をロシアが放棄したことは一度もないのである。

北極への野心と太平洋の夢

ソ連解体後、大西洋におけるロシアの実力と地政学的状況は日増しに悪化し、もはや海洋をめぐってNATOと全面的に対抗するのも不可能となり、守勢に回っていった。それに比べれば、ロシアは北極においては地政学的にも軍事力でも一定の優位を保っていたし、太平洋での西側からの圧力は、大西洋ほど大きくなかった。このため、北極と太平洋方面が、おのずとロシア海軍の戦略的重点になった。二〇一二年の大統領選挙期間中、プーチンは「われわれの任務は遠洋海軍の全面復興であり、まずは北方と極東から着手する」と繰り返した。北極海を重視するのは、資源開発・海運・安全保障・国境線画定などの絡みで、ロシアに大きなニーズと利益があるからである。一方、太平洋を重視するのは、極東の排他的経済水域や大陸棚などの豊富な資源はもちろんだが、さらに重要なのは、ロシアの極東開発や、アメリカの戦略の重点が東、つまりアジアへ移動しているのに対応するためである。[58]
周知のとおり、北極は資源がきわめて豊富であるため、ロシアは北極を将来の発展戦略における資源基地と見なしている。二〇〇一年に制定された「二〇二〇年までの期間におけるロシア連邦の海洋ドクトリン」では、北極海におけるロシアの長期的ミッションとして、経済発展を目標に、まず社会問題の解決と、北極地域における利益の保護に力を注ぐことを規定している。二〇〇八年九月十八日、当時のメドベージェフ大統領は「二〇二〇年までの北極におけるロシア連邦の国家政策の基本」を承認し、「北極地域を国家・社会・経済発展の戦略的資源基地とし」、「北極でのエネルギー資源開発と輸送分野におけるロシアの競争優位」の確保と実現を明確に示した。そのため、ロシアは軍事・外交・経済・国際法運用などを全面的に強化し、北極における戦略的優位の強化と同地域の資源争奪戦でのイニシアチブ獲得を試みている。

北極海航路に寄せるロシアの期待も大きい。北極海航路は、バレンツ海・カラ海・ラプテフ海・東シベリア海・チュクチ海などの海岸に沿って延びており、ロシアの西と東を結ぶ重要なルートである。サンクトペテルブルクからウラジオストクまでは同航路を使えば一万四〇〇〇キロメートルだが、スエズ運河経由だと二万三〇〇〇キロメートルもかかる。北極海航路は、以前は夏季の数週間ほどしか航行できなかったが、北極海の融氷が進んだことでビジネスの将来性が高まっており、ロシアに交通の利便性と経済的利益をもたらすことが期待されている。また、同航路が貫通すれば、ロシアの東西の海洋地域が一本に結ばれ、海軍力の配備を氷河に阻まれるという、かつての地政学的悲劇を繰り返さずに済む。[59] ロシアの海洋戦略環境は、大幅に改善されることになるだろう。

ロシアの領土は、ユーラシア大陸の東西に広く横たわっており、対外戦略としては「双頭の鷲外交（西洋と東洋を睨みながら外交を行う）」の伝統がある。アジア太平洋地域の世界的地位の向上に伴い、〝双頭の鷲〟のバランスをそれまでの西偏重から修正し、アメリカがアジア太平洋地域への「回帰」を始めると同時に、ロシアも「アジア太平洋への方向転換」を宣言した。ロシアのこの行動は、単に風潮に乗ったということではなく、政治・経済面を考慮した上での行動である。この点について、ロシア外務省は二〇一三年二月に新たな「ロシア連邦の対外政策構想」を発表し、明確な説明を行った。同文書によれば、「世界の政治・経済の中心はアジア太平洋地域に移行しており、同地域におけるロシアの地位向上は重要性を増しつつある。ロシアは同地域の一体化プロセスへの積極的な関与を希望し、これを機に、シベリアおよび極東地域の経済振興計画を実施する」としている。これ以外にも、安全保障および戦略的要素も非常に重要である。アジア太平洋地域では、地政学的競争、特にシーパワーをめぐる争いや海洋紛争が激しさを増しつつあり、ロシアとしても注目しないわけにはいかない。二十一世紀は太平洋の世紀といわれるなか、世界の大国であるロシアとしても、この世紀の競争に加わっておきたいところだろう。

ロシアにとっては、北方領土問題がその競争に加わる良い足がかりとなるだろう。太平洋における存在感がなくなりかけた頃になると、ロシアは決まって領土防衛の決意を外に表明したり、強大な軍事力を誇示したりする。ここ数年の間に、東海・南海・竹島をめぐる問題はエスカレートする一方だが、北方領土問題に関しては、ロシアもかなりの強硬姿勢を見せている。二〇一〇年十一月一日、メドベージェフ大統領が国後島を訪問、ロシアの国家元首として初めて日露間で領有権争いのある島を視察した。二〇一一年三月にロシア軍は、千島列島全体に短距離地対空ミサイルシステム「トール・M2」と対艦巡航ミサイル「オーニクス」を配備することを発表した。また、ロシア東部軍管区は南千島の防衛能力強化のため、択捉島と国後島で飛行場などの軍用設備の建設を強化し、南千島で防衛演習を頻繁に行うことも表明した。ロシアのこの行動は、日本からの挑発に対処する意味合いがあるわけだが、その裏には、北方領土問題を口実に、太平洋地域における軍事的プレゼンスを強化し、将来的には北東アジアの戦略構造のなかで有利な地位を獲得しようと考えているのである。[60]

日露間の領土問題や複雑な朝鮮半島情勢、アジア太平洋地域におけるアメリカの軍事的プレゼンスの強化、さらに中国の海軍力の急速な台頭を受け、ロシアは太平洋地域での軍事力強化をますます重視しており、太平洋艦隊をアジア太平洋地域における海洋利益と安全を保障するための重要な〝道具〟と見なしている。同艦隊はロシア第二の規模を誇り、ソ連解体後も比較的完全な形で残された艦隊で、特に水中能力に優れ、各型の原子力潜水艦を二〇隻以上擁している。ロシアは、東西双方を重視した、よりバランスのとれた戦略を実施し始めており、それまでの不足を補うべく、軍事リソースの東への移行を特に重視している。これにより、太平洋艦隊は実力が大幅に増強され、現在、新たに建造した大型・中型の作戦用艦艇も徐々に配備されている。ロシアがフランスに建造を依頼したミストラル級強襲揚陸艦と新世代のボレイ型原子力潜水艦も、太平洋艦隊にいち早く配備される。

アジア太平洋の政治面でもロシアは大いに活躍している。ASEAN地域フォーラムや東アジア首脳会議（EAS）、アジア太平洋経済協力会議（APEC）などの地域協力の枠組みに積極的に関与し、中国・インド・ベトナム・日本などのアジア太平洋地域の国々と、さまざまな形の海上合同演習を行っている。また、ロシア海軍や爆撃機は、東海や南海に頻繁に出向いて訓練を行い、その軍事的プレゼンスを見せつけている。

中露の海洋協力の重点と限度

中露両国の戦略的パートナーシップは佳境を迎えている。世界戦略から経済発展まで、さまざまな分野における相互の協力は、ますますその頻度を増し、強化されている。両国間には海洋をめぐる根本的な軋轢は存在せず、逆に、シーレーン・海洋安全保障・地域における政治や海洋経済などで多くの共通した利益がある。中・露と米・日・欧の海洋をめぐる争いが激しさを増すにつれ、そうした争いから来るプレッシャーを緩和すべく、中露両国が海洋において協力する流れはますます顕著になっている。

こうした背景のもと、今後は、北極における経済協力とアジア太平洋地域の海洋戦略における協力が、両国間の二大トピックとなることが見込まれる。

まず、北極における経済協力について見てみよう。ロシアは近年、北極の開発に意欲を見せているが、資本と技術がボトルネックとなり、資源開発のスピードが鈍化している。同国の資源開発は、陸上の石油・天然ガス田に集中しているが、北極地域におけるロシアの石油・天然ガス資源は、主に大陸棚上に分布している。このため、海外からの強力な支援やパートナーが現れない限り、大規模な開発は困難が予想される。この分野において中国は資本・労働力・技術の面で優位性がある。また一方で資源へのニーズもある。つまり、中露両国間で相互に補い合える関係が築けるわけだ。さらに、中国の巨大な経済規模と対外貿易量を考えれば、中国は北極海航路における最大の潜在的顧客になるだろう。北極海の融氷は加速度的に進行しており、二〇四〇年前後には一年を通じて航行できるようになる可能性もある。しかし、莫大な投資や整備された行政機関、さらに海事の専門家の存在なくしては、北極周辺のインフラ不足と劣悪な自然環境のため、北極海航路の大規模商業化の可能性は制約を受け続けるだろう。世界に目を向けても、この航路へのニーズが最も高く、この航路実現のため支援する力を最も有しているのは中国だけである。

次に、アジア太平洋地域の海洋戦略における協力について。ロシアは同地域への影響力拡大を積極的に進めているが、ソ連時代のように強力なパワーで拡張していくやり方を踏襲するのはもはや不可能である。加えて、地政学的条件も相対的に不利なため、アジア太平洋地域において直接的な影響力を持つのは非常に難しいだろう。地政学的に見れば、アジア太平洋地域にはロシアの全面的なライバルであるアメリカと北方領土問題を抱える日本がおり、この二国がロシアのプレゼンス拡大を放任するわけがない。アメリカ以外の最大のプレーヤーとして中国もすでに台頭しているが、ライバルも多く、海洋における戦略的パートナーを必要としている。

そう考えると、アジア太平洋海域における中露協力は必然である。海洋問題について互いに補い合いつつ、戦略的・政策的な協力を行うこともできよう。また、海洋秩序維持のため団結し、海洋での優位を保とうとする日・米に対抗することもできる。さらに、インド洋での戦略を推し進めるため、互いに協力・支援することも可能だろう。

ただし、北極やアジア太平洋における協力を加速させ、中露の戦略的パートナーシップの充実に注力するのはもちろんだが、両国の協力関係における障害やボトルネックを冷静に分析しておく必要がある。

まず、海洋をめぐる中露の戦略協力について言えば、両国関係が「パートナーではあるが同盟せず」という性質のものであるため、重要な軍事・安全保障面での協力はあまり期待できない。さらに、現実的な利益という観点から見た場合、中国・ロシア両国ともに経済発展や経済モデル転換の必要から、経済・政治両面において西側が主導する国際システムへの融合に力を入れている。現時点では、アメリカやヨーロッパの資金・技術・マネジメント経験や西側諸国による枠組みに替わるものがない以上、しばらくはそれらに頼らざるを得ない。両国とも現在の国際秩序に対する不満は大きいが、とはいえ、西側社会との決定的な決裂も望んではいない。一方、地政学的な法則で世界のパワーゲームを見た場合、ランドパワーの大国同士の連合は往々にして不安定で、世界の海洋秩序を変えるほどの結果を残せていない。中露両国はユーラシア大陸の二大勢力だが、ともにランドパワーを誇る国のため地政学的な補完性が少なく、両国が同盟を結んでも、それぞれの地政学的劣勢を根本的に変えることは不可能である。つまり、両国が軍事同盟を結ばないのは、相互の信頼関係や保守的な外交原則のためではなく、同盟を結んだ場合のコストが利益を大きく上回ってしまうからなのである。アメリカが中露両国を同時に行き場のないところまで追い込むようなことがない限り、両国の同盟が議題に上ることはないだろう。もっとも、アメリカはそんなことをする意欲も能力も失いつつあるのだが。

中露両国は、主要な戦略の方向性が異なるため、〝スクラム〟を組むのではなく、〝背中合わせ〟の態勢で、東西から来る圧力にそれぞれ個別に対応するのみである。戦略的協力関係の最大の価値は、政治的・外交的に支援し合うことにあり、軍事的に共通の敵に立ち向かうことにあるのではない。アジア太平洋地域で言えば、ロシアには自国の戦略的利益があるため、中国の東海や南海問題のために、日米の機嫌を損ねるような行動を軽々しくとるとは思えない。中露両国の軍事上の協力は増えるかもしれないが、それによって両国が実質的な同盟関係に発展する可能性はない。ましてやロシアに対し、釣魚島などの問題でともに日米同盟に対抗してもらおうなどと考えるのは甘すぎる。

さらに言えば、中露両国は、北極やアジア太平洋では利益をめぐる根本的な不一致や衝突がないとはいえ、激しく対立している部分もある。

第一に、ロシアの北極政策は強行かつ急進的であるため、両国の協力は、〝任務は重く、道のりは遠い〟といったところである。北極はロシアの海洋戦略における重要地域だが、北極海周辺諸国間の争奪戦が激しくなるにつれて排他的傾向が強まっており、特にロシアはその傾向を強めている。ロシアはかつて、中国の北極評議会への加盟、ならびに北極での科学調査や資源開発の実施などが議題に上がった際、これらすべてに強力に反対した。北極における両国の協力には大きな可能性があるが、中国がロシアの警戒心を解き、理解と支援を得るのは生易しいことではないだろう。

第二に、ロシアによる南海問題への積極的な介入に対し、中国としてはその動きを警戒せずにはいられないことがある。ロシアは近年、南海および東南アジアへの関与を強めており、ベトナム・マレーシアなどとの間で武器輸出・政治対話・経済協力を積極的に進めている。なかでもベトナムとの協力には注意が必要である。ロシアによるベトナムへの長期的支援は、明らかに中国の軍事現代化計画を意識したものであろう。Su-27

戦闘機やSu‐30MK2戦闘機、キロ型潜水艦などの先端兵器を提供し、ベトナムの潜水艦部隊設立を支援、ミサイルの共同生産も行っている。ロシアはまた、南海におけるベトナムの石油・天然ガス開発の最重要パートナーでもあり、両国の共同開発による石油・ガスの生産量は、ベトナムの総生産量の半分を上回っている。ここ数年、西側の石油会社の多くが中国を刺激しないよう、ベトナムとの協力に慎重な態度をとるなか、ロシアの石油会社は南海の紛争地域におけるベトナムとの共同開発を、相変わらずの勢いで進めている。

第三に、中国の海軍力の台頭によって、ロシアの懸念を強めてしまう可能性があることである。ロシアは、自国こそがアジア太平洋地域の戦略競争における重要なプレーヤーであると考えているため、中国を含むいかなる国の強大化も心の底では望んでいない。中国の海軍力が発展し、対外へ進出（走出去）するのに伴い、中露両国の軍事力が紛争や問題のある海域で遭遇する確率が大幅に増えている。中国としては、南海付近でのロシアの動向は納得しがたい。ロシアとしても、日本海や北西太平洋における中国のプレゼンスや活動が今後あり得るとすれば、安心できないに違いない。

中国とロシアには海洋での協力を行う理由がいくらでもあるため、本来ならば、両国関係は競争よりも協力の要素がはるかに強い。しかし、協力への道は平坦ではなく、競争や防衛といった影が常につきまとい、摩擦や対立もしばしば生じるだろう。中国に対するロシアの警戒を過剰に捉えるべきではないし、ロシアに対して非現実的な期待や幻想を抱くべきでもない。われわれは理性と成熟した心をもって、最良の結果のために最大限の努力をしなければならない。

【注】

1 原文は、『世界経済与政治』二〇一五年第五期掲載。本稿はそれに手を加えたもの。

2 Robert Ross : *Bipolarity and Balancing in East Asia*, 閻学通編『東亜安全合作（東アジア安全協力）』北京大学出版、二〇〇四年所収、五一～五四頁。

3 National Intelligence Council : *Global Trends 2030 : Alternative Worlds*, 一七頁〔米国国家情報会議編、谷町真珠訳『２０３０年　世界はこう変わる　アメリカ情報機関が分析した「17年後の未来」』講談社〕

4 閻学通『歴史的慣性：未来十年的中国与世界（歴史の慣性―今後十年の中国と世界）』中信出版社、二〇一三年、五頁。

5 International Institute for Strategic Studies, *The Military Balance 2014*, February5, 2014.

6 Carnegie Endowment for International Peace: *China's Military & The U.S.- Japan Alliance In 2030 : A strategic Net Assessment*, May 3, 2013, 三〇八頁。

7 Ronald O'Rourke: *China Naval Modernization: Implications for U.S.Navy Capabilities -Background and Issues for Congress*, September 2013, 四二頁、http://www.fas.org/sgp/crs/row/RL33153.pdf.

8 Carnegie Endowment for International Peace: *China's Military & The U.S. - Japan Alliance In 2030: A strategic Net Assessment*, May 3, 2013, 一八六～一八七頁。

9 袁鵬「関於新時期中国大周辺戦略的思考（新たな時期の中国の周辺戦略について考える）」、『現代国際関係』二〇一三年第十期掲載、三一頁。

10 James Dobbins, David C.Gompert, David A.Shlapak and Andrew Scobell: *Conflict with China Prospects, Con*

sequences, and Strategies for Deterrence, 五、九頁。

11 李岩「美国亜太軍事戦略調整与中美関係（アメリカのアジア太平洋軍事戦略の調整と中米関係）」（袁鵬主編『中美亜共処之道：中国、美国与第三方（中・米・アジア共存の道―中国、アメリカそして第三国）』時事出版社、二〇一三年掲載、七七～七八頁）を参照。

12 Department of U.S.Defense: *Sustaining U.S.Global Leadership: Priorities for 21st Century Defense*, January 2012, 四～五頁、http://www.defense.gov/news/Defense_Strategic_Guidance.pdf.

13 Andrew Krepinevich, Barry Watts and Robert Work: *Meeting the Anti - Access and Area - Denial Challenge*, Center for Strategic and Budgetary Assessments, Washington, D.C., 2003.

14 Andrew Krepinevich: *Why AirSea Battle?* Center for Strategic and Budgetary Assessments, 2010, 二四頁。

15 中国国防部『二〇〇四年中国的国防（二〇〇四年中国の国防）』（白書）、http://www.mod.gov.cn/affair/2011-01/06/content_4249947.htm

16 中国国防部『国防白皮書：中国武装力量的多様化運用（国防白書―中国武力の運用の多様化）』http://www.mod.gov.cn/affair/2013-04/16/content_4442839.htm

17 U.S.Department of Defense: *Annual Report to Congress: Military and Security Developments Involving the People's Republic of China*, http://archive.defense.gov/pubs/2013_China_Report_FINAL.pdf

18 Ronald O'Rourke: *China Naval Modernization: Implications for U.S.Navy Capabilities -Background and Issues for Congress*, 一〇頁。

19 Elbridge Colby: *Don't Sweat AirSea Battle*, July 31, 2013, http://nationalinterest.org/commentary/dont-sweat-airsea-battle-8804

20 U.S.Department of Defense, *Quadrennial Defense Review Report*, February , 2010、三三頁、http://www.defense.gov/Portals/1/features/defenseReviews/QDR/QDR_as_of_29JAN10_1600.pdf

21 Norton A.Schwartz and Jonathan W.Greenert: *Air-Sea Battle: Promoting Stability in an Era of Uncertainty*, The American Interest, February 20, 2012, http://www.the-american-interest.com/2012/02/20/air-sea-battle/

22 Jonathan Greenert: *Breaking the Kill Chain*, May 17, 2013, http://foreignpolicy.com/2013/05/17/breaking-the-kill-chain/

23 Center for Strategic and Budgetary Assessments: *AirSea Battle: A Point - of - Departure Operational Concept*, May 2010、一七～二〇頁、http://csbaonline.org/research/publications/airsea-battle-concept

24 Center for Strategic and Budgetary Assessments: *AirSea Battle: A Point - of - Departure Operational Concept*, p.xi.

25 Seth Cropsey: *Statement of Seth Cropsey Subcommittee on Seapower and Projection Forces U.S.Asia - Pacific Strategic Considerations Related to P.L.A.Naval Forces Modernization*, December 2013, http://docs.house.gov/meetings/AS/AS28/20131211/101579/HHRG-113-AS28-Wstate-CropseyS-20131211.pdf

26 U.S.House of Representatives: *from Representative J.Randy Forbes to the Honorable Leon Panetta*, November 7, 2011, http://www.defensetech.org/2011/11/18/forbes-still-calling-for-investigation-into-ges-china-deal/

27 劉卓明、姜志軍等主編『海軍装備（海軍の装備）』中国大百科全書出版社、二〇〇七年、五二三～五二七頁。

28 Ian Easton: *China's Evolving Reconnaissance - Strike Capabilities: Implications for the U.S.- Japan Alliance*, the Project 2049 Institute, February 2014, 九～一六頁。

29 Ian Easton: *China's Military Strategy in the Asia Pacific: Implications of Regional Stability*, the Project 2049 Institute, 2013, 一六頁、http://www.project2049.net/documents/China_Military_Strategy_Easton.pdf

30 James R.Holmes: *An Age of Land - Based Sea Power?* March 2013, http://thediplomat.com/2013/03/An-age-of-land-based-sea-power

31 中国人民解放軍軍事科学院軍事戦略研究部編著『戦略学』軍事科学出版社、二〇一三年、九六頁。

32 Andrew S.Erickson: *China's Naval Modernization: Implications and Recommendations*, 五頁。

33 Hugh White: *The China Choice: Why America Should Share Power*, Melbourne:Black Inc., 2012, 七五頁〔ヒュー・ホワイト著、徳川家広訳『アメリカが中国を選ぶ日　覇権国なきアジアの命運』勁草書房〕

34 「習近平同美国総統奥巴馬挙行会談，強調従六個重点方向推進中美新型大国関係建設（習近平国家主席と米オバマ大統領が会談　六つの方面から中米の新たな大国関係の構築推進を強調）」http://www.fmprc.gov.cn/ce/cebr/chn/zgyw/t1209988.htm

35 Christopher Layne: *China's Challenge to US Hegemony*, Current History, Vol.107, No.705, 2008, 一三〜一八頁。

36 *Zhu Feng: U.S Rebalance in the Asia – Pacific: China's Response and the Future Regional Order*, CSS Discussion Paper, No.12, New Zealand: Victoria University of Wellington, 2012, 一四頁。

37 張沱生等主編『中美安全危機管理案例分析（中米の安全危機管理の事例分析）』世界知識出版社、二〇〇七年、三〇二〜三〇三頁。

38 趙全勝『大国政治与外交（大国の政治と外交）』世界知識出版社、二〇〇九年、一六〜二〇頁。

39 James R.Holmes and Toshi Yoshihara: *Chinese Naval Strategy in the 21st Century: The Turn to Mahan*, Ro

utledge, 2009, 一一二頁。
40 金燦栄、段皓文「当前中美関係的困境与出路（中米関係が直面する問題とその活路）」、『国際観察』二〇一四年一期掲載。
41 C・ラジャ・モハン著、朱憲超・張玉梅訳『中印海洋大戦略（中国とインドの海洋大戦略）』中国語版、中国民主法制出版社、二〇一四年、一頁。
42 C・ラジャ・モハン著、朱憲超・張玉梅訳『中印海洋大戦略（中国とインドの海洋大戦略）』中国語版、中国民主法制出版社、二〇一四年、一六一頁。
43 Vivek Mishra: *India and the Rise of the Indo - Pacific*, The Diplomat, September 30, 2013, http://thediplomat.com/2013/09/india-and-the-rise-of-the-indo-pacific/
44 このくだりは非常に流行したが、その出処には大いに疑問がある。マハンの著作にこのような内容はなく、後の戦略家たちによる想像の産物である可能性が高い。とはいえ、この手の意見は一応理に適っており、インド洋の戦略的重要性に疑いの余地はない。
45 K・M・パニッカル『印度和印度洋：略論海権対印度歴史的影響（インドとインド洋―海上権力がインドの歴史に与えた影響）』中国語版、世界知識出版社、一九六五年、八九頁。
46 David Scott : *India's 'Grand Strategy' for the Indian Ocean: Mahanian visions*, Asia Pacific Review, Vol.13, No.2, 2006, 九七～一一九頁。
47 伍其栄「印度洋地区軍事地理状況及其対海上軍事行動的影響（インド洋地域における軍事地理学的状況および海上軍事行動への影響）」、『軍事学術』二〇一〇年第八期掲載、七六～七七頁。
48 張文木「世界地縁政治体系中心区域的大国政治――兼論印度与中国安全合作的戦略互補意義（世界の地政学的

システムの中心にある大国政治―インドと中国の安全協力における戦略的相補の意義）」、『太平洋学報』二〇一〇年第三期掲載、五〇頁。

49 胡潇文「従策略性介入到戦略性部署―印度介入南海問題的新動向（策略的介入から戦略的配備へ―南海問題に介入するインドの新たな動向）」、『国際展望』二〇一四年第二期掲載、一〇七～一〇八頁。

50 Rajiv Sikri: *Challenge and strategy: Rethinking India's Foreign Policy*, SAGE Publications India Pvt Ltd, 2009, 二八八頁。

51 David Brewster: *Beyond the 'String of Pearls': is there really a Sino - Indian security dilemma in the Indian Ocean?* Journal of the Indian Ocean Region, 2014, 一頁。

52 Baldev R.Nayar and T.V.Paul: *India in the World Order: Searching For Major Power Status*, Cambridge University Press, 2003, 一三〇頁。

53 Defending Australia in the Asia Pacific Century: Force 2030, http://www.defence.gov.au/whitepaper/2009/docs/defence_white_paper_2009.pdf

54 David D Hale: *China's new dream: How will Australia and the world cope with the re-emergence of China as a great power*, https://www.aspi.org.au/publications/chinas-new-dream-how-will-australia-and-the-world-cope-with-the-re-emergence-of-china-as-a-great-power

55 マーク・ビーソン「澳大利亜如何応対中国崛起？（オーストラリアは中国の台頭にいかに対処すべきか）」中国語版、『外交評論』二〇一四年第一期掲載、六九頁。

56 荊鐘傑「俄羅斯海権発展特点及啓示（ロシアのシーパワー発展の特徴とそれが示唆するもの）」、『経略』第十六期掲載。

57　カール・マルクス『十八世紀外交史内幕』中国語版、人民出版社、一九七九年、八〇頁〔石堂清倫訳『十八世紀の秘密外交史』三一書房〕

58　左鳳栄「俄羅斯海洋戦略初探（ロシアの海洋戦略を探る）」、『外交評論』二〇一二年第五期掲載、一三六頁。

59　ロシア海軍はかつて、北極の氷に阻まれて迅速に軍事力を結集できず、幾度も敗北を喫している。たとえば日露戦争時、日本軍に包囲された太平洋艦隊を救出するため、ロシア・ヨーロッパ地域のバルチック艦隊などの勢力は、アフリカの喜望峰を迂回してインド洋を横断し、マラッカ海峡を経て北上するほかなかった。自国の外に補給基地がほとんどない状態で半年以上かけて地球を半周航行するわけで、戦地に到着するまでに勝敗はとうに決まっていたと言える。ロシアの増援艦隊の主力がアフリカ・ナミビアのリューデリッツに到着した時には、旅順港のロシア太平洋艦隊はすでに全滅しており、増援艦隊がようやくウラジオストクに到着という頃には、日本軍は万全の準備を整え、手ぐすねを引いて待ち構えていた。

60　左鳳栄、張新宇「俄国現代化進程中的海洋戦略（ロシア現代化の歩みにおける海洋戦略）」、『国際関係学院学報』二〇一一年第六期掲載、七三頁。

第四章

海洋大国を目指す中国に必要なもの

第一節　海上における中国の対外戦略

海洋と大陸の最大の違いは、流動性と開放性にある。国家の安全保障と権益について、中国が真にそれらを守ろうとするならば、防衛を近海だけに限定してはならない。強国と弱小国とを分かつ大きな特徴は、責任の国際化とグローバルな活動範囲にある。自国の事柄を管理し、防衛を行うのはもちろん、国際公共財（グローバル・コモンズ）を提供し、国際秩序を構築・維持する必要がある。自国の利益保護のためであれ、国際正義の発展・推進のためであれ、中国軍は自国にとっての戦略的外線（本土と近海を守る戦略的内線とは逆の概念）を持ち、世界をその範疇におさめた軍事力の構築と配備を進める必要がある。

軍事力の「走出去（対外進出）」

軍事力の対外進出（中国語で「走出去」）とは、ある国家がその領土や近海の外で展開する軍事配備および行動を指す。これは、ある国家が大国へ成長していく過程で必然的に要求されるものであり、大国となった国家が、海外の利益を保護し、政治的影響力を行使するため、さらには大国としての責任を果たすために求められるものでもある。アメリカ・イギリス・フランス・ロシアといった伝統的な軍事強国も、海外で長期にわたって実効性のある軍事的プレゼンスを維持し、軍事行動を頻繁に行っている。また、インドや日本などの新興軍事大国も、対外進出を積極的に模索している。中国には、いまだ軍事力の「走出去」について系統だった計画やグランドデザインはないが、アデン湾での船舶護衛や、リビアにおける海外居留民の引き揚げ、あるいはマレーシア航空三七〇便墜落事故時の救助活動など、理論や戦略計画のはるか先を行く実践がすでに始まっている。

国家の安全と国民の利益の保護、国際社会に向けた明確な戦略的意図の発信、平和で秩序ある国際社会の構築、そして軍事力の「走出去」をより適切に進めるため、中国は実情に即した、効果的な政策を模索していかなければならない。

一　なぜ「走出去」が必要なのか

ある国家に対外的な行動を促す主要な動機、それはその国家の利益である。中国の軍事力の「走出去」は、なにより利益の保護と開拓のために必要である。世界のいかなる国であれ、経済の世界進出がまずあって、軍事力の「走出去」が後に続く。中国も例外ではない。中国の国家利益はすでに世界中に広がっているため、世界のどこかでわずかな動きがあっても、それは中国の国家利益にかかわってくる。世界各地で起こる暴力やテロ、武力衝突、地域情勢の変化は、往々にして中国の海外利益と人民の財産や生命の脅威となり得る。しかし、中国は海外利益を保護するための強力な手段をいまだ有しておらず、テロ組織や敵対国から組織だった利益侵害を受けた場合、軍事力という〝ハードパワー〟に頼ることができない。個人や小さな集団による敵対行為にさえ、効果的に対応できないことがほとんどである。

安定した周辺環境なくしては、どんな大国の台頭も脆弱きわまりないものになってしまう。国家の安全を守り、戦略の可能性を広げるためにも、軍事力の「走出去」が必要なのである。大国は必然的に、特定の利益圏とそれに付随する境界を有している。これらを維持し、防衛するための最善の方法は、海上に〝万里の長城〟を築くことではなく、自国にとっての核心的利益圏の境界の外（すなわち外線）で積極的な政治・経済・軍事活動を行うことである。それにより外部の非友好的因子を牽制・抑止し、潜在的脅威を取り除き、地域の平和と安定を維持することができる。中国のような陸海複合型国家は、海洋の防衛という点では先天的に不利な状況にあるが、かといって軍事力を中国本土と第一列島線付近の近海に配備するだけでは、外部との競争で不利な立場に陥ってしまう。これは歴史的経験や地政学的理論によってたびたび証明されてきたことである。中国は、海上ルートの安全を確保し、敵対する国からの非友好的行動を牽制するため、第一列島線外の西太平洋と北部インド洋で実効性のある軍事的プレゼンスを維持する必要がある。一方で、力を背景とした勢力拡大や軍艦同士を戦わせる時代はすでに過ぎ去り、戦争は稀なものになっている。中国のような新興国にとっては、遠洋軍事訓練や戦争以外の軍事行動（ＭＯＯＴＷ：Military Operations Other Than War）が、軍隊の能力向上の主な手段となる。このため、中国軍には「走出去」による訓練が必要なのである。

また、中国軍の「走出去」は、地域的あるいは世界的なグローバル・コモンズの提供も目的としている。近年、アメリカの相対的な実力低下と世界的な責任を担う意欲の減退、さらに経済危機による西側諸国の成長率低下などにより、グローバル・コモンズの供給がニーズを満たせず、国際秩序が混乱へと向かい始めている。テロ・大規模破壊兵器の拡散・麻薬密輸・海賊問題・海洋環境・自然災害に関する問題が頻発している現在、世界の平和と安定の維持や、海洋の安全および航行の自由などを保障するため、中国のような大国が立ち上がり、行動することが期待されている。中国は、これまで一貫して世界平和の維持を重視し、国連の平和維持活動に人材・物資・資金の提供を行い、国際的な災害救助に無条件でさまざまな援助を行ってきた。しかし、アメリカ・イギリス・フランスなどと比べ、中国による〝ハードパワー〟の提供はきわめて少なく、海外での軍事能力は中国の国力にまったく見合うものではなかった。しかもその軍事力も、医療・技術・通信などの非戦闘部隊を主としている。中国の国力拡大に伴い、こうした国際的責任の負担の少なさは国際社会から非難されるようになり、時には「ただ乗り（フリーライダー）」と揶揄されることもある。中国軍の「走出去」は、まさにこれらの不足を補うためのものであり、国力に見合った国際的な義務と責任を果たすために必要なのである。

二「走出去」をいかに進めるか

近年、中国の軍事力の「走出去」が急速に進められ、注目を集めているが、その多くは海賊取締りや自然災害・突発的事件への対応といった緊急事態対策で、そこには戦略的に系統だった計画や理論が欠けている。将来的に、軍事力の「走出去」はどのくらいの規模と範囲になり、どのような方法論や形式を採用していくのか。こうした問いに対し、中国は真摯に研究し、明確な答えを出さねばならない。これは「走出去」の実践上必要なだけでなく、「中国は今後どのような道を行くのか」を世界へ向けて明確に発信するためにも必要であり、中国の指導者や政策決定者、研究者たちが深く検討すべき課題である。

筆者の考えでは、軍事力の「走出去」は、中国が採る「積極防衛戦略」の有機的な構成部分であり、中国の平和的発展という大きな戦略に貢献すべきものである。その主な目的は領土の拡張や世界覇権の獲得ではなく、中国の海外利益や国家の安全、世界秩序の保護にある。ここで指摘しておくべきは、中国は平和的発展戦略を進めており、海外における中国の利益は決して排他的なものではなく、利益に関する摩擦や対立のほとんどは、政治的・経済的・外交的手段で解決可能だということだ。つまり、「利益のある所には軍艦を」とはならず、アメリカと比べても、中国の「走出去」の規模や範囲は限定的なものとなる。これこそ中国がしかと肝に銘じ、長期にわたって維持すべき全体方針であろう。

範囲ということで言えば、中国の全体戦略は、「アジア太平洋地域を重点とし、世界的に影響を及ぼす」であるべきだろう。すなわち、西太平洋およびインド洋北部では常態的かつ実効性のある軍事的プレゼンスを構築し、世界の他の地域では、艦船派遣・平和維持活動・船舶護衛・合同演習などによって軍事的影響を維持する。また、規模で言うならば、中国本土付近の地域で中国が投入する兵力は、中烈度の戦争（国家間、もしくは武装勢力同士の比較的小規模な武力衝突などを指す）上の必要を満たすべきである。具体的には、一隻から二隻の空母を中心に編成された海空兵力、あるいは師団・集団軍規模の陸軍兵力で、かつ、随時増援できる実力を備えるべきである。他方、アジアや西太平洋、インド洋以外の地域では、低烈度の戦争（通常戦争と平和状態との中間にあたる緩やかな紛争状態を指す）、または非伝統的な安全保障上の脅威に対抗できる能力を準備すべきである。これには迅速かつタイムリーに到着・配備可能な海・陸・空軍力が必要であり、具体的には、二隻前後の艦船を中心に構成された遠洋戦闘部隊、大隊・連隊レベルの陸軍作戦部隊、中隊レベルの空中抑止力と支援能力が最低限必要であろう。

「走出去」はその方法論においても、アメリカ・イギリス・フランスなどとは明らかに異なる。戦争や軍事同盟の結成にかこつけたものではなく、友好協力や外交協議を通じ、平等互恵の精神で「走出去」するのである。この点が、中国と他の大国との違いである。歴史的に見れば、軍事力の対外進出は、植民地化や大規模な戦争の結果であったり、植民地と宗主国との関係や、同盟関係によるものが多かった。イギリスやフランスの海外拠点の多くは植民地時代の遺産であり、アメリカの膨大な数の海外軍事基地も、第二次世界大戦の戦後処理によって得たものや、覇権国として第三世界へ干渉した結果得たものである。

「走出去」の実践過程において特に重視すべきは三つの「合」、すなわち、「合理（道理に適っている）」、「合法（法に則っている）」、そして「合勢（情勢に沿っている）」の三点である。「合理」とは、力を笠にして押さえつけるのではなく、平等な立場で協議し、〝徳〟によって従わせることである。「合法」とは、国連システムによって制定された法律や規則、および国際規範に沿いながらも、国際社会において主流をなす価値観の変化を適時反映させることで、国際社会からの承認と尊重を得ることである。そして「合勢」とは、時代や情勢の流れに沿って行動することである。「走出去」について言えば、国際社会の大きなトレンドや要求に適っていることはもちろん、自国の利益保護をグローバル・コモンズの提供と結び付けること、パワーの追求を国際的責任の履行と関連づけることが肝要である。その好例が、アデン湾における船舶護衛であろう。とはいえ、軍事力の対外進出は経済のそれとは異なり、相当程度にデリケートな問題である。そのため、中国がいかに努力しようが、疑念や摩擦、そして時に生じる衝突を完全になくすことは不可能である。対立や意見の不一致が生じた場合には、実情に即しながら、真摯な態度で国際社会との意思疎通を図るべきである。この際、国際社会からの完全な理解や支援を求めるべきではないが、関係国に中国の立場や原則を明確に理解してもらい、中国の対外行為について、しっかりした先々の見通しを持ってもらう必要があるだろう。

空母と中国の大洋戦略

二〇一二年九月二十五日、中国初の空母「遼寧」が正式に就役し、十一月二十四日には殲（J）-15の発着艦試験も無事成功、そして、翌年十一月二十六日、「遼寧」は青島から出航し、ミサイル駆逐艦二隻とミサイル護衛艦二隻による護衛を受けながら南海へ向かい、編隊訓練を実施した。こうして、空母を持つという中国の夢はついに実現した。これは中国の国防産業が長足の進歩を遂げたこと、そして、中国が大洋を目指し、遠洋海軍を建設するという断固とした決意を象徴している。しかし、これはまだほんの第一歩にすぎない。目的達成までの道のりはまだ依然として遠い。

一　空母「遼寧」に期待されるもの

航空母艦とは、システム工学の枠であり、大規模システムに支えられた作戦プラットフォームである。しかし、空母というプラットフォームの完成や艦載機の発着艦成功は、空母が編隊をなし、戦力を形成するという状態からはほど遠く、この先さらに艦載ソフトウェアや兵器システムの試験、作戦指揮システムの修正（デバッグ）などに長い時間を要する。内部システムの統合をクリアしてからも、将来編隊を組む駆逐艦や護衛艦、潜水艦などとの合同訓練が必要となる。これは、さまざまなプラットフォーム間での通信・指揮・情報システムの接続や協調が関わってくるため、複雑な作業と長い時間を要する。

『漢和防務評論』誌や『Jane's Defence Weekly』誌など国際的なメディアの情報によれば、中国は現在、大連と上海で国産空母を建造中だという。二〇一四年一月十八日に行われた遼寧省第一二期人民代表大会第二回会議で、遼寧省党委員会書記兼同省人民代表大会常務委員会主任の王珉は、「遼寧」に続き、中国で二隻目となる空母が大連造船廠で着工されたことを明らかにした。さらに、今回の空母の建造期間は六年の予定であり、中国は将来的に少なくとも四隻の空母を擁するだろうとも語った。つまり、「遼寧」の後にも、中国には空母建造に関する一連の計画があるということだ。

このように、見通しはとても明るい。しかし、一流の空母の建造には、政治的決意や資金投入、懸命な努力だけではまったく不十分だと筆者は考える。冷静さを維持しつつ、科学的・実務的なアプローチによる進取の精神と体系的な思考を持つこと。これが成功のカギである。

「遼寧」の就役により、中国人の自尊心とプライドが急激に膨れ上がるのは必至である。とはいえ、政府の各部門や政策関係機関は、現実的かつ実務的な態度を保ち、非現実的な目標の追求は極力回避すべきである。先天的な地理条件や地政学的環境、国家の実力などを総合的に考慮するなら、中国の空母計画は、アメリカと規模の面で張り合ってはならない。イギリスやフランスなどの地域的海軍力を参考に、自制的な計画を策定するべきである。実際の投入面で言えば、空母によって西太平洋地域や北部インド洋地域で実効性のある軍事的プレゼンスを維持しつつ、中国を包囲しようとする勢力を戦略的外線上で牽制、海軍の機動性を活かして敵対勢力を効果的に抑止することで、中国近海の相対的安全を保障する。また、グローバルな観点から言えば、外交・海難事故時の救援・さまざまな危機への対処などの非軍事的な役割を果たし、非伝統的な安全保障問題において世界の海洋強国が担うべき国際的な責任を果たすべきである。中国の空母は、その規模や実務経験、技術レベルでアメリカの足元にも及ばず、予測可能な将来においても、アメリカの空母と直接対決できる実力を持ち得ない。この点は、中国の国民、特に政策関係者はしっかり認識しておく必要がある。そうした認識なしでデザインした戦略は、相当なリスクを伴うものになるだろう。

「遼寧」は、中国の空母計画を「〇」から「一」へと進めはしたが、過渡的な存在を運命づけられている。中国当局が「遼寧」を試験母艦と位置づけているのは、そうした意味できわめて客観的かつ冷静である。「遼寧」の意義は、後続モデルのための一次データや実践における基準を提供することであり、すぐさま中国軍の戦力になることではない。さらに、これまで空母を使用した経験がまったくないということを考えれば、「遼寧」には人材育成という大きな役割もあると言えるだろう。

二　中国の空母の主な任務

第二次世界大戦以降の現代海軍の発展史から見れば、空母は遠洋海軍にとっての標準装備であり、しばしば艦隊の中核をなしている。遠洋海軍の建設には、空母の開発が欠かせない。中国のように、遠洋に基地などの基盤を持たない国にとっては、なおさらである。大洋に身を置く艦隊は、自らの力で制空権を獲得し、エリア内の防空を担わなければならないが、この際、空母は移動式の飛行場として、海上で制空権を奪取するために重要な役割を果たしてくれる。アメリカやイギリスの経験からもわかるように、たとえ海外に多くの基地があり、同盟国からの支持を得ていたとしても、海外での軍事行動は、依然そのほとんどを空母の艦載機による空中打撃や戦術支援、制圧援護に頼っている。

空母艦隊は海上の総合作戦プラットフォームでもある。情報収集・兵力の輸送・武力による支援・指揮統制などの機能を一体化しているため、防空や対潜水艦・対岸・対艦攻撃などの作戦任務を全面的に遂行できる。イギリスが一九六六年の『防衛白書』で述べたように、「空母は、艦隊の最も重要な構成部分であり、海上または海岸で敵の進攻に打撃を加える上で非常に有効であり、わが国海軍力の保護にも役立つ」。それだけでなく、制空権を獲得する際や、地上兵力による攻撃時にも重要な役割を果たしている。実際、イギリス軍に「ハーミーズ」と「インヴィンシブル」という二隻の空母がなければ、一九八二年にフォークランド諸島を奪回することは不可能だっただろう。空中給油機や攻撃兵器の進化に伴い、空母の作戦半径はさらに拡大した。一般的に、大型空母艦隊の艦載戦闘機による攻撃半径は一〇〇〇カイリ、防衛時の対空防御縦深は三〇〇カイり、対潜防御縦深は二〇〇カイリ以上になると考えられている。[1] 将来的には、センシング技術の向上や攻撃兵器の作戦半径拡大などの進歩により、巨大プラットフォームとしての空母は、さらなるパフォーマンス向上を実現するだろう。

もちろん、さまざまな軍事的機能以外にも、現代の空母は多様化した非軍事的任務を引き受けることが多くなってきており、非伝統的安全保障の分野では、ますます重要な役割を果たすようになってきている。いまや空母は、災害救助や医療援助、その他の人道的支援を行うための重要な〝道具〟でもある。二〇〇四年末のスマトラ島沖地震では、津波によって道路や飛行場などの各種交通インフラが麻痺するなか、アメリカの空母「リンカーン」がその強大な垂直空輸能力によって、災害救助活動できわめて重要な役割を果たした。空母はさらに、緊急時における人員の移送手段としても力を発揮する。二〇〇六年のイスラエルによるレバノン侵攻時には、イギリスは空母「イラストリアス」をはじめとする艦船多数を派遣して自国民の引き揚げを行った。

中国のような大国が空母を擁することは、本来道理に適ったことであるし、イギリスやアメリカと比べても、空母の用途に大きな差があるとは考えられない。それでも、中国製空母の登場は驚きと警戒をもって迎えられ、さまざまな憶測を招くこととなった。なかでも代表的な考えは二つあった。ひとつは南海など周辺海域における海洋紛争の解決のためとするもの、もうひとつはアメリカと海洋覇権を争うためとするものである。

周辺国との海洋紛争解決が中国の空母開発の主な動機ではないことくらいは、少々常識のある者なら理解できるだろう。中国は紛争の平和的解決を目指す政策を重んじており、たとえ政策関係者が日本や一部の東南アジア諸国との海洋紛争を武力や強制的手段によって解決することを望んだとしても、空母が主要な作戦プラットフォームになることはない。

アメリカ海軍戦争大学のアンドリュー・エリクソン准教授は、こうした点について理性的かつ客観的な説明を行っている。彼は、中国の空母はシーレーンの保護・海軍外交・地域における抑止力遂行・人道的支援や災害救助という四つの任務についてその責を負うと考えている。[2] 空母の開発は中国の遠洋戦略の一部であり、大洋に進出して国際責任を担い、世界の大国となるための基盤であって、周辺国家やアメリカと争うためのカードを増やすためのものではない。中国の空母の拠点は近海であってはならず、西太平洋や北部インド洋こそがその役割を果たすべき場所である。中国が海洋紛争に対応するために作戦プラットフォームや計画のオプションを日々多様化させているにもかかわらず、中国と争いを抱える一部の国は、空母の目的を相変わらず誤解している。これは中国の空母が目指すところを明らかに低く見すぎている。もちろん、よからぬことを考える者が「中国脅威論」を言い続けたいがために、中国の空母に対し大げさな解釈を加えたり、〝ほめ殺し〟的な言動で脅威を煽ったりしている可能性も否定できないのだが。

三　二つの大洋に空母を配備する

第一列島線内の細長い海域は、あたかも巨大な池のようであり、中国の空母が長く留まる場所にすべきではない。中国の空母は遠洋に向かい、西太平洋および北部インド洋で作戦行動を遂行しなければならない定めにある。

中国にとって、空母の役割とは第一に、遠距離への兵力投入問題を解決し、遠洋作戦を遂行することである。現在、駆逐艦と護衛艦からなる遠洋艦隊には、必要とされる後方支援や情報基盤が不足しているため、海上における制空権や対潜能力がなく、遠洋では海賊取締りや反テロのような非戦闘任務にあたるだけで、実効性のある戦闘能力の形成が困難になっている。空母が遠洋に配備されれば、空母艦載機が空中の偵察・警戒・援護を行ってくれるのはもちろん、空母自身も指揮プラットフォームとして兵力を統合する役割を果たしてくれるだろう。第二に、敵に対し、戦略的外線での抑止を行うことである。中国は西太平洋地域では、地政学的条件から見て不利な状態にある。仮に中国海軍がその行動範囲を第一列島線内の近海海域のみに限定し、そこに防衛線を張って国家の安全を維持しようとするなら、それは陸軍戦略の延長にすぎず、海軍の役割や特徴はまったく発揮されないことを意味する。中国は旧来の陸上戦思考を脱し、機動力という海軍の優位性を発揮することで、戦略縦深をしっかり確保した大洋（すなわち戦略的外線）で危機を打ち砕き、ライバルを抑止・牽制し、中国近海および大陸沿海の安全を実現しなければならない。

将来の中国遠洋海軍の主な活動エリアは、第一に第一列島線より外の西太平洋海域、第二に中東や東アフリカ沿岸を通ってマラッカ海峡へ抜ける北部インド洋海域となるだろう。その場合、空母を中核とする二つの遠洋艦隊、すなわち、太平洋艦隊とインド洋艦隊の配備を考えたほうがいいだろう。それにより、二つの大洋において実効性のある軍事的プレゼンスが実現可能となる。

二つの艦隊のうち、太平洋艦隊の主な役割は、西太平洋の第一列島線の外で中国海軍による実効性のあるプレゼンスを実現させ、著しくバランスを欠いた状態にある同海域のパワーバランスを是正し、戦略的外線上にアメリカや日本が配備している海空軍力に対して抑止や牽制を行うことにある。有事の際は、敵の艦隊や基地を襲撃・攪乱することで、中国近海に対する敵の侵略・干渉を遅らせ、戦略的内線での敵への応戦のために警戒を与えたり、支援を提供したりする。

一方、インド洋艦隊は、南海の重要な島嶼と一部の友好国の港湾を基地とし、北部インド洋を重点活動地域とする。その主な使命は、インドやアメリカなどの海軍と協力して海賊取締りや反テロ活動、シーレーンの保護を行うとともに、インド洋で一定の軍事的プレゼンスを維持し、シーレーンの破壊・封鎖などによって中国の作戦行動を麻痺させようとする敵の行為を阻止することにある。このほか、インド洋艦隊には、外敵がインド洋を経由し、海上配備型巡航ミサイルや艦載機を使用して中国内陸部に干渉したり、攻撃を加えたりすることを防ぐ、さらに、南海問題に干渉しようとする外国海軍を牽制する役割も期待できるだろう。

中国海軍の戦争以外への適用

二〇一三年十一月二十五日、中国人民解放軍海軍の病院船「平和の箱舟（和平方舟）」は、台風「海燕（日本では「平成二五年台風第三〇号」と呼ばれる。フィリピン名は「ヨランダ」）」による被害を受けたフィリピンの被災地を訪れ、医療救援活動を行った。これは、中国が初めて海外の被災地に艦船を派遣して行った救援活動となった。近年、中国海軍は船舶の護衛・居留民の引き揚げ・救援活動・海外歴訪・合同演習への参加といった形で、頻繁に世界中の海洋に進出している。中国海軍は、その軍事力の急速な向上とともに、戦争以外への適用という点でもますます注目を集めている。

陸軍や空軍と異なり、海軍はいわば移動する国土である。他国の軍事力と直接対決するばかりでなく、海軍には外交と法の執行という二つの役割がある。平和時の海軍の主な任務は、海洋を中心とするグローバルな貿易システムを直接的あるいは間接的に保護することである。これは、海上での世界規模の危機や国家間の衝突に対処するのと同様、各国の海洋防衛において重要な任務となっている。大国間において表面上は平和が維持されている現状では、世界各国の海軍が戦争以外の目的で活動する頻度は、戦争目的の活動をはるかに上回るものとなるだろう。

海軍は、中国が国際的な義務を履行し、国際的な責任を果たし、国家間の軍事協力を推進する重要なプラットフォームになるだろう。テロ・大量破壊兵器の拡散・麻薬の密輸・海賊・海洋環境・自然災害といった問題が顕著になるにつれ、軍事力の役割は、伝統的安全保障への対応に加え、グローバルに広がる非伝統的安全保障問題への対応にも広がっている。そのため、戦争以外の軍事活動が、各国兵力の主要任務として、ますます重要性を増している。なかでも、海軍による戦争以外の軍事活動は、特に注目を集めている。『Jane's Defence Weekly』誌は、近代海軍の五大職能を列挙している。すなわち、①衝突の回避、②海洋の制御と航行の自由の維持、③海洋秩序の維持、④海外への兵力輸送や投入、⑤必要とされる国際協力の遂行である。世界の海洋大国の海軍が、これらの役割を果たすこと、それがすなわち、戦争以外の軍事活動である。[3]

強大な海軍は、非伝統的な安全保障への脅威に対処し、大国の責任を示す優れたツールであり、軍事外交や国際協力さらに強制外交を執り行うための重要なプラットフォームであり、海岸警備隊や海洋公安当局などの法的執行機関が海上において法を執行するための強力な後ろ盾でもある。中国海軍も当然ながらこの例外ではない。実力の増強に伴い、非戦争領域での活動は、その内容もより多様に、範囲や程度もより広大に、そして活動の頻度も急増していくだろう。

一　航行の自由を守るため非伝統的な安全保障への脅威に対処する

経済のグローバル化が進むにつれ、テロリズムや大量破壊兵器の拡散・麻薬の密輸・海賊・海洋環境・自然災害といった世界規模の問題が顕著になり、海上における非伝統的安全保障の問題がますます深刻化している。これらの脅威に対処し、航行の自由を保護することが、世界の海洋大国の海軍にとって重要な任務になっている。今日、海洋の安全保護と海上戦争での勝利は、一国の海洋戦略の成否をはかる二大指標となっており、このため、アメリカ・イギリス・日本・ロシア・インドといった国は、それぞれの海軍戦略の中で、海洋での非伝統的安全保障への課題や、それらに対し積極的に対処するための政策について、かなりのボリュームを割いて述べている。そこには責任を担おうとする大国のイメージを対外的に顕示しようとする意図があるわけだが、それらの中には〝大風呂敷を広げた〟だけのものや、〝時流に乗ろうとしている〟だけのものがあることも否めない。しかし、さまざまな海上での危機に対応し、国際的な海洋秩序を守るためには、世界の沿海各国、特に大国の海軍による協力が欠かせないことは、否定できない事実である。

中国は世界第二位の経済体であり、政治大国でもある。中国海軍は中国が国際的な義務を果たし、国際的責任を担い、グローバル・コモンズを提供するための重要なプラットフォームであり、手段、そして〝道具〟でもある。したがって、以下のような戦争以外の軍事活動の分野において、さらなる成果を上げるのは当然のことであろう。

第一に、海上での航行の自由を保障すること。重要な海上ルートや公海の安全を保護し、特定の国家・組織・集団による国際水路の封鎖や海洋の公共資源の略奪を防ぐことは、中国海軍がこれから遠洋で担うべき最重要任務である。二〇〇八年十二月から現在まで、中国海軍はすでにアデン湾での配備を常態化させており、継続的に船舶護衛の任務を執行している。将来的には、この種の任務が他の海域にまで広がっていく可能性が高い。

第二に、国際的な救援活動である。海軍は国家の代表として、津波・地震・台風などの重大な自然災害や海難事故などの現場に真っ先に駆けつけることが要求される。〝真っ先に駆け付けた〟という事実が、被災者や国際社会に力と自信を与えるだけでなく、実際の救援活動においても、資金援助や物資援助には替え難い効果と影響を及ぼすことができる。医療船「平和の箱舟」の意義は、まさにこうした行動にある。

第三に、国際的な平和維持活動である。遠距離輸送能力や投入能力不足のため、中国の国際平和維持活動での貢献は、長い間、人材の派遣と物資の提供がメインであった。中国海軍の能力向上と活動範囲の拡大は、こうした局面に変化をもたらすものであり、これによって中国は、さらに重要な役割を発揮できるようになるだろう。戦争や衝突のある地域において、中国海軍は正義の軍隊として、国際社会が人道的な危機に対処し、食糧・医療の援助や人員の避難を行う上で、重要なチャネルとなるだろう。

二　軍事外交および国際協力の展開と強制外交の遂行

海軍は、国際化が最も進んでいる軍種であり、軍事外交の重要なプラットフォームでもある。その移動性と柔軟性ゆえに、海軍は、独特かつ有用な外交政策の〝道具〟となってきた。いわゆる海軍の外交機能とは、国の外交政策下で海軍が行う一連の計画的で狙いのはっきりした活動を指し、その活動には、海軍による援助・海軍艦艇の訪問・海上軍事演習・海軍上層部の相互訪問・その他の人的交流などが含まれる。

海軍による外交は、意思疎通の促進や相互信頼の醸成、協力の強化に有益である。海軍同士の密接な交流は、二つの軍、ひいては二国間の関係が密接であり、成熟していることの重要な証左である。中国海軍の海外への進出（中国語で「走出去」）と海外からの技術導入（中国語で「引進来」）の大幅強化に伴い、中国海軍と他国の海軍との相互訪問や交流も増えており、アメリカ・ロシア・イギリス・フランスなど世界の主要な海軍との合同演習も頻繁に行われ、その内容や範囲も実践的になってきている。とはいえ、世界の海洋強国と比べると、中国海軍による外交は、その範囲・内容のいずれにおいてもさらに改善が必要であり、中国海軍が海洋進出を進める上で解決すべき課題となっている。

さらに、海軍は主権国家にとって、強制外交のための重要な〝道具〟でもある。海軍の有する強力な機動性と、全世界をつなぐ海洋の特徴により、どの国家も海軍を通じて自国の意志と影響力を世界の至る所に伝えることができる。他の軍種と比べ、海軍は展開や撤収が自由にできる。このため、危機が発生すると、関係国は決まって自国の海軍艦艇を周辺海域に真っ先に派遣し、敵対国を抑止して自国の利益を守ろうとする。たとえば、シリア危機のさなか、アメリカ・ロシア両国は、複数の軍艦を派遣して地中海に配備し、それらを外交圧力および戦闘の象徴とした。

現在、中国の海外利益は爆発的な勢いで増えているため、世界のいかなる地域で起こる情勢の変化や衝突も、中国の利益と密接に関係している可能性がある。中国の外交政策と歩調を合わせてさまざまな海外利益を保護するため、台頭した中国海軍は、アメリカ・ロシア同様、危機の起こっている海域にさらに頻繁に出て行くことになるだろう。

三　中国海警局の法的執行を支援し、一体化した海洋管制・防衛システムを構築する

海上での法的執行とは、主権国家内の関連する法律にもとづき、その国家に属する海洋空間内での活動を管理することである。これには違法行為などの検査・密輸摘発・漁業資源管理・海上重要目標物の安全警備などが含まれるが、いずれも元は海軍の重要な任務であった。現在、各国の海岸警備隊および海洋公安当局の役割はますます重要になってきており、法的執行機関と軍、あるいは準軍事組織と軍との間の職能区分もさらに明確になっている。このため、海軍は海洋の制御や作戦行動に力を注ぎ、海警局や海岸警備隊などの法的執行機関や準軍事組織が、内水・領海・接続水域・排他的経済水域といった海洋空間での法的執行や管制の任を担い

始めている。通常、法的執行機関の指揮は、平時には地方に属し、海軍は主に情報提供や業務訓練指導、さらには現場での支援を行うこともある。ただし、有事には軍が指揮系統を掌握し、海軍が戦争動員に関連するしくみに則って法的執行機関を作戦行動に組み込み、統一的に使用する。

近海の管制や釣魚島・南海での海洋紛争の対処において、中国海警局はしばしば激しい闘争の先頭に立ち、主権の主張と法の執行における重要な力となってきた。海警局の強力な後ろ盾として、中国海軍は、海警局に随時情報を提供し、後方支援を行い、作戦行動を支援する能力を備えるべきである。また、激しい紛争が繰り広げられている海域では、海警局と合同で軍事力を配備して敵を抑止し、むやみに海警局の行動に干渉する気を起こさないようにするべきである。また、必要に応じ、合同緊急対応センターや作戦センターを設立し、統一的な指揮を行う必要もあろう。

世界規模の海戦というものがきわめて稀になった現在、各国海軍の戦争以外の軍事行動はますますその頻度を増している。台頭を遂げた中国海軍は、他から恐れられる戦闘集団であるばかりでなく、戦争以外の領域でも多くの責任や任務を担う重要な集団であるべきだ。これは、中国海軍の職能に関わるのみならず、国家の責任、世界の使命が求めるところでもある。中国海軍の今後の発展に注目する際には、こうした視座も必要だろう。

第二節　武力以外の「三叉の矛」[4]

人類が陸地に対して行ってきた統治に比べれば、海洋へのそれは限定的なものであり、「それがいかに小さな海域であろうとも、陸地を制するように海を制圧することはきわめて困難である」。それゆえ、海上権力は、権力の分配という独特の特徴を有している。かつて「太陽の沈まぬ国」と称された大英帝国や、現在の海洋覇権国アメリカといえども、海上権力が限定的なものであり、拡大は自制すべきであることを理解せねばならない。武力は目標達成のための〝三叉の矛〟のひとつにすぎず、外交・経済・政治などの非軍事的手段の適用が非常に重要なのである。経済のグローバル化と相互依存が高度に進んだ現代にあっては、武力の役割は大幅に低下している。かつて、トマス・ホッブズが〝弱肉強食〟と記した国家間のジャングルの法則は今なお有効ではあるが、ジョン・ロックら自由主義者が唱えた社会規範やしくみが人々への説得力を増しつつあり、非軍事的手段の役割や位置づけが際立ってきている。中国が海洋での台頭を実現しようとするなら、非軍事的手段という〝三叉の矛〟を鍛えなければならない。そのためには、外交・経済・法律・世論など、各分野における努力が必要である。

国際的な〝合法性〟と海洋における発言権を勝ち取る

人間は社会的な動物である。個人や団体の政治的な行為は、すべからく他人から承認され、認められる必要がある。海洋強国の建設もその例外ではない。強大な実力を有していることはもちろん、国際的な合法性を有し、国際社会にそれが認められなければならない。

「合法性」とは、政治学および政治の実践における非常に重要なテーマである。政治的な文脈で言う合法性とは、ある制度や権威に対する大衆の承認度合いのことである。合法性は、単に法律上合法であるという原則を指すだけではない。そこには、権威に対する大衆の承認や尊重がこめられている。その権威のとる行為が、現行法の裁決に合致しているか否かに関わらず、である。政治学者の間では、政治的合法性は一種の〝道具〟であり、統治コストを効果的に引き下げ、さらに良い形で統治を維持させるものであると考えられている。[5]

合法性には、「国際政治という側面から見れば、少なくとも次の四つの原則が含まれる。第一に、国連の定める法律や規則を遵守していること、第二に正義の原理・原則に適っていること、第三に権力の使用が妥当であること、第四に国際的意思の新たな変化をタイムリーに反映していることである」[6]。合法性は、正義とは異なる。それは、国連や国際司法裁判所によって与えられるものではなく動的なものであり、自らが勝ち取らねばならないものである。「合法的リソースを多く掌握した者が、国際社会で多くの支持を集められる」。つまり、規則や原則、世界的なトレンドを作り出す発言権や解釈権をより多く手にした者が、より良い形で合法性を獲得できるのである。実力は、大国が国際的な事柄に干渉する際の合法性の基盤となるものだが、それだけでは十分ではない。力による抑止や利益の分配のほか、考えを導いていくことも非常に重要である。〝ゲームのルール〟を掌握することと言ってもいいが、要は国際的な発言権の問題である。国際的な発言権を得るためには、自らの考えや提案、意見で相手を引きつけ、相手から信頼されることが必要である。

国際的な合法性について語るならば、国際的な発言権に触れないわけにはいかない。現在、主権国家・多国籍企業・NGOといった行動主体のなかで、国際的な世論を左右するような発言権の獲得を目指していないものはない。自らの特定の発言を、国際社会で広く受け入れられた〝ゲームのルール〟とすることを要求するものさえある。国際政治は、「発言権をめぐる政治」[7]へと変化しているとも言えよう。発言権については、フランスの哲学者ミシェル・フーコーが一九七〇年代に発表した『言語表現の秩序』の中で次のように述べている。言語表現（すなわち発言）とは、人々が争うための手段でもあり目的でもある。言語表現は権力であり、人は言語表現によって自らに権力を付与する。言語表現権（すなわち発言権）とは、発言をする権利の有無を指すのではなく、言葉によって権力を運用し、体現することを指す。

西暦一五〇〇年ごろ、世界史は新たなステージに入った。大航海時代を迎えたヨーロッパ諸国は、世界の他の文明を置き去りにして海洋を奪取し、世界システムの形成を推し進めた。その後、一六四八年のウェストファリア条約を機に、ヨーロッパ諸国主導による国際秩序と世界システムが次第に構築されていった。以来、四〇〇年近い歴史の中で、欧米諸国は海洋における発言権をほぼ全面的に掌握し、シーパワー・海洋活動・海洋法・海洋政策をめぐる政治的・経済的・技術的言語表現を大量に生み続け、それらを世界のあらゆる国に押し付け、これを受け入れるよう迫った。こうして、海洋での活動に関して欧米諸国に有利な〝ゲームのルール〟がつくられ、世界のほとんどの国は、その〝ゲームのルール〟を受け入れざるを得なくなったのである。非西洋諸国は発言権を失い、中国もまた、必然的に弱い立場に置かれることになった。[8]近代以降の中国は、海洋秩序の構築過程においてほとんど発言権を持たなかったばかりか、深刻な損失を被ってきた。長い間、中国は弱く貧しい状態にあったため、海洋進出の余力などなく、軍艦がすべてだった時代に、いかなる海洋問題に対しても口をはさむ権利を持たなかった。

第二次世界大戦終了後、経済のグローバル化と相互依存が急速に進むと、世界は総体的に平和で安定した状態になった。局所的な戦争や紛争が絶えることはなかったが、海洋強国間の大規模な戦争は発生していなかった。脱植民地化の波が起こり、多くの発展途上国が目覚めるにつれ、覇権国家や超大国の海洋での主導的地位は弱まり、国際海洋秩序は公正・公平な方向へ発展し、一連の海洋規範や枠組みが、話し合いによって構築されていった。なかでも、「国連海洋法条約」の協議とその締結は、新しい国際海洋秩序が多くの発展途上国によって構築されたという意味で重要な勝利であった。主権国家が海洋問題に関与する上で海軍力がその基盤であり後ろ盾であることに変わりはないが、外交能力や国際法運用の熟練度もますます重要になってきている。沿海部の小国の中には、新たな海洋秩序構築のプロセスにおいて、その国力とは比較にならないほど大きな役割を果たし、影響力を及ぼした国もある。

残念ながら、中国はその近視眼的な戦略や経験不足のため、新しい海洋秩序の構築という好機を捉えられず、海洋での発言権を平和的に獲得する機会を失ってしまった。中国は話し合いに積極的に参加したものの、完全に〝部外者（中国語で「打醤油」）〟といった立場で、他の途上国の主張に追随するばかりであった。イデオロギーで線引きを行い、これらの制度が中国や世界に与える影響について、あまり考えをめぐらせなかったのである。第三次国連海洋法会議に出席した中国の著名な外交官である凌青は、回顧録のなかで以下のように述べている。「二〇〇カイリの排他的経済水域を支持することは、覇権反対を唱えることと関係していた。当時、中国は南米の国々と国交を樹立していたが、どの国もこの件への態度を明確に示していたため、私自身、これに賛同することはまったく当然だと思っていた」[9]。実際、二〇〇カイリの排他的経済水域という制度は、中国のように海洋の地理的条件が不利な国家からすれば、失うものより得るもののほうがはるかに大きかった。東海や南海の境界画定をめぐる争いも、まさに「国連海洋法条約」の締結と実施によって、急速に顕在化したのである。

海洋に向けて本格的に進出しようとする今日に至って、中国は、実力も足りず、地政学的にも不利で、国際的な発言権も有していない苦境にあることに気づいた。中国は〝大国が機会を窺い、小国が分不相応な野望を抱く〟ような情勢に直面しているだけでなく、合法性の危機にも瀕している。中国による海洋強国の建設に対し、覇権国アメリカは牽制と包囲を行い、日本・インド・ロシアなどの国は警戒心を抱き、その他の周辺諸国はこぞって懸念や恐怖を感じている。事態がいい方向へ向かうと思っている国はほとんどない。海洋強国になる前から、中国脅威論が広範囲に拡散されているのである。さらに、中国が「国際法を順守せず」、「地域の現状を武力で変え」、「海洋覇権国になろうとしている」といったマイナスの情報も、世界の大手メディアで氾濫している。パワーシフトや地政学的環境、後発ゆえの劣勢、さらには海洋紛争といったさまざまな要素が絡み合い、中国の海洋強国建設は、合法性の大きな危機に瀕している。中国のシーパワーについて言えば、国際社会が強大な中国海軍を受け入れる準備ができていないのは明らかである。もっと言えば、中国がその核心とするシーパワーや利益の範囲、さらには最低限度の安全保障上の境界を受け入れる準備もできていない。中国の基本的な海洋経済権益に対して然るべき尊重もない。中国軍の現代化と海洋権益を保護するための行動は、一部の国が国際的な場で中国を攻撃する口実になっている。こうした国際的な合法性の危機についての問題は、中国がシーパワーを発展させる上で乗り越えざるを得ない障害なのである。

こうした苦境を脱するには、戦略の明確化というテーマは避けて通れないだろう。ここでまず求められるのは、中国の主張や戦略目標の明確化である。すなわち、中国の海洋強国には、具体的にどのような目標があり、中国はどうやってそれを実現しようとしているのか。中国が主張する海洋秩序とはどのようなもので、中国はいかにして国際的な役割を発揮しようとしているのか。これらを明確にしなければならない。さらに、他の国際社会のメンバーとの意思疎通を改善し、中国が軍事力を発展させる目的や、それらを使用する意図を明らかにする。これが、国際的な合法性を強化するためのもうひとつの大きなテーマである。ここで重要なのは、「中国が何を所有しているか」ではなく、「中国は何を、どのようにしようとしているのか」である。国際社会が中国の海洋強国建設に賛同しない理由は非常に込み入っている。ある国はパワーゲームにおける必要性から、またある国は道徳や世論上の理由で中国に圧力をかけるという面もある。しかし一方で、意志疎通の不足から出た誤解も確実に存在している。前者の国々に対して、中国としては断固たる姿勢で戦う必要があるが、誤解に対しては、中国もこれまでの外交の考え方や世論への訴え方をきちんと振り返り、改善すべきであろう。たとえば、中国は国際法を一貫して遵守しており、南海における航行の自由を妨害したことは一度もないが、同海域の航行の自由が国際社会で懸念されている。これはアメリカ・ベトナム・フィリピンなどが善悪を混乱させ、故意に中国を貶めたことに関係があるのだが、そうした懸念が、対外的にはっきりしていない中国の南海戦略や主張に影響を与えたことも確かである。中国としては、政策をより明確に、より開放的に、より緻密なものにしなければならない。

「より明確に」とは、中国には明確かつ実行可能な、トップダウンによる政策設計が必要であるということだ。それにより、国内外で正確な認知や予測の形成が促される。中国の軍事力や経済開発能力が低かった頃は、対外的に曖昧な政策態度を見せ続けることで生じるマイナス効果はそれほど顕著ではなかった。しかし現在、中国ではさまざまな力が飛躍的に発展しているため、明確な戦略が必要とされている。そうした戦略は、対内的には政策に対する認識を統一させ、手段や資源を再編するために必要であり、対外的には他者による行動や予測を安定させ、誤った判断を減少させるために必要である。中国の海洋戦略や政策の目標は何なのか。これらの目標追求のため、どのように自国のパワーを使おうとしているのか。紛争に対する中国の立場やその根拠はどのようなものか。こういった問題に対する系統的で詳しい説明が求められているのである。たとえば、南海政策白書や戦略文書を発表したり、さまざまな二国間対話の枠組みやＡＳＥＡＮの多国間の枠組み、その他の国際舞台において、系統的かつ継続的に自国の主張を展開してもいいだろう。

「より開放的に」とは、中国が大国としての気概を持ち、胸襟を開いて各国と問題や協力について話し合う必要があるということだ。そのためにはまず、島嶼・礁の主権や海域の境界画定といった紛争問題と、航行の自由や地域の安全のような非紛争問題とを分け、二つを別々に扱うべきである。非紛争問題については、中国はどの国や組織ともいつでもどこでも交渉できる。そうした問題に関連した国際機関の設置についてならばさらに積極的に応じるだろう。さらに、各種軍事演習にも幅広く参加し、法的執行・船舶の護衛・災害救援などの分野において関係国と積極的に協力を行い、より大きな貢献をすることもできる。一方で、紛争問題については、問題の多国間化や国際化には断固反対するが、理性的な対話や意思疎通はこれを歓迎する。「南海行動規範」についてであれ、アメリカやフィリピンなどが提起しているさまざまな〝凍結案〟であれ、中国は関係国と話し合いを行う用意がある。

「より緻密に」とは、中国が外交実務面における意思疎通の技術を磨くことによって、国際社会の中国に対する警戒感を解き、親近感を高める必要があるということだ。中国の急速な台頭が周辺国家にプレッシャーを与えるのは当然である。彼らが中国の〝強硬な態度〟を懸念し、深読みするのは、国際関係の一般的な法則の表れであり、一部の国が中国の権益保護の行為に対して関心を示すのも正常な現象といえよう。このような弱者心理に対し、中国の政策決定層や関係部門は理解を示し、これを重視すべきである。理由もなく騒ぎ立てているとか、やたらにからんでくるなどと一律に捉えるべきではない。たとえ考えや立場を異にする言論であったとしても、冷静さと理性を失ってはならず、怒りにまかせて軽々しく〝敵対国〟のレッテルを貼ってはならない。中国は、対外発信の効率や実効性を高め、自国の主張や考えを外に向かって明確に示すだけでなく、相手の考えや訴えにも真摯に根気強く耳を傾け、言葉の背後にあるニュアンスや微妙な心理を読み取るべきである。意思疎通や交流を今より少し深め、意味のない批判や叱責を今より少し減らすべきだ。

「より明確に」のためにはさらに、中国が国際的なルールに影響を与え、再構築することで、海洋秩序をより確たるものへと発展させる必要がある。外からの非難に対し、中国がそれを避けたり、逆に迎合したりするばかりだとしたら、相手国の核心的利益に対する認識や特定の国際的規範に対する賛同の意を強めることになり、長期的に見れば、中国の台頭を阻害する力になってしまう可能性もある。中国は、外部が作り上げたロジックに従って「われわれには、これがない」「われわれは平和を愛するものである」と言い続けるのでなく、外に対し「われわれは、なぜこれを所有してもいいのか」というロジックを強化するべきである。そのために中国が最も考えるべきことは、相手国内で政治的に受け入れられているルールや規則を活用して、中国の国家目標を受け入れてもらえるよう説得することである。とはいえ、相手国の安全に関わる核心的な利益にせよ、そこで認められているルールや規則にせよ、ある程度の安定性はあるものの、いずれも変化の可能性を秘めた動態的なものである。したがって、合法性を勝ち取るための戦略には、相互のやりとりや意思疎通を強化し、相手国の利益を中国の利益と矛盾しない方向に発展させること、さらに、新たなルールの構築や元のルールを改善することで、中国の利益と合致させることも含まれよう。

国際的な合法性を強めるには、以下のことが必要とされよう。まず、中国は平和的発展という国家の大戦略を堅持し、広めていかなければならない。平和的発展や平和的台頭は武力の使用を放棄するということではなく、武器の使用を自制するということである。武力を発展や台頭の主な手段とするのではなく、その台頭がおおむね平和的なプロセスの上になされるということだ。中国は伝統的な武力の使用には慎重な態度を保ち、国際社会のために積極的にグローバル・コモンズを提供すべきである。近隣諸国との友好政策を継続し、武力による威嚇や、領土主権および海洋の境界画定問題の解決手段として武力を行使すべきではない。たとえ、中国が危機に直面し、武力を使用せざるを得ない状況になったとしても、その使用には制限を加えるべきである。中国は国際社会の安全やグローバル・コモンズの提供に力を入れ、これを軍事力応用の重要な分野のひとつとすべきである。前述のように、各国は戦争以外の軍事活動をますます重視しており、自国の安全を保護・強化することのみならず、国際的な安全に関わる重要な問題を解決することも、軍事力の主要な役割のひとつと見ている。中国の発展環境やその道すじを考えれば、伝統的な安全保障、たとえば島嶼・礁への進攻や海域の支配、他国の力の弱体化などの理由による大規模かつ広範囲な軍事力の使用は、とても想像しがたい。一方、海賊取締り・反テロ・大量破壊兵器の拡散防止・公海の安全維持・海難救助などの非伝統的安全保障の分野で、中国の海軍力は重要な役割を果たすことができよう。伝統的な安全保障分野での武力の使用を抑制し、国際的な公共の安全に関わる問題に積極的に関与すれば、国際社会が中国の軍事力に対して抱いているマイナスイメージの改善に資するだろう。

また、新たな時代の「尊王攘夷」戦略を積極的に構築することも重要である。「尊王攘夷（王を尊び、夷を攘《はら》う）」は、古来より国家が覇権を実現しようとする際の合法性を獲得する最善の戦略であった。現在に置き換えれば、「王」は公認されている国際行動規範や規則を指し、「夷」は国際社会に危害をもたらす重大な脅威を指す。国際社会の道理や正義を守るという御旗を掲げるならば、地域の安全に対する脅威や世界的な問題への対処について、できるだけ多くの責任を担い、大きな役割を果たさねばならない。また、そうした行動を起こす際には、核心的利益の話は控え、共通の利益について多くを語るべきだ。私利よりも、国際的な大義を語るべきだ。国際的な政治文化が大きく進歩した現代において、自国の利益をあからさまに追及することは、どの国家にもできない。これは、アメリカも例外ではない。外交活動、特に軍事活動を行う際には、いかなる形であれ、国際世論や国際的な民意を考慮せざるを得なくなっているのだ。

しかしながら、実際の行動や貢献だけでは不十分で、相応のイメージも実は重要である。成功するイメージ戦略とは、自国が追及する国家利益と国際的な関心事とを結びつけ、新たな時代の潮流をいい形で反映しているものである。たとえば、アメリカはアフガニスタン紛争において、世界的テロ組織への攻撃と中央アジアへの軍事戦略をうまく結びつけ、世界のほとんどの国の支持を取りつけた。これは、イメージによる合法性戦略の成功例である。一方、これもアメリカの例だが、二〇〇三年のイラク戦争では、大量破壊兵器の破壊と、イラクの占領・支配を結びつけたのだが、これはあまり成功しなかった。この時、アメリカを支持し、軍隊を派遣した国も一部あったが、フランス・ドイツ・中国・ロシアを含む多くの国は、これに反対した。フセイン政権が大量破壊兵器を所有している話が国際社会ではあまり信用されておらず、アメリカが戦争を行うのは覇権の追及がその目的であるとされたためだ。アメリカがイラク戦争で招いた合法性の危機は、アメリカの覇権に対する世界の見方にも影響を与え、自らがその誇りとしているソフト・パワーにも深刻な影響をもたらしたのである。

中国はアメリカから牽制を受けており、地域の安全に関わる問題も数多く抱えている。さらに、世界秩序を主導する西側諸国との政治関係にも隔たりがあるため、軍事行動における合法性追求の道のりはまだまだ遠い。そのため、軍事行動をとる際は、国際的な合法性のイメージをより重視する必要がある。平時には、合法性の資源となるものを意識的に収集・蓄積・創出しなければならない。各国の外交政策や軍事戦略に関心を払うだけでなく、国内政治や社会情勢、思想や宗教の状況に対する認識や研究も強化しなければならない。一方、行動を起こす際には、それらの資源を迅速に統合し、宣伝や意思疎通の方法を改善・最適化する必要がある。軍事力や外交力を強め、意志疎通の方法を改善するとともに、国際的な広報メディアやパブリック・ディプロマシー、民間外交など、日々重要さを増している新しい意思疎通のチャネルや伝達方法を強化することも求められる。伝達内容や形式においては、国際社会の心理や感情を考慮し、自国の主張をするだけというのは避けなければならない。また、実際の行動やそれを行う組織については、全体的な目標との調和を重んじる必要があるだろう。

海洋における平和的競争に勝利することの意味

大国同士が大規模な戦争を起こす可能性は、今やほとんどない。したがって、軍備や武力構築の役割は、主に抑止力にある。海洋において総体的に平和な時代が到来した現在、海洋強国の建設プロセスでは、海洋の開発経営能力という〝三叉の矛〟の果たす役割がますます重要になっている。海洋には地球上のおよそ七〇パーセントの自然資源が眠っており、最後の未知の領域として人類が希望を寄せている。二十一世紀は「海洋の世紀」とも言われ、海洋経済は自給自足的な自然経済の時代から、海洋工業化時代に入っており、海洋空間の総合的・立体的・系統的な開発が時代の趨勢になっている。つまり、開発経営能力に秀でた者が、次世代における海洋での競争で勝利する可能性がいちばん高いのである。

現在、中国の海洋経済は、ＧＤＰの約一〇パーセントを占めるのみで、その比率は、アメリカや日本などの伝統的な海洋強国とは比べようもないほど低い。中国の場合、海洋経済に対する海洋科学技術の貢献率（産出量と投入量の比から求める）はわずか三五パーセントだが、アメリカや日本は五〇～六〇パーセントに達している。つまり、量と質、いずれの面から見ても、世界の海洋経済強国との差はあまりにも大きいのである。成長率で考えた場合、事態はさらに楽観を許さなくなる。国家海洋局が毎年発行している『海洋経済統計広報』の「海洋経済総体運行状況（海洋経済の全体的な運営状況）」によれば、中国の海洋経済の成長率は低く、ここ数年はＧＤＰ成長率にも追いつけず、海洋経済がＧＤＰに占める割合も一〇パーセント付近をうろついている。世界の沿海国の多くが、ＧＤＰ成長率をはるかに上回る海洋経済の成長を見せているにもかかわらず、である。

開発経営能力や海洋での平和的競争の潜在力をどのように計測するかについては意見が分かれるところだが、海洋管理（ガバナンス）のレベル・海洋科学技術の能力や産業レベル・実際の占有空間の大きさ、この三つが最も重要な競争要素であろう。中国が平和的競争で勝利を収めようとするなら、この三つの分野で最大限の努力をしなければならない。

海洋の開発と経営は、今日ますます複雑で専門性を要する事業になっている。必要とされる学問も、人文科学や社会科学、理工系の知識から農業・医学に至るすべての分野にまたがっているため、膨大な数の個人・企業・行政当局などが関与している。二〇一三年に中国で海洋分野に関わる就労者数は三五一三万人に達しており、海洋関連の総生産額は五兆四三一三億元で、ＧＤＰの九・五パーセントを占めた。[10] アメリカや日本などの海洋強国ではＧＤＰの五〇パーセント近くを海洋経済に依存している。海洋経済は規模が大きく、専門性も高いため、計画的な管理が非常に重要である。したがって、海洋をめぐる平和的競争において、真っ先に比較の対象となるのは、各国の海洋管理（ガバナンス）のレベルということになる。

各国が海洋に進出し、「国連海洋法条約」が広く浸透するのに伴い、沿海各国は程度の差こそあれ、海洋の管理に頭を悩ますようになった。一九九〇年代半ば以降、政策や法規のいっそうの整備と海洋の総合的な管理強化のため、カナダ・アメリカ・日本・ベトナム・ロシア・インド・韓国などの沿海各国は、海洋基本法や総合的な海洋戦略を相次いで打ち出し、管理効率の最大限の引き上げを図った。一九九七年にカナダは「海洋法」を公布・施行し、総合的な海洋管理を立法化した世界最初の国となった。二〇〇〇年七月にはアメリカで「二〇〇〇年海洋法（Ocean Act of 2000）」が成立し、新世紀におけるアメリカの海洋政策制定の法的根拠となった。この法案にもとづき、アメリカ海洋政策委員会は、二〇〇四年九月二十日に『二十一世紀海洋の青写真』と題する報告書を大統領と議会に提出した。この報告書では、「海岸・沿岸の中長期的計画と管理を強化し、沿岸の管理と流域圏の管理を統合する」ことや、「生態系を基礎とする管理」という新たな理念を提起し、総合的な海洋管理の内容を充実させている。その年の十二月十七日にはブッシュ大統領が、「アメリカ海洋行動計画」を議会に提出し、『二十一世紀海洋の青写真』実施に関する具体的な措置を打ち出した。二〇〇七年には日本でも「海洋基本法」が国会審議を通過し、〝海洋立国〟戦略が打ち出された。その後、日本では「海洋基本法」実施に関する一連の法律や規則・計画などが公布され、海洋戦略・政策も全面的に実施、海洋での競争力を強化している。同年、ベトナムでは「二〇二〇年までの海洋戦略に関する決議」が公布され、海洋強国建設という戦略目標が打ち出された。さらに、二〇一二年六月には「ベトナム海洋法」が成立、これまでの海洋戦略の推進をさらに強化している。

中国がこうした面で立ち遅れているのは明らかである。このため、統一的な全国レベルの海洋発展戦略、総合的な海洋法律体系、海洋発展のための系統だった中長期的計画・計画区分・政策・方針の構築が急務となっている。なかでも特に急を要するのは、中国海洋基本法の制定と、海洋法体系の整備である。海洋基本法には、国家の海洋観や海洋における活動の基本方針、そして基本戦略が反映されていなければならない。海洋基本法は海洋法体系の中で他の法律の上位に位置し、国内的には海洋での活動を統一管理するための、対外的には中国の海洋権益を保護するための法的根拠となる。

法的整備とあわせ、沿海各国は申し合わせたかのように、海洋に関連する機関の調整・再編を行い、総合的な海洋管理機関を設立した。たとえば、アメリカではすでに、三段階の機構改革と再編計画が始動している。また、二〇〇四年十二月に当時のブッシュ大統領は、大統領令（第一三三六六号）に署名し、環境諮問委員会内に海洋政策委員会を設置、各部門の海洋活動と協調し、アメリカの海洋政策の実施について同委員会が全面的に責任を負うことを決定した。その後、二〇一〇年にはオバマ大統領が「海洋、沿岸および五大湖の管理に関する米国の政策を定める大統領令（大統領令第一三五四七号）」に署名し、先の海洋政策委員会を廃して国家海洋会議を発足させた。同会議は大統領行政府の直属として、連邦政府各部門の海洋関連活動の統括と調整を担い、国家海洋政策の効率的な実施を行っている。日本でも二〇〇一年一月の行政改革（中央省庁再編）に伴い、海洋関連事務の管理は、主に内閣官房・国土交通省・文部科学省・農林水産省・経済産業省・環境省・外務省・防衛省の八つの行政当局が担うこととなった。ロシアも海洋管理を重視しており、アメリカよりもおよそ一〇年早く、総合的な海洋管理モデルの構築を果たした。ロシア連邦政府付属海洋協議会は、総合的な海洋管理を行う最高機関として二〇〇一年九月一日に設置された。常設機関として、連邦政府行政機関や連邦構成主体行政機関、研究機関が従事するすべての海洋活動、すなわち世界の海洋および南極・北極地域の研究・開発を含むすべての行動に対し責任を負っている。

アメリカや日本、ロシアなどの海洋管理機構の再編・調整の推移からわかるのは、沿海各国の機構再編やそれによる効率向上は、基本的に同じ方法論にもとづいているということだ。まず、国家レベルの総合的海洋管理機関を設立して、政策や全体計画の策定などの任を負わせると同時に、海洋関連機関の活動の調整にもあたらせ、共同歩調をとらせる。次に、既存の海洋関連部門を再編して簡素化し、権限と職責を明確にして、政策実施の効率を高める。

近年、中国では中央海洋権益工作領導小組弁公室（以下、中央海権弁と略す）と国家海洋委員会が相次いで設立された。また、国家海洋局も再編され、機能が強化されている。中央海権弁は、「海洋権益を保護するハイレベルの調整機関であり、具体的には国家海洋局・外交部・公安部・農業部・軍などの海洋関連部門間の調整を行い、海洋権益などの計画的管理の責を負う」。国家海洋委員会は「国家海洋発展戦略の研究と策定、海洋関連の重大事項の統括と調整の責を負う。同委員会の具体的業務は、国家海洋局が担当する」。そして、国家海洋局は、「国土資源部の管理下にある行政機関であり、海域の使用と海洋環境保護を監督・管理し、法にもとづいて海洋権益を保護するとともに、海洋関連の科学技術研究を組織する」。現状では、中央海権弁が海洋権益保護業務の調整と海洋戦略の設計を専門につかさどっている可能性があり、国家海洋委員会と国家海洋局は、統一的な海洋開発や管理に重点を置いている。国家海洋局は、国家海洋委員会の業務執行機関であり、全国の海洋計画・管理を担う政策機関でもある。責任はかなりのものだが、国土資源部の下級機関でもあり、総合的な海洋管理に関する職能は依然として不明瞭である。行政上の等級も十分高いとは言えないため、現行の統治構造下では、部門をまたぐようなマクロな政策調整機能を充分に発揮できていない。たとえば、中央に属する各機関と国務院の各部・委員会の協調においても、各省・直轄市の海洋開発経営活動を統率する場合においても、国家海洋局の権威や権力は不十分である、という問題がある。

次に、海洋科学技術の能力と産業レベルの問題である。海洋科学技術は国家の海洋事業の発展において、その役割がますます重要になっているため、世界の技術競争においても最前線に位置している。各国も海洋科学技術戦略を次々に策定し、優位なポジションを得るため、研究投資に力を入れている。中国は巨大な人口を抱えているが、海洋空間は限られ、その発展についてもさまざまな圧力にさらされているため、海洋経済の急速かつ健全な発展のためには、海洋科学技術の大幅な向上に頼らねばならないのは必然である。科学技術の発展により、資源や空間の利用率を向上させるのである。実際に、海洋科学技術戦略は、世界の海洋大国の海洋戦略をリードし、その基盤となっている。アメリカ・イギリス・日本などの海洋強国は、早くも一九六〇年代には、国家レベルの海洋科学技術政策の研究と計画づくりを開始しており、政策関連文書も多数公表している。中国の場合、二〇〇六年になってようやく初の国家レベルの中長期計画文書である『〝十一五（第十一次五カ年計画）〟海洋科学と技術発展計画綱要』が作られた。研究開発への投入という面から見ると、近年、さまざまな特別プロジェクトによって海洋科学技術の発展に向けた取り組みがなされているとはいえ、総体的な投入レベルでは世界の海洋強国に遠く及ばない。また、研究効率がかなり低いため、海洋科学技術の総体的なレベルもアメリカや日本などと比べ、一〇年から一五年遅れている。まさにこの遅れのために、中国は海洋調査・海洋環境モニタリングとその保護・海洋経済の産業化などがウイークポイントになっており、実際の海洋権益の保護や海洋経済の発展に見合ったものになっていないのである。二〇一四年のマレーシア航空三七〇便墜落事故の国際救援活動の際も、中国は世界全体の半分に相当するほどのさまざまな資源の投入を行ったものの、技術的にはいたって平凡であり、すべての重大な発見はアメリカやイギリスによってなされ、進展上のポイントとなったことはすべて西側の科学技術に頼っていた。海外の先進的な装備を前にした時、中国のそれは明らかに劣っており、海洋経済発展において、科学技術という中国の欠点が再度露呈してしまった。

科学技術分野でブレイクスルーを果たすには、資源や資本の投入の増強が欠かせないが、さらに重要なのが研究効率の向上である。そのためには、政府の財政投入を拡大し、海洋経済全体に対する投入において、海洋科学研究と技術発展への投入割合が適切なレベルになるようにし、海洋経済発展のニーズに見合ったものにしなければならない。ちなみに政府の財政投入は、最先端分野の中で着手から時間が経過しており、かつリスクの比較的高い基礎研究や開発プロジェクトに集中させるべきだろう。さらに、国による政策誘導や投資リターン拡大などの方法で資本を引き込んで投入を増強すべきである。なお、こうした資本は、実用的な科学技術開発や製造技術のイノベーションに向けられるべきであろう。国や各級地方政府による財政投入も重要だが、経済効率を旨とする企業の研究努力こそカギとなる。国が財政投入を拡大するのはもちろん、政策や管理面の整備により、企業にとって良好な研究環境を構築することにさらに力点を置く必要がある。

海洋強国には、競争力のある産業のバックアップが欠かせない。中国は世界をリードする海洋経済産業の構築に持てる力を集中すべきである。近海においては、海洋バイオ医薬産業や装備の製造、臨海リゾート事業や近海養殖業などに注力するとともに、伝統的業種の科学技術レベルを大幅に向上させ、科学技術のイノベーションによって空間利用率を高めるべきである。深海や遠洋においては、深海探査・海洋生物調査・海洋モニタリング・海洋センシングなどの分野における投入を重点的に拡大し、深海探査用潜水艇技術、海洋メタンハイドレートの総合探索技術、海洋石油・天然ガスプラットフォーム技術などの深海開発技術と設備レベルを向上させ、未知・既知の部分を含めた海洋空間のさらなる探索を積極的に行う必要がある。現在、大陸斜面域(大陸棚の外縁から傾斜が急に減少するところまでの斜面)の深海層や超深海層の石油・天然ガス資源も有望視されており、海洋石油・天然ガス資源の約三〇パーセントを占めるといわれている。中国は深海における石油・天然ガス採掘技術を高め、石油・天然ガス開発の〝最後のフロンティア〟の一角を占めなければならない。また、深海底には大量のマンガン団塊や硫化物などの資源が眠っているため、深海探査技術や採鉱技術の向上も注力すべき課題となろう。

一流の海洋設備は、人類が海洋で自由にふるまうための基盤である。深海探査・資源採掘・極地探査・大洋探査では、なおさらそうした設備が欠かせない。強力な海洋設備製造業なくしては、海洋強国を下支えすることはできない。中国の製造業は世界にその名をとどろかせており、造船業にしても規模は大きいが、生産能力過剰になっている。ところが、陸上のラボラトリーから海洋科学調査船に至るまで、重要設備の九〇パーセントは輸入に頼っているのである。このため、深海探査用潜水艇や深海探査船、海底ボーリングシステム、ダイナミック・ポジショニング・システム（ＤＰＳ：自動船位保持装置）、深海係留システム、海洋石油プラットフォームの高出力の発電設備、海洋石油プラットフォーム用大型クレーン、海洋石油プラットフォーム用自動昇降システム、海底生産システムなどの分野での国産ブランドの育成が急務である。また、深海パイプ敷設システムや大水深ライザーシステムなどの重要システムの供給能力の確立も急ぐ必要がある。さらに、海洋モニタリング・観測設備や海洋総合観測プラットフォーム、潜水員輸送潜水艇、海底作業装置、深海における汎用性のある基礎部品などの分野では、自国内での設計・製造を実現しなければならない。

最後に、実際の占有空間の大きさである。一定の空間は、人類のあらゆる活動における基盤となっている。したがって、海洋強国として台頭していく過程においても、できるだけ広い海洋空間を開拓することが必然となる。中国は戦争に依らない方法での台頭を目指しているが、とはいえ、それは中国が積極的な海洋空間の開拓を行わないという意味ではない。この点は国家戦略としての計画策定が必要であり、政治・外交・経済・軍事などの手段を総合的に講じることによって、利用可能な海洋空間を開拓・保護しなければならない。ここには、遊休資源の活用や、既存の海洋空間の利用効率を高めること、ならびに資源の拡大や新たな利用可能空間の探索も含まれる。以下、具体的な提案を述べていこう。

第一に、自国の海洋空間を合理的かつ適切に利用することである。「国連海洋法条約」によって与えられた三〇〇万平方キロメートルの海域は、海洋強国・中国の基盤である。この海洋空間は相対的に狭小とはいえ、きちんと維持・管理・経営しなければ、海洋強国実現の可能性はない。中国の海洋経済は、長期にわたって粗放な経営と略奪的な開発を続けてきた。持続可能な発展を続ける能力が低いだけでなく、その歩みも遅く、小規模で、市場化のレベルも低く、多くの産業が依然として低レベルの発展段階にある。中国の海洋開発行為は規範性に欠け、統一的な監督・管理もできていない。時代遅れな経営理念と粗放な開発モデルのため、環境への負担が徐々に重くなり、渤海・黄海・東海の近海水域では汚染が深刻となって赤潮が多発するなど、海洋生態環境の悪化が海洋経済の持続可能な発展を妨げる大きな原因となっている。また、海洋における防災・減災の状況も相当厳しいものがある。近海の環境破壊の深刻さを考えると、環境保護にいっそう力を注ぎ、環境汚染に対する管理を断固強化し、持続不可能な産業は淘汰すべきである。そうしてはじめて、遊休資源の活用はもちろん、自国主権の権益範囲内にある海洋空間を持続可能な形できちんと利用できるだろう。

第二に、公海や深海域などの公共海洋空間の開発・利用に積極的に参加することである。世界の海洋の六〇パーセント以上は公共の海洋空間で、全人類の所有に帰している。中国が領有する海洋空間は相対的に狭小で、国民一人あたりの面積も非常に小さい。このため、地理的に不利な近海や地域の海域から、はてしない大洋へと進出することは、中国の海洋経済発展にとって喫緊の課題となっている。世界一の人口大国として、中国は海洋の管理・利用・開発に関するルール策定などの分野で説得力のある発言を行い、将来的には世界の海洋ガバナンスにおいて然るべき地位を獲得し、相応の力を持つべきである。また、南極・北極および大洋における科学調査は、引き続き強化すべきであろう。さまざまな形式によって深海域での資源調査および探査を実施し、資源開発申請や国際協力を加速させ、さまざまな形式による資源の優先開発権を獲得し、深海資源競争で有利な地位に立たねばならない。

第三に、全方位的に国際協力を進め、他国の海洋空間の開拓・利用を進めることである。海洋経済における生産・販売・消費のサイクルは、国際化が相当に進んでいる。漁業を例にすれば、ここ数年、魚類と漁業製品の市場はグローバル化が進んでおり、世界の漁獲高の七五パーセント以上は水揚げ国の外で販売・消費されている。一方、海底資源の開発を例にすれば、特に深海底の開発の場合、人材・資本・技術など多くの生産要素が高度に結びついた壮大な事業のため、どの海洋国家にも優位な点がある反面、足りない点もある。それゆえ、国際的なネットワークを利用した、世界的な規模での生産要素配置の最適化が必須である。中国は海洋科学技術や製造技術の面では遅れており、深海底の石油設備の開発・製造や高度な人材などの面でも先進国とは大きな隔たりがある。しかし、労働力などの人的資源・資本・外交リソースなどの面では非常に恵まれている。現在、中国は先進国に追いつき、追い越すべく加速を始めている。そう遠くない未来に、いくつかの科学技術分野で先進的な地位を獲得すると筆者は信じている。大規模産業や科学技術の輸出も実現できるだろう。中国は世界の海洋国との協力を積極的に模索し、人材・資本・技術など生産手段の優位性を活かして、発展への可能性を切り拓いていかねばならない。

中華民族は、一貫して平和的競争の名手であり続けてきた。古代、中国は世界の七パーセントに満たない耕地面積で、世界の人口の三分の一にあたる民を養い、大量の富を蓄積し、連綿と続く中華文明を育んできた。そして改革開放後、中国人は平和的発展と平和的競争という英知を、再び世界に向けて発信している。中国は植民地支配や対外侵略に頼らず、大規模生産や貿易によって、わずか三〇年あまりの間に世界第二の経済大国となった。世界第一となる日も、もうすぐだろう。過去を鑑に未来を展望すれば、中国が海洋でもうひとつの「中国の奇跡」を実現するとわれわれが信じる理由は十分にある。英知と勤勉さをもって海洋秩序のルールに習熟し、十全な市場メカニズムと科学研究制度を構築する。それがなされた時、海洋での平和的競争におけるあらゆる障害は、必ずや一掃されるだろう。

【注】

1 中国海軍百科全書編審委員会『中国海軍百科全書』海潮出版社、一九九九年、八二四頁。

2 Andrew Erickson：*A Work in Progress：China's Development of Carrier Strike*, Jane's Navy International, July/August 2014.

3 Geoffrey Till：*Making waves - Naval power evolves for the 21st century*, http://www.janes.com/news/security/terrorism/jir/jir091117_1_n.shtml

4 「三叉の矛（トリアイナ）」は、もともとギリシャ神話に登場する海神ポセイドンの武器のこと。長柄武器の一種で、三叉の真ん中は長く、両サイドはやや短い。海洋戦略の著書では、海上権力を奪取するための利器、あるいは重要な手段の比喩として用いられることが多い。

5 原楊原・孫学峰「崛起国合法化策略与制衡規避（勃興国の合法化戦略と均衡の回避）」、『国際政治科学』二〇一〇年第三期掲載、七頁。

6 郭樹勇「戦争合法性、多辺戦争与中国統一（戦争の合法性、多国間戦争と中国統一）」、郭樹勇主編『戦略演講録』所収、北京大学出版社、二〇〇六年、二五四頁。

7 孫学峰等『合法化戦略与大国崛起（合法化戦略と大国の台頭）』社会科学文献出版社、二〇一四年、一四一頁。

8 張爾昇等「海洋話語弱勢与中国海洋強国戦略（海洋における発言権の劣勢と中国の海洋強国戦略）」、『世界経済与政治論壇』二〇一四年第二期掲載、一三七頁。

9 凌青『従延安到聯合国：凌青外交回憶録（延安から国際連合へ—わが外交回想録）』福建人民出版社、二〇〇八年。

10　中国国家海洋局『二〇一四年中国海洋経済統計公報』http://www.coi.gov.cn/gongbao/nrjingji/nr2013/201403/t20140312_30592.html

むすび

二〇四九年中国のシーパワーを予測する

すぐれた戦略デザインには、目標やロードマップだけでなく、おおまかなタイムテーブルが欠かせない。

本書のタイトル（原題は「二〇四九年的中国海上権力」）にもある二〇四九年は、中華人民共和国の建国から一〇〇年、政府が海洋強国建設を正式に打ち出してから三七年目の年にあたる。

現時点から見ると、二〇四九年は未知の世界ということになるかもしれないが、海洋強国建設という視点で捉えれば、とても先のこと、というわけでもない。近代以降、海軍は高い科学技術レベルが要求される兵種へと変貌を遂げてきたが、陸軍や空軍と比べれば、その進展度合いはゆっくりとしたものだった。「陸軍十年、海軍百年」と言われる所以である。国力の増大を続ける強国が、ゼロに近い地点から強力な海軍をつくり上げようとすれば、そのためにかかる時間はかなりのものになるだろう。まして、必要とされる技術がより高度化し、艦隊の構造がより複雑になれば、軍がしっかり形をなして戦闘力を有するまでには、より長い時間を要するのは当然だ。アメリカ海軍は十九世紀末から軍の拡大を始めたが、世界に名だたる海洋強国となったのは、ようやく一九二〇年代になってからだった（もちろん、これには第一次大戦によりイギリス・ドイツの力が弱まったことも味方しているが）。ドイツの場合はアメリカに比べ、要した時間はもう少し短い。当時の海軍大臣、アルフレート・フォン・ティルピッツが海軍増強のため「艦隊法」を提起したのが一八九七年、ドイツ海軍が世界第二のパワーを有するようになったのは一九一四年なので、かかった時間は二〇年弱である。第二次大戦終結時点では貧弱だった旧ソ連の海軍が、一九八〇年代にアメリカに次ぐ現代化された海軍力を擁するまでには、およそ四〇年を必要とした。今日、海軍を支える技術には大きな変化が起こっている。情報化時代にあってシステム化・ネットワーク化の流れが強まり、艦隊の構造もかなり複雑になった。他の軍種との合同作戦も、深さや広がりという点では、かつてないほどのレベルになっており、十九世紀や二十世紀とは状況が大きく変わっている。したがって、中国が海洋強国になるまでには、ドイツや旧ソ連、そしてアメリカよりも長い時間を要するだろう。中国海軍の現代化が始まったのは一九九〇年代半ばなので、二〇四九年までは、およそ五五年の時間がある。他国の歴史上の経験から考えれば、その頃には曲がりなりにも、中国も世界先進レベルの海軍を擁しているだろうと考えられる。

海洋強国をはかるその他のバロメーター、たとえば政治・外交・経済・文化といった分野の進歩の度合いは、軍事力と比べるとゆっくりしていて不確実性も高い。旧ソ連やドイツ帝国はともに強大な海軍を築き上げはしたが、海洋政治ではそれに見合うだけの力を手に入れられなかったし、海洋経済や海洋文化という点においても、その進展は著しく遅れていた。両国の海洋進出は、きわめてバランスが悪かったのである。中国の場合、経済の三段階発展論にもとづけば、今世紀半ばまでに人民は比較的豊かになり、現代化は基本的に実現され、経済の成長モデルも、より健全でバランスのとれたものになっていると考えられる。ひとり当たりGDPは中等国レベルに達し、人民は比較的裕福な暮らしができるようになっているだろう。こうした質のいい、バランスのとれた経済成長下でこそ、海洋経済強国もはじめて実現可能になる。今年、すなわち二〇一六年は、改革開放の始まった一九七八年と二〇四九年のほぼ中間地点にある。中国は、これまで三〇余年をかけて大陸から海洋へ向かう準備を終え、経済の規模も大きくなった。ただし、経済の質という点では強化ができていなかった。これからの三〇余年では、経済モデルの転換が最重要課題である。海洋経済も、もちろんこの例外ではない。日本や韓国が経済の〝量から質へ〟の転換を果たすまでには一〇年から二〇年を要した。中国の経済規模を考えれば、海洋経済は今後およそ四〇年をかけて、質・量両面の向上を実現すると考えるのが妥当だろう。改革開放から今日に至るまでに、中国は国際システムと融合し、国際ルールの理解も深め、現在は「ルールを理解する」から「ルールを生み出す」方向へ足を踏み出している。国際貿易や地域の一体化といった分野においてルールやしくみを運用する中国の能力は、西側諸国と比べてもそれほど引けを取らなくなっている。中国は、海洋での実践を通じて大きく発展する段階に入ったばかりだ。これまでの政治や外交での経験をもとに考えるなら、今後三〇余年、つまり二世代にわたる学習や実践を経ることで、海洋政治における中国と他の海洋強国との能力差は、それほどかけ離れたものではなくなっているはずだ。海洋への意識・認識や海洋文化については、国家・社会レベルの長期にわたる教育や宣伝、さらに海洋での実践経験により、イギリス・アメリカなどとの差はやはり縮小するだろう。差は依然として存在するかもしれないが、質的な差ではなくなっているだろう。

以上の事柄から総合的に推し量ると、二〇四九年に中国が海洋強国になっているという見通しには、かなり期待が持てるのではないだろうか。

社会科学であれ、自然科学であれ、およそ科学と名のつくものの最高の価値は、その力をもってして予測を行うことにある。ところが、国際情勢の予測について言えば、二〇四九年は遠い未来の話であり、正確な予測ができる時間の範疇を完全に超えている。現在の国際関係学の力では、二〇年先の国際情勢を正確に予測することは不可能であり、国際戦略情勢の予測が一〇年から二〇年先の間に集中しているのは、まさにこのためなのである。一五年から二〇年先の世界情勢を予測することを旨とし、アメリカ国家情報会議（ＮＩＣ）が定期的に発表している『グローバル・トレンド』というレポートがある。二〇一三年に発表されたレポートは、『二〇三〇年　世界はこう変わる』というタイトルからもわかる通り、一七年先までしか予測していない。三〇年以上先の中国が海洋強国としてどのように発展しているかを推し量るのは、「未来を予測する」ではなく、「未来を占う」と言ってもいいかもしれない。

しかしながら、少しだけ大胆に推測してみると、以下の長期的トレンドがはっきり認められる。たとえば、陸上では人口増加による圧力と資源の枯渇がますます顕在化するため、人類が海洋に進出し、探査し、開発するという流れは変わらないだろう。今世紀半ばには、まったく新しい海洋世界が広がっているはずである。科学技術は高度な発達を遂げたが、最新技術（3Dプリント技術・人工知能・バイオ医薬品など）は、人々の仕事や生活様式を変えることにその重点が置かれている。そのため、今後長期間にわたり、これまでの自然科学の枠組みを揺るがすような発明なり創造が現代物理学の分野でなされることはないだろう。ニュートンやアインシュタイン級の重大な貢献がなされたとしても、科学技術の進歩が地理的空間の生み出す距離という障壁を超えることはできないと思われる。また、世界規模の戦争はますます起こりにくくなり、グローバルな海洋秩序では平和的競争という特徴がいっそう明確になるだろう。発展についての問題が戦争の問題以上に海洋政治の重点になっているはずだ。そして、世界の大国である中国がその海洋大国としての姿をあらわにするだろう。政策的に重大な誤りを犯さないかぎり、中国が海洋強国になっているのは間違いない。もちろん、実現までの道のりや、その意味合いには幅があるかもしれないが。

中国の政策決定層や主流派が、こうしたトレンドを明確に見通し、海洋経済や海洋政治の発展のために求められる事柄に自覚的に対応した上で、理性的かつ実際に即した戦略や政策を行うならば、筆者が以下に述べる海洋強国についての予測は、二〇四九年ごろには現実のものとなっているだろう。

侵略や干渉に抗する中国の能力は大幅に向上しており、周辺環境にも顕著な改善が見られるだろう。また、三〇余年を経て、中国軍は全面的な情報化を実現しており、陸・海・空・宇宙・サイバーの共同作戦能力も飛躍的な向上を遂げているだろう。新しい軍事体制により、中国軍は内部から徹底的な改革がなされているはずである。ベトナム・フィリピン・日本など周辺国は、その実力において中国に大きく引き離されているため、中国を挑発する能力も気力も残っていないだろう。朝鮮半島情勢は緊張緩和に向かっており、南北統一が実現している可能性もある。情勢は総じて安定しているだろう。台湾とは現在のような関係が続いている可能性が高いが、政治・経済・安全保障・文化などのつながりはこれまでよりはるかに密になっていると考えられる。

台湾では〝両岸統一〟もデリケートな話題ではなくなっているだろうし、〝台湾独立〟が話題になることもなく、中国と台湾は、実質的に統一された状態になっていると思われる。中国と周辺諸国の海洋問題は、中国と隣国の双方の関係における中心的な話題、あるいは争いの原因となる問題ではなくなっているだろう。黄海の境界画定問題は、解決に至っているはずだ。釣魚島や東海、南海については、問題自体が残っている可能性はあるが、島嶼をめぐる主権の帰属に関しては、現在ほど重要でなくなっているに違いない。東海、南海における中国の開発・経営能力や管制能力は他国を圧倒し、釣魚島や東海、南海問題についての法的主張の正当性は、国際社会にも広く認められているはずだ。強力な抑止力を背景にした「主権属我、擱置争議、共同開発（主権は中国にあるが、争いを棚上げし、共同開発を行う）」という中国の主張にベトナム・フィリピン・日本は前向きな姿勢を示し、紛争問題について中国と積極的に話し合いを行うだろう。それにより、これまで中国にとって地理的障害だった西太平洋の第一列島線の圧力が緩和され、さらに中国の「接近拒否（A2）」能力ともあいまって、アメリカの第一列島線内での優位は失われるだろう。アメリカにとって、中国が関係する海洋問題の重要度は大幅に低下し、中米間の争いの主戦場は、太平洋では第一列島線と第二列島線の間の海域に、そして広大なインド洋海域へと移っていくだろう。

「ランドパワーでシーパワーを支え、海と陸のバランスを図る」という長期的戦略により、アジア太平洋地区や世界における中国の地政学的状況は、これまでとはまったく違ったものになっていると考えられる。クラ地峡の運河、中国・ミャンマー・バングラデシュの国際道路、インドシナ半島の高速鉄道といったプロジェクトの全面竣工により、中国西南地区からインドシナ半島を経てインド洋に至る陸海の立体的交通網が完成し、東南アジア各国やインド洋北部の沿岸国との関係も緊密になって、西行きの海上ルートの安全とインド洋東岸の地政学的状況は大きく改善されるだろう。また、中国西北地区から海への出口も、これまでのよりはるかに短縮されることが見込まれる。新疆から中央アジアを経て最終的にユーラシアを貫くランドブリッジにより、アフガニスタンからイランを結んでオマーン湾へと直結するルートと、新疆のカシュガルから中国・パキスタンの国境にあるクンジュラブ峠を経由してパキスタンを抜け、インド洋西岸のグワダル港へ直結する鉄道が開通しているはずだ。中国東北地区では、長吉図戦略[1]が本格的実施に至り、東北地区の地域経済の一体化が大きく前進しているほか、ロシアや北朝鮮との協力関係を通じて、日本海への出口も獲得しているだろう。北極では融氷面積の拡大により北極海航路が定着し、これまでよりはるかに簡便で安定したヨーロッパ・北米行きの海上ルートが確立しているだろう。このほか、四つのユーラシア・ランドブリッジ[2]が全面開通し、内陸部を縦横に走る高速鉄道が発達することで、ユーラシア大陸におけるランドパワーが再び大きく注目されるようになるはずだ。イギリスの著名な地理学者マッキンダーの「ハートランド理論（ユーラシア大陸の内陸部〈ハートランド〉を支配する勢力が世界の覇権を握るとする考え）」が、一〇〇余年ぶりに「海上権力論」を凌駕し、ユーラシア大陸の地政学的な優位性がより明確になるだろう。こうした動きに合わせ、ユーラシア大陸全体における中国の政治的・経済的影響力は、新たな高みに到達するだろう。シルクロード経済ベルトと二十一世紀海上シルクロードのいわゆる〝一帯一路〟構想がひとまず実現し、中国の積極的な働きかけのもとでユーラシア大陸の経済・政治上の再編もかつてないほど進み、東は西太平洋沿岸から西はバルト海や地中海に至る、ユーラシア大陸を横断した新しい経済協力区が形成されているだろう。中国はユーラシア大陸の政治と経済の中心、そしてユーラシア大陸と太平洋が出合う場所として、ユーラシア内陸部と海洋をつなぐ架け橋、さらに東洋と西洋を結ぶ要衝になっているに違いない。地政学的観点で言えば、中国は、東と西、あるいは南と北を橋渡しする「中間国家」、ユーラシア大陸あるいは世界の中心に位置する「中央之国」となっているであろう。[3]

　実現をかなりの程度確実視していいものもある。遠洋艦隊の完成と、中国海軍による大洋への全面進出だ。

その頃には、第一世代、第二世代合わせて五隻の空母を擁しているはずだ（通常動力型もあれば原子力空母もあるだろう）。空母には、第二世代の艦載戦闘機と早期警戒管制機が搭載されていると考えられる。このうち二つの空母艦隊が西太平洋とインド洋でそれぞれ戦闘当直に就き、別の空母艦隊ひとつはいつでも出撃できる状態に、残り二隻の空母は交代で整備を行う形がとられるだろう。駆逐艦や護衛艦も、その質・量両面で大幅な変化が予想される。純粋な防衛戦略から多様な任務への変化、さらに軍事力の「走出去」戦略実施の必要に伴い、駆逐艦の数は現状の二倍、およそ五〇隻にまで増加すると見込まれる。旅大型・旅海型・旅州型を含む〇五一系列や、旅滬型・旅洋型などの〇五二Bや〇五二C系列といった現在就役中の艦船が退き、新型の〇五二Dが一〇年から二〇年の量産・就役を経て、次世代の地域防空システムを担っているだろう。また、現在建造中とされる〇五二Eや〇五五・〇五九なども配備され、艦隊の主力となっているだろう。護衛艦の数は、現在よりやや多い七〇隻程度になっていると考えられる。〇五四Bや〇五六、およびその後続艦が就役し、大洋では中国遠洋艦隊の後方支援として、近海や沿岸での作戦行動では先頭艦として活躍しているだろう。潜水艦部隊は、数としては現状の七〇隻を維持すると思われるが、作戦能力は飛躍的に向上しているはずだ。原子力潜水艦の数は三〇隻のレベルが維持され、その作戦能力はロシアの潜水艦部隊と肩を並べるまでになっているだろう。このほか、測量艦・支援艦・補給艦といった補助艦艇が中国近海や西太平洋、インド洋を大量に巡航しているだろう。全体の規模、艦隊の構成、作戦能力などあらゆる点から見ても、中国海軍はアメリカ海軍に次ぐ勢力になっているのは間違いない。

また、軍事力の「走出去」戦略に歩調を合わせるため、「海外には兵力を駐留させない」というこれまでの原則に、抜本的な変更がなされるだろう。中国は「国連憲章」の精神に従い、友好国との平等互恵にもとづく協力と、政治的対話や外交協議により、世界に数十の補給地点・通信中継センター・総合保障基地を建設しているだろう。これらの海外基地は、中国の海外での軍事活動に必要な支援を行うことを目的とするため、主にアフロ・ユーラシア大陸南部の海岸線に沿って展開されることが予想される。戦略的・地政学的要素、さらに中国との関係を考慮すると、以下の国に目的に応じた海外拠点を設けているだろう。インド洋地区では、パキスタン・バングラデシュ・スリランカ・ミャンマーを中心とした北インド洋補給線、ジブチ・イエメン・オマーン・ケニア・タンザニア・モザンビークを中心とした西インド洋補給線、セーシェル・マダガスカルを中心とした中南インド洋補給線という三線での遠洋戦略拠点の設置を、さらに、パプアニューギニア・フィジー・サモア・トンガ・バヌアツといった南太平洋の島嶼国には補給地点や通信基地を、チリ・アルゼンチン・ナミビアなどの南米や西アフリカ諸国には後方支援センターの建設を行う。加えて、通信衛星や海洋偵察衛星が、世界のあらゆる海域で行われる軍事行動に通信と情報の便宜を提供することで、中国海軍はハード・ソフト両面でグローバルに行動できる能力を備えることになろう。ただし、仮にそうした段階に至ったとしても、中国海軍はいまだ「アジア太平洋地域を重点とし、世界的に影響を及ぼす」地域的海軍力であり、アメリカ海軍との間には、規模や軍事技術の面で依然差が存在しているだろう。[4]

以上見てきたように、中国海軍は世界の海域において、自国の戦略的意図を実現する力を有するようになる。ここからさらに自らの役割を、制御・均衡・影響力の行使、という三つのレベルに分け、世界の海域においてそれぞれの任務を執り行うだろう。第一列島線付近の近海では制御、すなわち相対的優位と制海権を有し、いかなる国家あるいは集団の挑戦にも対応できるようにする。西太平洋やインド洋北部では均衡、すなわち効力のあるプレゼンスを展開し、アメリカ・日本・インドなどの域内勢力とのパワーバランスを図るとともに、アメリカ・日本・ロシア・インド各国と航行の自由を守るための協力も進める。その他の世界の海域では影響力の行使、つまり小規模な軍事力の配備・戦争以外の軍事活動・軍事外交など、さまざまな形で瞬時に影響を及ぼすようにするのである。

二〇四九年の世界の海洋政治は、アメリカ・中国・ロシア・EU・インド・第三世界諸国による多極化の様相を呈しており、中国はその中で重要な一角を占めているだろう。大陸棚限界委員会・国際海底機構・国連海洋法裁判所などの国際海洋機関においても重要な役割を果たしているはずである。また、太平洋およびインド洋沿岸地域のさまざまな協力メカニズムにも全面的に参加しており、西太平洋ではアメリカ・ロシア・日本・韓国などの海洋強国と共同で地域の平和と安定を守り、インド洋ではアメリカ・インド・EUなどの主要な提携対象となっているだろう。北極や太平洋東部、大西洋など世界のその他の海域でも、中国の参加が欠かせないものとなり、中国は各国から協力を求められる国になるだろう。

外交における人員の素養・紛争の経験・国際ルールの習熟などについても、中国と欧米各国は優劣つけがたいレベルになっているはずだ。中国は、これまで西側諸国が主導してきた国際システムのエッセンスを会得するのみならず、長年にわたる海洋での実践を通じて、関連する制度やルールをより実り多きものにしているだろう。同時に「和」「合」といった中国の伝統的な価値観を国際海洋政治に取り入れ、世界の海洋秩序において大きな発言権を有するようになるだろう。海洋強国としての中国の地位は世界から認められ、それとともに中国脅威論も影をひそめ、海洋紛争の解決・国際的な開発協力・公共の空間と資源の保護といった面で中国は欠かせない存在になっているはずだ。二〇四九年前後は中国がその実力を磨き上げ、世界の海洋秩序について、それまでの経験を生かした中長期的計画や展望を整然と表明する時期になる。それにより、外交レベルでは大陸文明から海洋文明への変化を、さらに国家レベルでは大陸型国家から海洋型国家への変貌を遂げるだろう。つまり、中国にとっての二〇四九年は、アメリカが第一次大戦後にその地位を確立する契機となった一九一九年と同じく、海洋強国として世界に進出し、その秩序の維持に乗り出すための出発点なのである。

国際社会では、中国の経済が早々にアメリカを追い越し、世界一の経済体になるとの考えが広く行きわたっている。中国の海洋に関する中長期的計画やガバナンス、科学技術が着実な発展を見せ、海洋経済の成長率がＧＤＰ成長率を毎年二～三パーセントのペースで上回るとすれば、控えめに見積もったとしても、二〇四九年までに中国の海洋経済がＧＤＰ全体に占める割合は三〇パーセント以上になり、堂々たる世界一の海洋経済強国になるだろう。

中国の漁業船団は、世界一巨大な船隊となり、その数・活動範囲ともに、他を寄せつけない規模になっているだろう。漁船は先進的な装備と作業性能を有し、漁獲高も世界の総漁獲高の半分に迫ると予想される。中国の商船隊も、世界の大洋や数ある沿海国の港に広く展開しており、五星紅旗を掲げた商船の数は、世界のどの国の商船をも上回っているはずだ。さらに、海上施工事業者も世界各国の近海で活躍しており、中国の石油プラットフォームが世界の海上油田やガス田で見られるだろう。一方、深海では中国の深海探査艇や採鉱船が作業を行っているだろう。数多くの無人潜水艇やロボットが動員され、深海の秘密を探索しているに違いない。

中国の海洋経済に対する海洋科学技術の貢献は大きく、それにより、中国は海洋技術貿易の赤字国から黒字国へと転換を果たし、深海ボーリング技術や海洋工学などは、世界最先端レベルに位置しているはずだ。

中国のすべての人民には、海洋に対する強い意識・認識が形成され、海洋に関する法律や管理体制も整備され、総合的な海洋管理制度の運用にも習熟しているだろう。これらにより、中国の海洋経済は、規模・質・持続可能な発展といった面で高いレベルをキープしているはずである。

中国近海の環境は人とよく調和し、世界の海洋環境ガバナンスや発展のよき手本となるだろう。海洋資源の開発や利用は効率よく秩序だっており、生態環境も健全で申し分なく、陸と海のバランスの取れた、人と海の調和ある社会が実現しているに違いない。二十一世紀海上シルクロードは繁栄し、中国と世界の沿岸各国の大規模な協力は、さらに深く発展していくだろう。それにより、中国と沿岸各国との海洋経済協力は、単なる海上貿易から海洋産業での提携へと転換を果たしているはずだ。中国と一部の国家の間では、港湾の建設や運営・海洋資源の開発と利用・各種海洋産業の発展など、各分野のさまざまなレベルでの協力がより密に行われるだろう。沿海各国の海洋経済における生産、貿易、消費に至るあらゆる市場プロセスに中国は深く関わり、海洋経済の相互依存状態が強化されるだろう。海洋経済のネットワークにおいて、中国の海洋経済の競争力と他国を引きつける力は、世界のトップレベルに位置しているに違いない。

もちろん、二〇四九年に中国がこれまで述べたことのすべてを満たすような海洋強国になっていない可能性もある。しかし、この年には海洋強国としての大枠は確立され、経済・政治・外交・軍事面での基礎も固まり、客観的指標からも〝強者の気風〟が見て取れるようになっているだろう。二〇四九年には、海洋強国実現に至る道のりの大部分は達成されているはずだ。

【注】

1　長吉図戦略とは、二〇〇九年八月に国務院が正式批准した「中国図們江区域合作開発規劃綱要―以長吉図為開発開放先導区」の略称である。長吉図とは、吉林省長春市および吉林市の一部、図們江流域の琿春市を含むエリアを指す。

2　第一ユーラシア・ランドブリッジは、ロシアのウラジオストクから吉林省の長吉図開発開放先導区の窓口である琿春市、さらに西シベリアを横断してヨーロッパを抜け、最終的にオランダのロッテルダム港に至る西シベリア・ランドブリッジである。第二ユーラシア・ランドブリッジは、江蘇省連雲港市と甘粛省蘭州を結ぶ隴海鉄道と、甘粛省蘭州と新疆ウイグル自治区ウルムチを結ぶ蘭新鉄道を、カザフスタン鉄道とつないだ新ユーラシア・ランドブリッジを指す。江蘇省連雲港市から隴海鉄道と北疆鉄道で西へ向かい、中国・カザフスタン国境の阿拉山口からカザフスタンに入り、ロシア・ベラルーシ・ポーランド・ドイツを経てロッテルダム港に至るルートである。第三ユーラシア・ランドブリッジは、雲南省昆明を起点に、ミャンマー・バングラデシュ・インド・パキスタン・イランを通ってトルコからヨーロッパに入り、最終的にロッテルダム港へ至るルートである。第四ユーラシア・ランドブリッジは、内モンゴル自治区満州里市からロシアのシベリア鉄道へつながる浜州鉄道・浜綏鉄道のラインと、内モンゴル自治区と吉林省を走る両伊鉄道・白阿鉄道・平斉鉄道を連結して内モンゴル自治区の興安盟・通遼市・赤峰市を一本化し、北京へつなげるラインを合わせたルートである。第四ユーラシア・ランドブリッジはさらに、複線化建設を進めることで、長白（長春市と白城市を結ぶ）鉄道と長図鉄道をつなげ、さらに北朝鮮の鉄道と連結させることも可能になるが、これについては現在審査中である。これら四本のランドブリッジのほかにも、多くの支線や連結路線が計画に上っている。

3 「中間国家」「中央之国」については、王緝思「関於中国地縁戦略的若干思考（中国の地政学的戦略について考える）」（『北京大学国際戦略研究院戦略簡報』第八三期）を参照のこと。

4 海韜「中国可建印度洋〝三線基地群〟（中国によるインド洋〝三線基地群〟は建設可能だ）」http://news.xinhuanet.com/herald/2011-12/23/c_131321310.htm

あとがき

本書もあとがきを残すのみとなったが、ここで読者のみなさんにお断りしておかなくてはならないことがある。それは、「海洋強国」が厳密な学術的な概念ではなく、政策的な概念であるということだ。その政策的概念を、学術的に研究する必要や意義があるのか。ここには当然、疑義が差し挟まれることだろう。学界でも、この件について意見を保留している研究者がいるし、私自身も、かつては漠然とした意見しか持っていなかった。

今回の研究についても、たびたび躊躇することはあったが、なんとかやり遂げることができた。その原動力は、と問われれば、歴史への使命感であると答えたい。海上における中国台頭の端緒に立ち会い、幸運にもその過程にかかわることができたことは、私にとってこのうえない喜びであったが、その分プレッシャーも大きかった。ここ数年、海洋関連の問題における中国政府の動きはめざましく、問題処理の効率のよさという点でも感服させられる。また、「海洋強国」という概念の提起は、「大洋への進出」が中国の国家戦略にまで高められたことをよく表している。この概念の意味するところはそれほど具体的ではなく、スローガンのきらいがないわけではない。とはいえ、政府が象徴として「海洋強国」という概念を打ち立てるのは必要かつ有用なことであるし、それによって全人民の海洋に対する意識や認識がかきたてられ、さまざまな能力や手段の発展に刺激を与え、海洋問題に取り組む能力や資源の再編を促すことにもなろう。歴史が造られるまさにこの時、海洋戦略研究に打ち込む一人の研究者として、筆者も何がしかの成果を残したいと思った次第である。

中国政府により「海洋強国」の概念は提起されたわけだが、今後必要とされるのは、「海洋強国とは何か。いかに海洋強国を建設していくか。その実現のためどんな道すじを描くか」といった具体的な問題に対する答えを出し、海洋強国へ至るまでの目標やロードマップを提示することだろう。ただ、残念なことに、現在の海洋強国に関する著述の多くは、政府発表の解説本といったレベルにとどまっている。内容も通り一辺倒で、実のある議論がなされているものが非常に少ない。真摯な、そして深く掘り下げた学術的な研究がまたれているのである。本書は、まさにそうした時代の要請に応えるものだ。

「海洋強国」というテーマで本を書こうとすれば、さまざまな書き方ができるのだろうが、本書の執筆では、新機軸を打ち出すこと、そしてシャープな議論を展開することに特に力を注いだ。学者による戦略研究や政策分析は、政府や官僚の考える政策や計画とは違うものであるというのが、昔からの私の持論だ。前者は未知の世界への探索であり、後者は既知の事柄を総括して政策へと煮詰めていく作業である。学者による研究は政府の戦略設計の先を行くものであるべきだ。学者の役割とは新しい考え方や枠組みを提供することであって、官僚に追随し、政府発表の拡散役や政策の解説者に甘んじることではない。さらに、官僚のことなかれ主義的な物言いや文章をまねる必要もない。客観的かつ精確であることが研究の命であり、シャープで意味のある内容こそを読者に伝えなければならない。友人からは、物言いがストレートにすぎる部分があるので、デリケートな問題については、もう少し角の立たない言い方に変えるべきだと提案をされたこともある。そうした提案には心から感謝しつつも、やはり今回は〝ストレート〟にこだわった。

海洋戦略の研究は、政治・経済・外交・軍事など、多ジャンルにわたる学際的なものだ。壮大な課題を前に、学の浅い私は恐れおののくばかりだったが、当初の志を忘れず、真摯な態度で研究を進め、なんとか乗り越えることができた。とはいえ、力及ばず、不十分なところもたくさんあると思う。その点はお許しいただきたい。

海洋強国へ至るための目標や手段、そしてロードマップを、理性をもって策定すること。そこにはとても重大な意義があるし、学界の志ある研究者が全身全霊を傾けるに値するものがある。細部がなければ戦略は成り立たないし、具体的な問題に対し長期間にわたって関心を払っていなければ、戦略研究について語ることもできないだろう。政府が政策を宣伝したりスローガンを叫んだりするのは、それが政府の職責だからであるが、もしすべての国民がそれに酔いしれているだけだとしたら、海洋強国建設には依って立つ基盤がないことになる。理想を仰ぎ見る一方、足元もしっかり固めることを、この場を借りて願うばかりである。

本書の執筆や出版過程では、さまざまな困難や紆余曲折があった。無事出版の日の目を見ることができたのは、多くの方々の励ましや支えがあったからだ。心から感謝申し上げる。なかでも、北京大学海洋研究院のみなさんには特に感謝したい。同研究院は、二〇一三年十二月三十一日に北京大学で正式に設立された科学研究機関である。張東暁院長、陳学義秘書長、王磊副院長、李鳴主任は、研究院設立直後で忙しいにもかかわらず、本書の内容や執筆を常に気にかけてくださり、たくさんのやさしさと元気をいただいた。また、編集を担当してくれた範鵬宇氏や中国発展出版社の見事な仕事ぶりにも感謝したい。デリケートなテーマを扱い、内容も多岐にわたる本書を編集・出版できたのは、彼らの専門的知識に対する素地と、勇気のおかげである。

二〇一四年八月十五日　北京・燕東園にて

胡　波

■著者紹介　胡　波（こ・は）

北京大学外交学博士。現北京大学海洋戦略研究センター研究員、シーパワーおよび国際戦略問題専門家。『人民日報』『鳳凰周刊』『聯合早報』『南方周末』『東方早報』等、国内外有名メディアの特約論説委員を務めるほか、同紙誌に寄稿もしている。軍事戦略や外交政策の研究に長年携わっており、シーパワー戦略、国際安全保障、中国の外交が主要研究分野。『世界経済与政治』『国際観察』『外交評論』『The Journal of Chinese Political Science』等、国内外の専門誌に20篇あまりの学術論文も発表。前著『中国の海上権力政策：外交、海洋経済およびシーパワー』（未訳）は、「中国の海洋政策について理性的・体系的な中長期計画を提示した良書」と好評を得た。

■訳者紹介　濵口　城（はまぐち・じょう）

三重県出身。大手出版社で雑誌編集者として勤務した後、2010年に退社。その後はフリーの編集・ライターとして幅広く活動している。退社後に独学で始めた中国語を生かし、中国語の語学書の編集・原稿執筆など手がける。近年は、中国語書籍の翻訳チェックなども行っている。
翻訳協力：藤村とも恵等（日中翻訳学院）

中国はなぜ「海洋大国」を目指すのか －“新常態時代”の海洋戦略－
2016年12月26日　初版第1刷発行
著　者　胡　波（こ　は）
訳　者　濵口　城（はまぐち　じょう）
発行所　富士山出版社
発行者　小熊未央（おぐま　みおう）
発売所　日本僑報社
〒171-0021 東京都豊島区西池袋3-17-15
TEL03-5956-2808　FAX03-5956-2809
info@duan.jp
http://jp.duan.jp
中国研究書店 http://duan.jp

Printed in Japan　ISBN 978-4-9909014-1-7　C0036

尖閣列島をめぐる「誤解」を解く

国会答弁にみる政府見解の検証

孫崎享・岡田充共同推薦

本書は、国会答弁の膨大な記録にあたり、それらを細かく検証することで、尖閣諸島をめぐる「疑問」や「誤解」を1つずつ解いていく。日本にとって不利となる事実であっても、国会会議録からすっかり消し去ることはできない。「まずは事実を認識し、それを踏まえて冷静に議論することで、日中信頼関係の再構築を」と著者は語る。

著者　笘米地真理
定価　3600円＋税
ISBN　978-4-86185-226-8
刊行　2016年

日中文化DNA解読

心理文化の深層構造の視点から

昨今の皮相な日本論、中国論とは一線を画す名著。中国人と日本人の違いとは何なのか？文化の根本から理解する日中の違い。

著者　尚会鵬
訳者　谷中信一
定価　2600円＋税
ISBN　978-4-86185-225-1
刊行　2016年

日中国益の融和と衝突

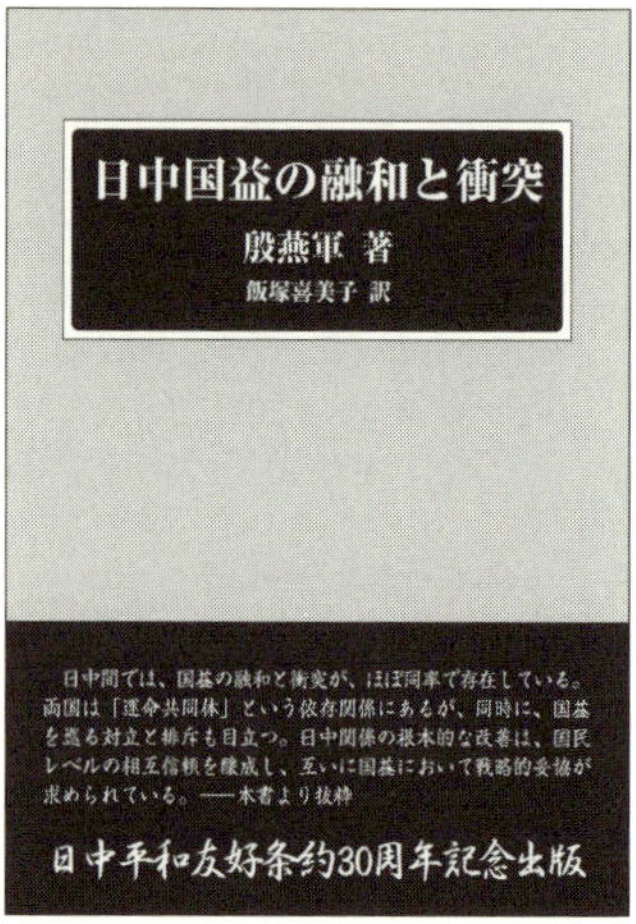

日中間では、国益の融和と衝突が、ほぼ同率で存在している。両国は「運命共同体」という依存関係にあるが、同時に、国益を巡る対立と排斥も目立つ。日中関係の根本的な改善は、国民レベルの相互信頼を醸成し、互いに国益において戦略的妥協が求められている。

著者　殷燕軍
訳者　飯塚喜美子
定価　7600 円＋税
ISBN　978-4-86185-078-3
刊行　2008 年

尖閣列島・釣魚島問題をどう見るか

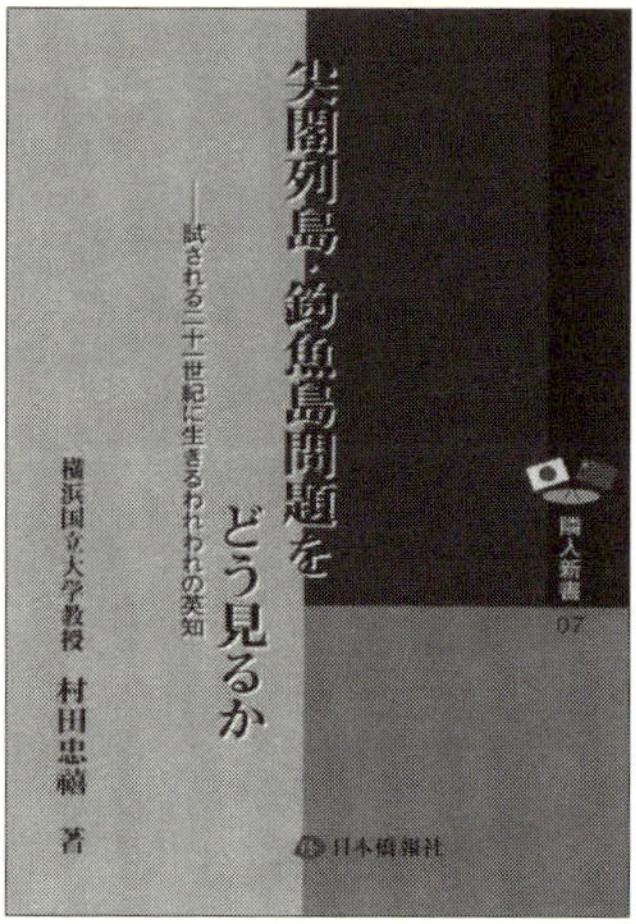

1. はじめに
2. 歴史的事実はどうであったのか
3. 明治政府の公文書が示す日本の領有過程
4. 日本の領土に編入されてから
5. 狭隘な民族主義を煽る口実としての領土問題
6. 試される二十一世紀に生きる者の英知

著者　村田忠禧
定価　1300 円＋税
ISBN　978-4-93149-087-1
刊行　2004 年

永遠の隣人ー人民日報に見る日本人

永遠の隣人

書名題字 元内閣総理大臣村山富市先生

日中国交正常化30周年を記念して、人民日報の人物記事を一冊の本にまとめた。中国人記者の眼差しを通し日中友好を考える。

主編　孫東民、于青
監訳　段躍中
訳者　横堀幸絵ほか
定 価　4600円＋税
ISBN　4-931490-46-8

日中友好会館の歩み

「争えば共に傷つき、相補えば共に栄える」

中曽根康弘元首相 推薦！
唐家璇元国務委員 推薦！

かつての日本、都心の一等地に発生した日中問題を解決の好事例へと昇華させた本質に迫る一冊。

著者　村上立躬
定 価　3800円＋税
ISBN　978-4-86185-198-8

中国名記者列伝（第一巻）

**正義を貫き、その文章を
歴史に刻み込んだ先人たち**

アヘン戦争に始まる中国の近現代の145年の歴史上で活躍した400人の中国を象徴する名記者たちを記録。

第一巻は、中国で初めて刊行された新聞『循環日報』の記者王韜を始め、20人の伝記を収録。中国の新聞事業史・中国の社会の変化などを理解するのに欠かせない一冊となるだろう。

編者　柳斌傑・李東東
監訳　加藤青延
訳者　渡辺明次
定価　3600 円＋税
ISBN　978-4-86185-224-4
刊行　2016年

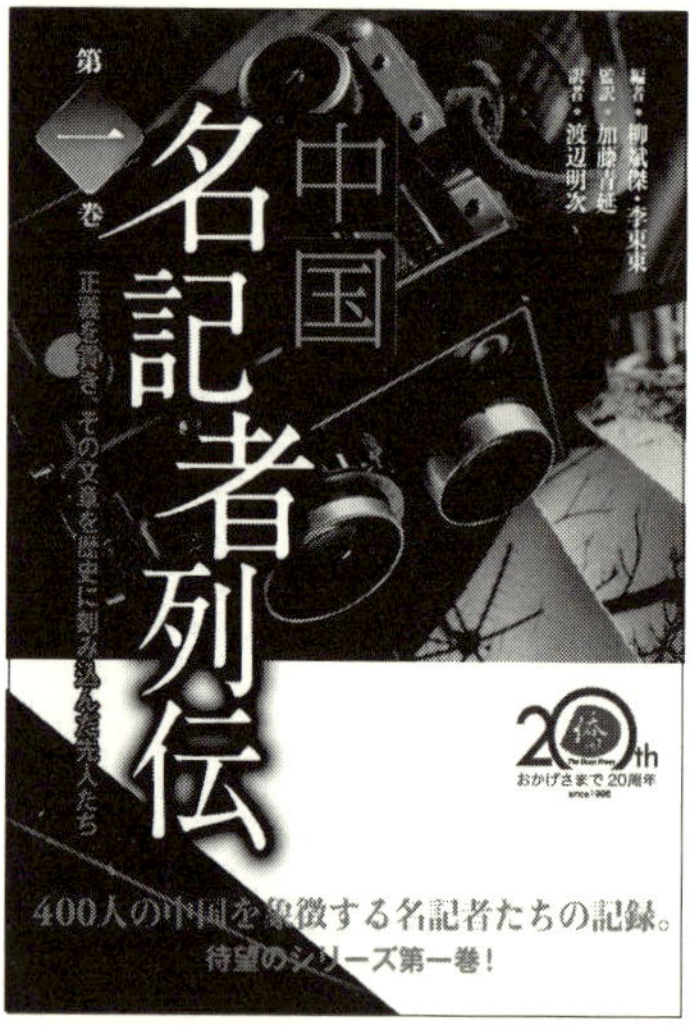

中国企業成長調査研究報告

**日本では知ることのできない
必読の一冊**

企業追跡調査」のデータ分析に基づき、中国企業の「いま」と「これから」をレポート。

日本では知ることのできない必読の一冊。

主編　伊志宏(中国人民大学副学長)
編者　RCCIC
訳者　森永洋花
定価　3600 円＋税
ISBN　978-4-86185-216-9
刊行　2016年

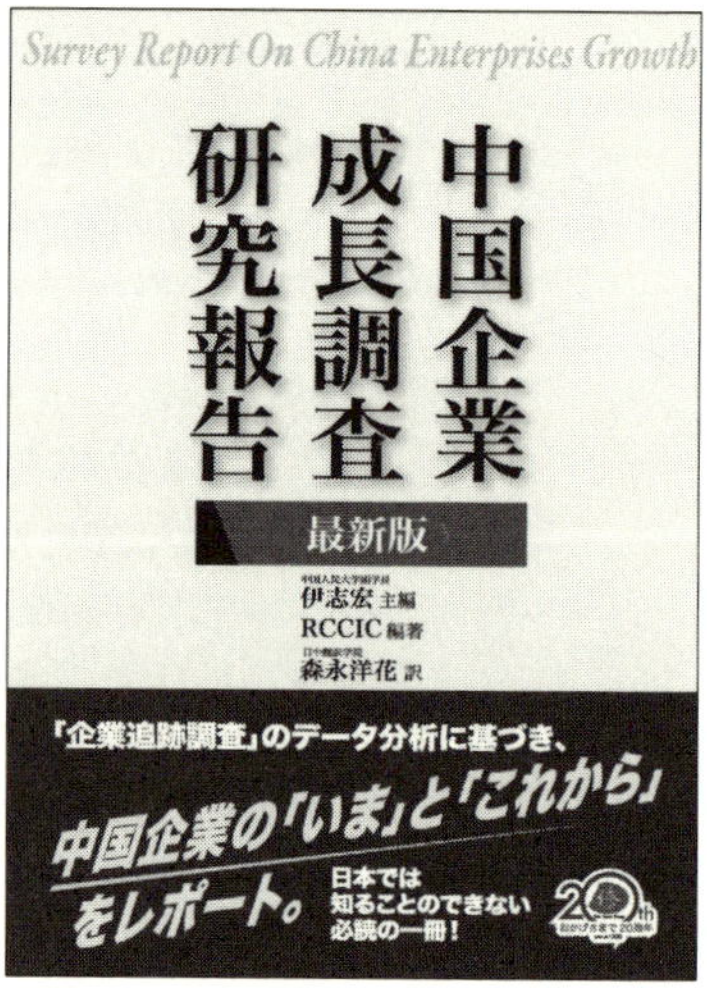

訪日中国人、「爆買い」以外にできること

中国若者たちの生の声シリーズ⑫

「おもてなし」日本へ、中国の若者からの提言

本書を手にされた方は、まずご自身でお読みください。それから、この本の内容に共感したり、「なるほど」と納得したりすることがあれば、最も親しい方お１人で結構ですので、どうかご推薦ください。自らのため、大事な人や家族のため、ひいては日本の将来のため「私から・小さなことから」行動を始めてみてはいかがでしょう。

石川好

編者　段躍中
定価　2000円＋税
ISBN　978-4-86185-229-9
刊行　2016年

訪日中国人から見た中国と日本

インバウンドのあり方

訪日中国人旅行者を知るために、
必携の一冊。

訪日外国人旅行者の四分の一を占める中国人の目から見た日本の姿とは。豊富な資料と図表を用いてわかりやすく解説した研究書。

著者　張兵
定価　2600円＋税
ISBN　978-4-86185-219-0
刊行　2016年

日本僑報社のベストセラー書籍

日本語と中国語の落し穴
同じ漢字で意味が違う - 用例で身につく日中同字異義語 100

久佐賀義光 著　王達 監修

" 同字異義語 " を楽しく解説した人気コラムが書籍化！中国語学習者だけでなく一般の方にも。漢字への理解が深まり話題も豊富に。

四六判 252 頁 並製　定価 1900 円 + 税
2015 年刊　ISBN 978-4-86185-177-3

日本の「仕事の鬼」と中国の＜酒鬼＞
漢字を介してみる日本と中国の文化

日本図書館協会選定図書
冨田昌宏 著

鄧小平訪日で通訳を務めたベテラン外交官の新著。ビジネスで、旅行で、宴会で、中国人もあっと言わせる漢字文化の知識を集中講義！

四六判 192 頁 並製　定価 1800 円 + 税
2014 年刊　ISBN 978-4-86185-165-0

日中中日 翻訳必携　実戦編
より良い訳文のテクニック

武吉次朗 著

2007 年刊行の『日中・中日翻訳必携』の姉妹編。好評の日中翻訳学院「武吉塾」の授業内容が一冊に！実戦的な翻訳のエッセンスを課題と訳例・講評で学ぶ

四六判 192 頁 並製　定価 1800 円＋税
2014 年刊　ISBN 978-4-86185-160-5

病院で困らないための日中英対訳医学実用辞典
指さし会話集＆医学用語辞典

松本洋子 編著

16年続いたロングセラーの最新版。病院の全てのシーンで使える会話集。病名・病状・身体の用語集と詳細図を掲載。海外留学・出張時に安心。医療従事者必携！

A5 判 312 頁 並製　定価 2500 円＋税
2014 年刊　ISBN 978-4-86185-153-7

日本語と中国語の妖しい関係
中国語を変えた日本の英知

松浦喬二 著

この本は、雑誌『AERA』や埼玉県知事のブログにも取り上げられた話題作。日中の共通財産である「漢字」を軸に、日本語と中国語の特性や共通点・異なる点を分かりやすく記している。

四六判 220 頁 並製　定価 1800 円＋税
2013 年刊　ISBN 978-4-86185-149-0

中国人がいつも大声で喋るのはなんでなのか？
中国若者たちの生の声、第 8 弾！

段 躍中 編　石川好氏推薦

大声で主張するのは自信と誠実さを示す美徳だと評価され学校教育で奨励。また、発音が複雑な中国語は大声で明瞭に喋ることは不可欠。など日本人が抱きがちな悪印象が視点をずらすだけでずいぶん変化する。（読売新聞書評より）

A5 判 240 頁 並製　定価 2000 円＋税
2012 年刊　ISBN 978-4-86185-140-7

新中国に貢献した日本人たち
友情で綴る戦後史の一コマ

中国中日関係史学会 編
武吉次朗 訳

埋もれていた史実が初めて発掘された。日中両国の無名の人々が苦しみと喜びを共にする中で、友情を育み信頼関係を築き上げた無数の事績こそ、まさに友好の原点といえよう。元副総理・後藤田正晴

A5 判 454 頁 並製　定価 2800 円＋税
2003 年刊　ISBN 978-4-93149-057-4

中国人の心を動かした「日本力」
日本人も知らない感動エピソード

段 躍中 編　石川好氏推薦

「第 9 回中国人の日本語作文コンクール受賞作品集」。朝日新聞ほか書評欄・NHK でも紹介の好評シリーズ第 9 弾！反日報道が伝えない若者の「生の声」。

A5 判 240 頁 並製　定価 2000 円＋税
2013 年刊　ISBN 978-4-86185-163-6

中国の " 穴場 " めぐり
ガイドブックに載っていない観光地

※ブックライブ http://booklive.jpから電子書籍をご注文いただけます。

日本日中関係学会 編著
関口知宏氏推薦

本書の特徴は、単に景色がすばらしいとか、観光的な価値があるとかいうだけでなく、紹介を通じていまの中国の文化、社会、経済の背景をも浮き彫りにしようと心掛けたことでしょうか。（宮本雄二）

A5 判 160 頁 (フルカラー) 並製　定価 1500 円 + 税
2014 年刊　ISBN 978-4-86185-167-4

大きな愛に境界はない
小島精神と新疆 30 年

日本友人小島康誉先生新疆貢献 30 周年記念

韓子勇 編著　趙新利 訳

この本に記載されている小島先生の事跡は、日中両国の財産であり、特に今の日中関係改善に役にたつと思う。もっと多くの人に知って欲しい。

A5 判 180 頁 (フルカラー) 並製　定価 1200 円 + 税
2013 年刊　ISBN 978-4-86185-148-3

※ご注文先は、奥付に記載されています。

日本僑報社好評既刊書籍

日中中日翻訳必携　実戦編Ⅱ

武吉次朗 著

日中翻訳学院「武吉塾」の授業内容を凝縮した「実戦編」第二弾！
脱・翻訳調を目指す訳文のコツ、ワンランク上の訳文に仕上げるコツを全36回の課題と訳例・講評で学ぶ。

四六判 192 頁 並製　定価 1800 円＋税
2016 年刊　ISBN 978-4-86185-211-4

現代中国カルチャーマップ

百花繚乱の新時代

日本図書館協会選定図書

孟繁華 著
脇屋克仁 / 松井仁子（日中翻訳学院）訳

悠久の歴史とポップカルチャーの洗礼、新旧入り混じる混沌の現代中国を文学・ドラマ・映画・ブームなどから立体的に読み解く 1 冊。

A5 判 256 頁 並製　定価 2800 円＋税
2015 年刊　ISBN 978-4-86185-201-5

中国の“穴場”めぐり

日本日中関係学会 編

宮本雄二氏、関口知宏氏推薦 !!
「ディープなネタ」がぎっしり！
定番の中国旅行に飽きた人には旅行ガイドとして、また、中国に興味のある人には中国をより深く知る読み物として楽しめる一冊。

A5 判 160 頁 並製　定価 1500 円＋税
2014 年刊　ISBN 978-4-86185-167-4

春草

日本図書館協会選定図書　日本翻訳大賞エントリー作品

～道なき道を歩み続ける中国女性の半生記～

裘山山 著、于暁飛 監修
徳田好美・隅田和行 訳

東京工科大学 陳淑梅教授推薦 !!
中国の女性作家・裘山山氏のベストセラー小説で、中国でテレビドラマ化され大反響を呼んだ『春草』の日本語版。

四六判 448 頁 並製 定価 2300 円＋税
2015 年刊　ISBN 978-4-86185-181-0

中国の百年目標を実現する

第 13 次五カ年計画

胡鞍鋼 著
小森谷玲子（日中翻訳学院）訳

中国政策科学における最も権威ある著名学者が、国内刊行に先立ち「第 13 次五カ年計画」の綱要に関してわかりやすく紹介した。

四六判 120 頁 並製　定価 1800 円＋税
2016 年刊　ISBN 978-4-86185-222-0

強制連行中国人 殉難労働者慰霊碑資料集

強制連行中国人殉難労働者慰霊碑資料集編集委員会 編

戦時下の日本で過酷な強制労働の犠牲となった多くの中国人がいた。強制労働の実態と市民による慰霊活動を記録した初めての一冊。

A5 判 318 頁 並製　定価 2800 円＋税
2016 年刊　ISBN 978-4-86185-207-7

和一水

―生き抜いた戦争孤児の直筆の記録―

和睦 著
康上賢淑 監訳
山下千尋 / 濵川郁子 訳

旧満州に取り残され孤児となった著者。
1986 年の日本帰国までの激動の半生を記した真実の書。
過酷で優しい中国の大地を描く。

四六判 303 頁 並製　定価 2400 円＋税
2015 年刊　ISBN 978-4-86185-199-5

中国出版産業 データブック　vol. 1

国家新聞出版ラジオ映画テレビ総局図書出版管理局 著
段　景子 監修
井田綾 / 舩山明音 訳

デジタル化・海外進出など変わりゆく中国出版業界の最新動向を網羅。
出版・メディア関係者ら必携の第一弾、日本初公開！

A5 判 248 頁 並製　定価 2800 円＋税
2015 年刊　ISBN 978-4-86185-180-3

日本僑報社好評既刊書籍

新中国に貢献した日本人たち

中日関係史学会 編
武吉次朗 訳

続編も好評です

元副総理・故後藤田正晴氏推薦!!
埋もれていた史実が初めて発掘された。登場人物たちの高い志と壮絶な生き様は、今の時代に生きる私たちへの叱咤激励でもある。
－後藤田正晴氏推薦文より

A5 判 454 頁並製 定価 2800 円＋税
2003 年刊 ISBN 978-4-93149-057-4

同じ漢字で意味が違う
日本語と中国語の落し穴
用例で身につく「日中同字異義語 100」

久佐賀義光 著
王達 中国語監修

" 同字異義語 " を楽しく解説した人気コラムが書籍化！中国語学習者だけでなく一般の方にも。漢字への理解が深まり話題も豊富に。

四六判 252 頁 並製 定価 1900 円＋税
2015 年刊 ISBN 978-4-86185-177-3

若者が考える「日中の未来」Vol.1
日中間の多面的な相互理解を求めて
―学生懸賞論文集―

宮本雄二 監修
日本日中関係学会 編

2014 年に行った第 3 回宮本賞（学生懸賞論文）で、優秀賞を受賞した 12 本を掲載。若者が考える「日中の未来」第一弾。

A5 判 240 頁 並製 定価 2500 円＋税
2015 年刊 ISBN 978-4-86185-186-5

若者が考える「日中の未来」Vol.2
日中経済交流の次世代構想
―学生懸賞論文集―

宮本雄二 監修
日本日中関係学会 編

2015 年に日本日中関係学会が募集した第 4 回宮本賞（日中学生懸賞論文）で、最優秀賞などを受賞した 13 本の論文を全文掲載。

A5 判 240 頁 並製 定価 2800 円＋税
2016 年刊 ISBN 978-4-86185-223-7

中国式
コミュニケーションの処方箋

趙啓正／呉建民 著
村崎直美 訳

なぜ中国人ネットワークは強いのか？中国人エリートのための交流学特別講義を書籍化。
職場や家庭がうまくいく対人交流の秘訣。

四六判 243 頁 並製 定価 1900 円＋税
2015 年刊 ISBN 978-4-86185-185-8

アメリカの名門 CarletonCollege 発、全米で人気を博した
悩まない心をつくる人生講義
―タオイズムの教えを現代に活かす―

チーグアン・ジャオ（趙啓光）著
町田晶（日中翻訳学院）訳

元国連事務次長 明石康氏推薦 !!
悩みは 100% 自分で消せる！
難解な老子の哲学を分かりやすく解説し米国の名門カールトンカレッジで好評を博した名講義が書籍化！

四六判 247 頁 並製 定価 1900 円＋税
2016 年刊 ISBN 978-4-86185-215-2

新疆物語 日本図書館協会選定図書
～絵本でめぐるシルクロード～

王麒誠 著
本田朋子（日中翻訳学院）訳

異国情緒あふれるシルクロードの世界
日本ではあまり知られていない新疆の魅力がぎっしり詰まった中国のベストセラーを全ページカラー印刷で初翻訳。

A5 判 182 頁並製 定価 980 円＋税
2015 年刊 ISBN 978-4-86185-179-7

新疆世界文化遺産図鑑

小島康誉／王衛東 編
本田朋子（日中翻訳学院）訳

「シルクロード：長安－天山回廊の交易路網」が世界文化遺産に登録された。本書はそれらを迫力ある大型写真で収録、あわせて現地専門家が遺跡の概要などを詳細に解説している貴重な永久保存版である。

変形 A4 判 114 頁 並製 定価 1800 円＋税
2016 年刊 ISBN 978-4-86185-209-1